BRETT UND STEIN
VERLAG

NACH DEM JOSEKI

Schwach- und Angriffspunkte

Kim Sung-rae
8. Dan

BRETT UND STEIN
VERLAG

FSC
www.fsc.org
MIX
Papier aus verantwortungsvollen Quellen
Paper from responsible sources
FSC® C105338

Bibliografische Information der Deutschen Nationalbibliothek
Die Deutsche Nationalbibliothek verzeichnet diese Publikation in der Deutschen Nationalbibliografie; detaillierte bibliografische Daten sind im Internet über http://dnb.d-nb.de abrufbar.

Den koreanischen Gepflogenheiten und der in Ostasien üblichen Reihenfolge entsprechend, wird bei Personennamen stets der Familienname dem persönlichen Namen vorangestellt.

ISBN 978-3-940563-12-5

Übersetzung: Janine Böhme
Umschlaggestaltung: HAMMERGEIGEROT
Druck: Books on Demand GmbH, Norderstedt

Die Diagramme in diesem Buch wurden erstellt mit SmartGo™: http://www.smartgo.com/de

Printed in Germany

Vorwort

In koreanischen Baduk-Clubs gibt es etliche Spieler, die bereits ein durchaus annehmbares Spielniveau erreicht haben und mit fünf bis sechs Vorgabesteinen gegen einen Profi antreten können, jedoch jahrelang auf diesem Punkt verharren. Diese Spieler neigen dazu, zu glauben, dass sie sich aufgrund ihres Alters nicht mehr verbessern können, und verweilen in einigen Fällen für über 30 Jahre auf ihrem Niveau. Ich bin jedoch fest davon überzeugt, dass jeder unabhängig von seinem Alter stärker werden kann. Eine solch unbedeutende Sache kann keine Ausrede dafür sein, zu resignieren und sich so auf unbestimmte Zeit mit seinem derzeitigen Können abzufinden.

Es besteht ein großer Unterschied zwischen einem Spiel mit drei Vorgabesteinen und einem mit vier. In einem Spiel mit drei Vorgaben wird Weiß normalerweise zuerst die freie Ecke besetzen, sodass Schwarz das erste Joseki wählen kann. Bei vier Vorgaben gibt es hingegen keine freie Ecke mehr, weswegen Weiß unverzüglich beginnt anzugreifen. Der schwarze Spieler ist nun oft verunsichert, was die Wahl des richtigen Josekis als Antwort auf den Angriff betrifft, und so kommt es meist zu einem Fehler bei der Einschätzung der Lage, der es Weiß ermöglicht, einen Teil der Vorgabe aufzuholen.

Im Baduk gibt es viele Sprichwörter, doch keines im Zusammenhang mit Josekis. Sprichwörter helfen uns im Umgang mit Basisformen in einfachen Situationen. Es gibt jedoch zu viele Joseki, die alle zu unterschiedlich und einzigartig für Sprichwörter sind. In diesem Sinne gibt es keine Abkürzungen beim Studium von Josekis – jedes der unzähligen Abspiele will einzeln gelernt und verstanden sein, Sequenz für Sequenz, Joseki für Joseki.

Dieses Buch konzentriert sich auf die Entscheidungen, die NACH den Josekis zu treffen sind, doch praktisch gesehen, ist es ein Joseki-Buch. Viele Spieler sind eingeschüchtert bei Joseki-Büchern. Sie werfen einen Blick auf die zahllosen Diagramme und verwirrenden Sequenzen und rennen um ihr Leben. Zum Überwinden dieser Situation, sollten sie vielleicht lieber studieren, was nach einem Joseki passiert, um so ein besseres Verständnis dafür zu bekommen, wann welches Joseki gespielt werden sollte. Aus diesem Grunde entschied ich mich, dieses Buch zu schreiben.

Das Buch besteht aus 22 Kapiteln, die sich in drei Abschnitte gliedern lassen: 4-4-Punkt, 3-4-Punkt und andere oft verwendete Josekis. Ich stelle hierin viele neue und interessante Züge vor und erhoffe mir, dass der Leser sie konzentriert und mit Neugier studiert.

„Nach dem Joseki" wurde zuerst in Koreanisch und Englisch veröffentlicht und erscheint nun in einer deutschen Ausgabe. Die übersetzten Ausgaben dieses Buches wurden von zwei Studenten des King`s Baduk Educational Center, Janine Böhme und Scott Jankowski, erstellt. Ich möchte den beiden für ihre harte Arbeit danken und dass sie mir gestatteten, sie von ihren Studien zu leihen, um mir bei der Übersetzung behilflich zu sein. Ebenso möchte ich meinem Editor und Freund, Herrn Sung Gi-Chang für seinen guten Rat und die Verwaltungsarbeit danken.

Kim Sung-rae
Juli 2010

Inhalt

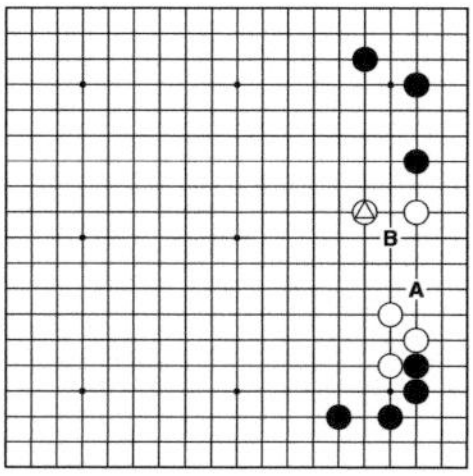
B
A

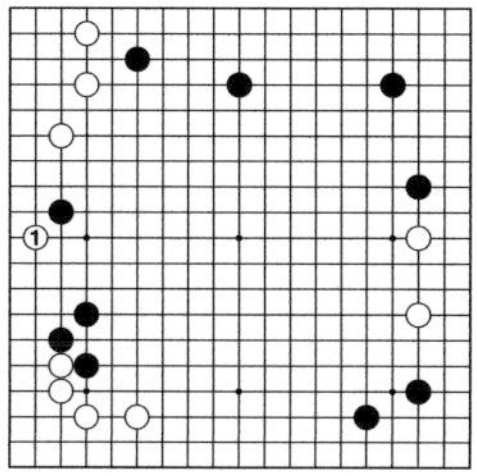
1

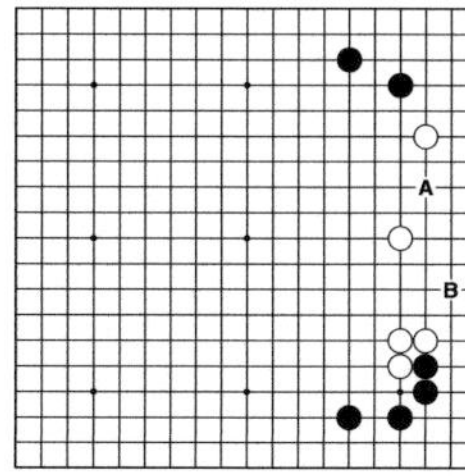
A
B

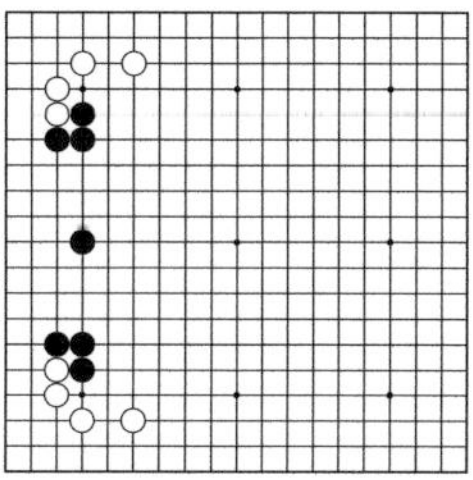

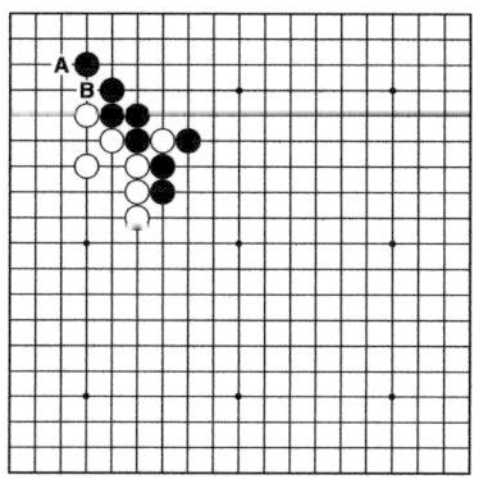
A
B

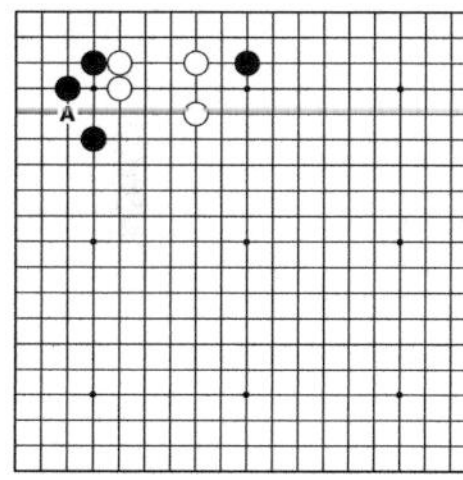
A

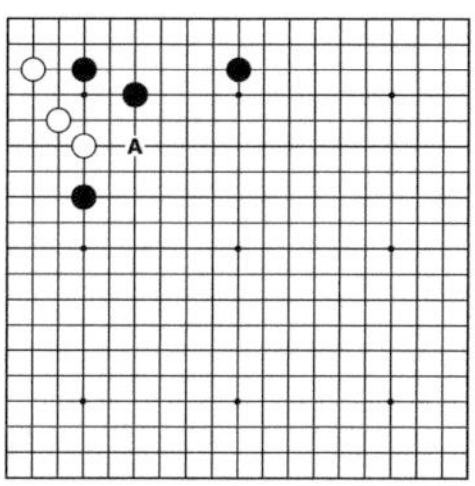
A

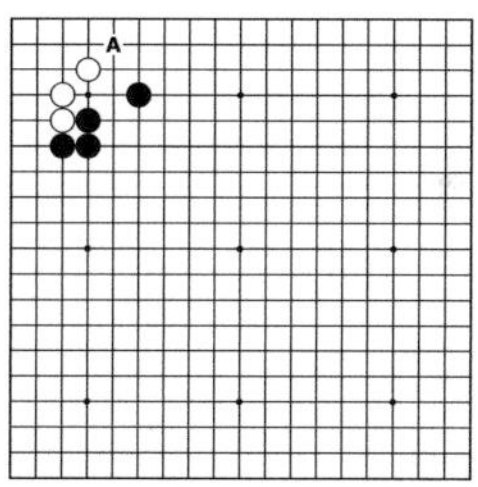
A

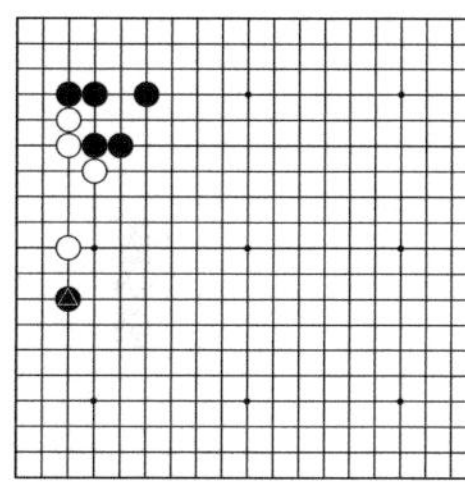

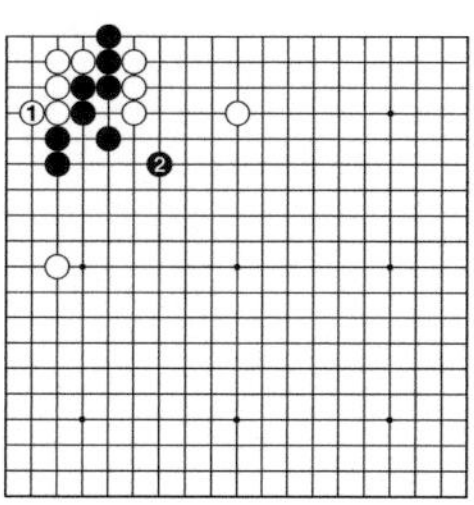
1
2

Stellung 1

Ein einfaches Joseki

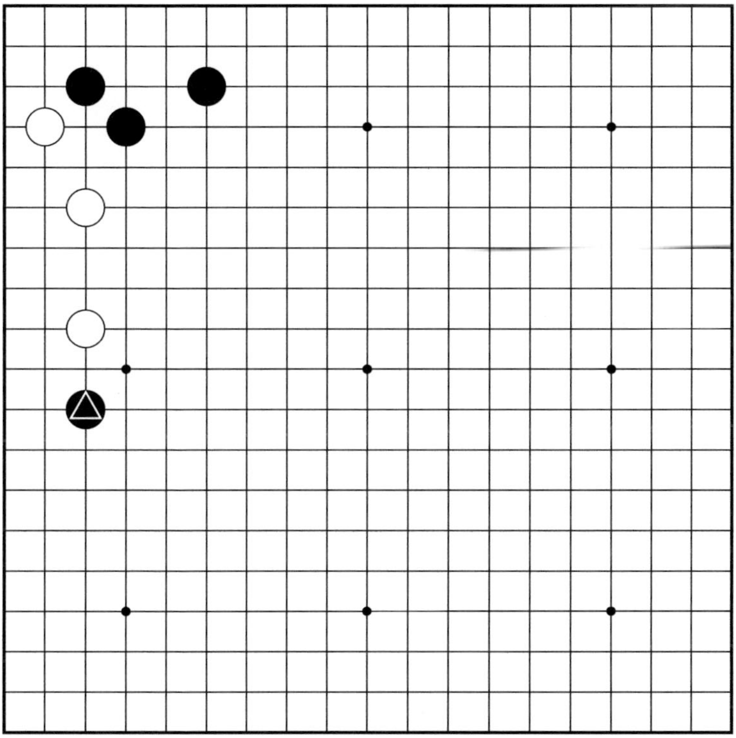

Obwohl dies eines der einfachsten Josekis ist, sind Vielen die nachfolgenden Varianten nicht bekannt. Insbesondere wenn der markierte Stein bereits gesetzt wurde, hat Schwarz mehrere starke Züge, um die Stellung anzugreifen.

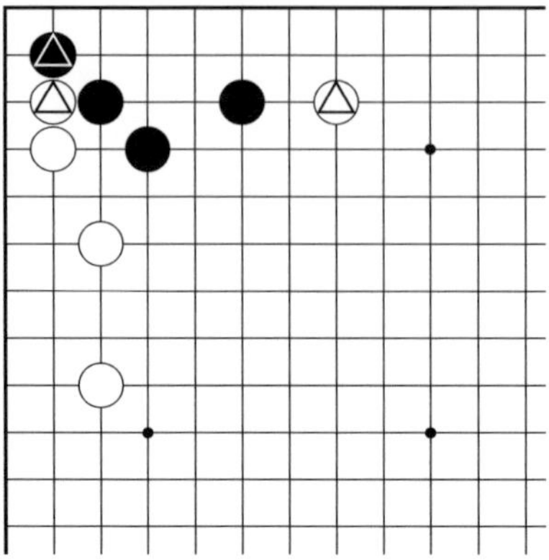

Dia. 1
Basisvariante

In den folgenden Diagrammen werden wir die Varianten untersuchen, welche in Verbindung mit den markierten Steinen auftreten können. Sie beinhalten auch eine Treppe.

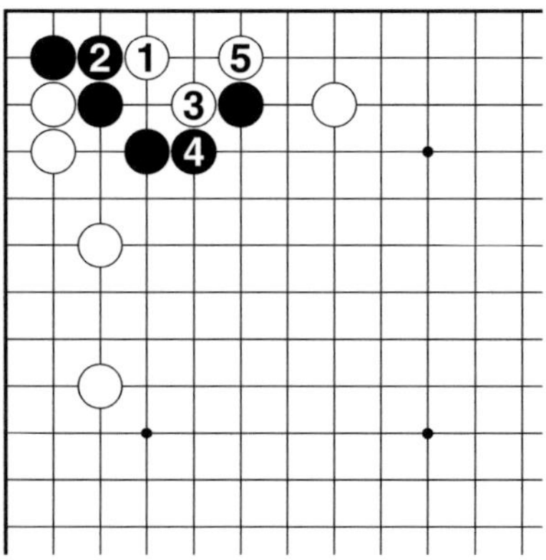

Dia. 2
Erfolg für Weiß

① ist der vitale Punkt. Wenn Schwarz deckt, bindet Weiß seine Steine mit ③ und ⑤ an und untergräbt somit die Basis der schwarzen Gruppe.

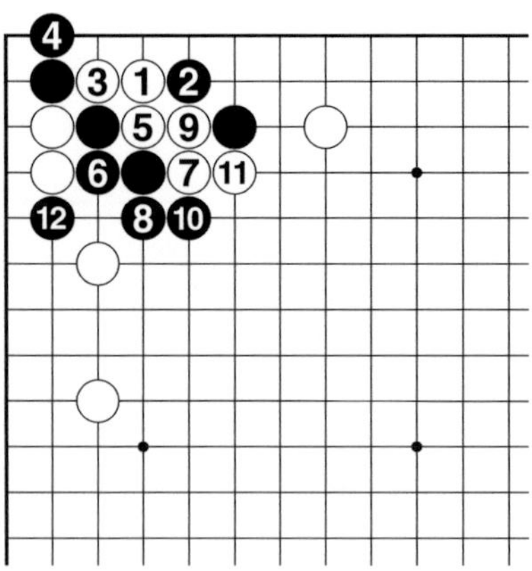

Dia. 3
Schwarz leistet Widerstand

Läuft die Treppe (siehe Diagramm 4) für Schwarz, dann ist ❷ möglich. Doch dieses Abspiel ist auch für Weiß spielbar.

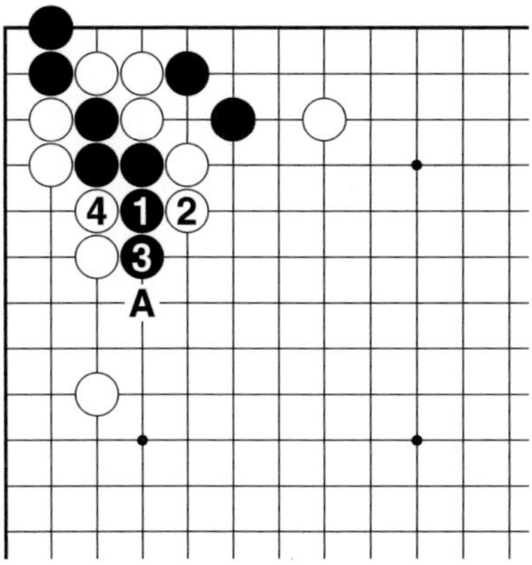

Dia. 4
Sehr schlecht für Schwarz

Sollte die Treppe beginnend mit A gut für Weiß sein, ist die schwarze Stellung völlig zerstört.

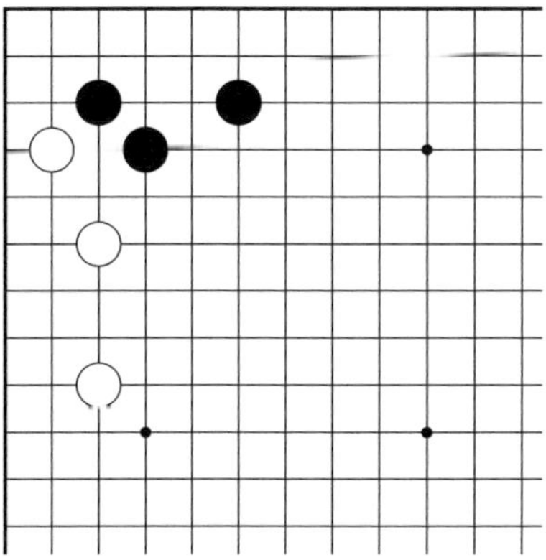

Dia. 5
Möglichkeiten für Schwarz

Wir wollen nun die Möglichkeiten für Schwarz nach dem Standard-Joseki betrachten.

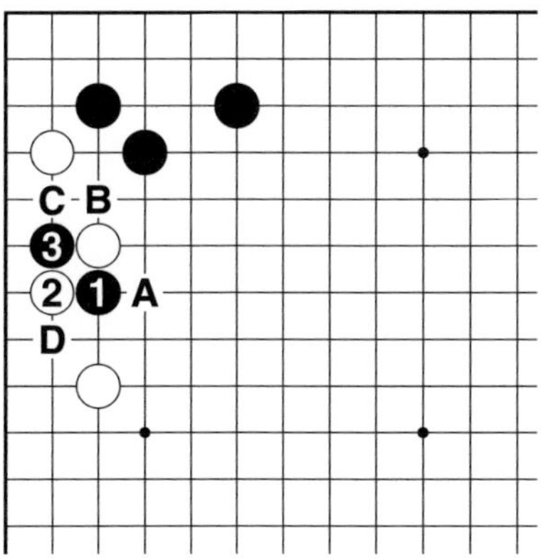

Dia. 6
Kreuzschnitt

Schwarz kann über den Anleger auf ❶ nachdenken. Antwortet Weiß mit einem Zug auf ②, dann spielt Schwarz den Kreuzschnitt ❸. Gibt Weiß nun Atari auf A, dann trennt Schwarz mit B, bzw. spielt Weiß C, dann trennt Schwarz die weißen Steine mit D.

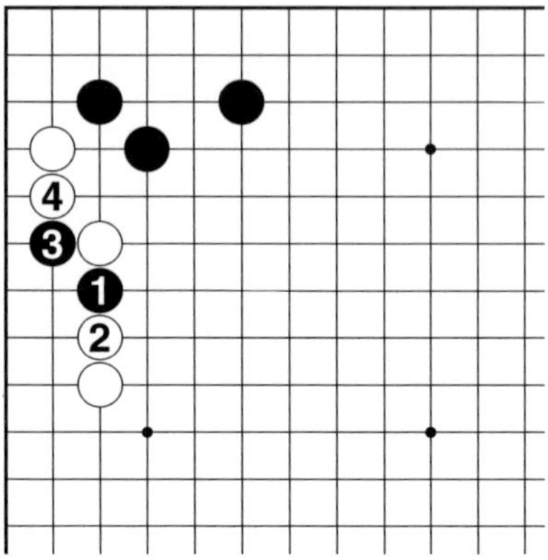

Dia. 7
Antwort für Weiß

② ist die beste Antwort auf ❶. Versucht Schwarz nun mit ❸ zu trennen, dann verhindert Weiß dies mit ④.

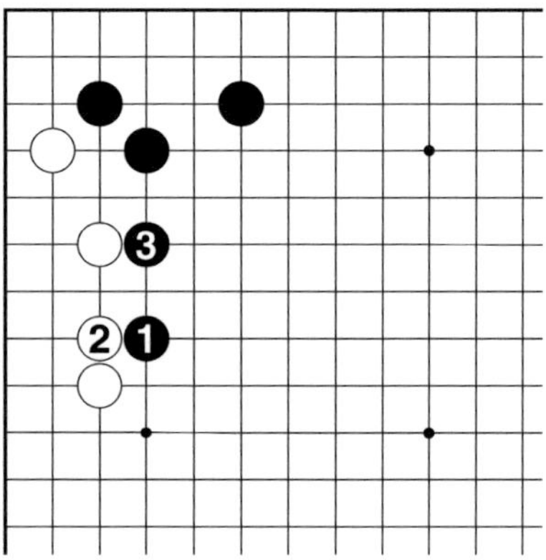

Dia. 8
Einfluss für Schwarz

Möchte Schwarz Einfluss zum Zentrum hin haben, kann er auch ❶ und ❸ spielen

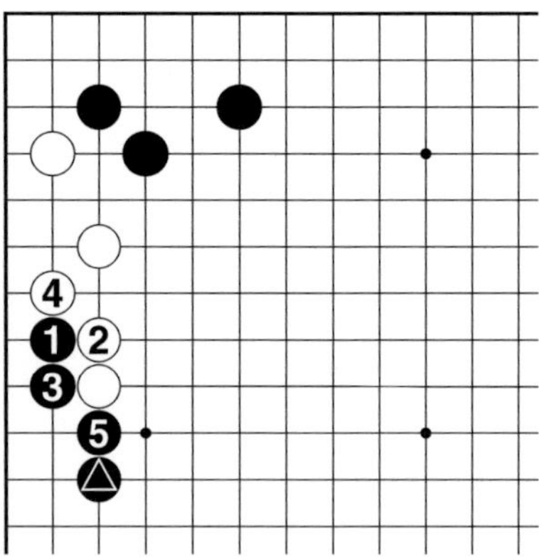

Dia. 9
Tesuji

Wenn der markierte Stein bereits gesetzt wurde, ist ❶ ein häufig gespieltes Tesuji. Antwortet Weiß mit ②, dann reduziert Schwarz mit der Sequenz bis ❺ erfolgreich das weiße Gebiet.

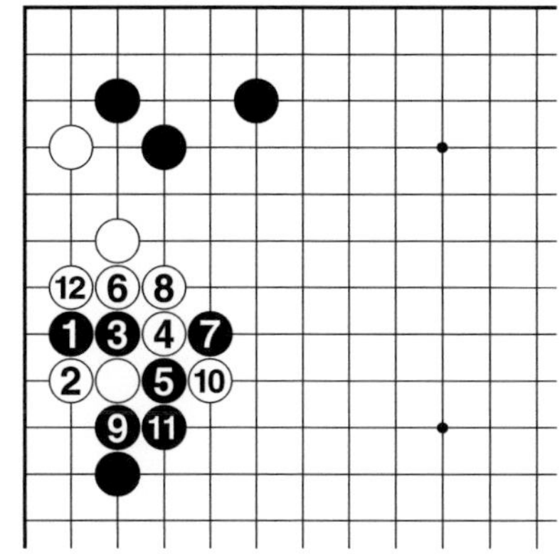

Dia. 10
Normale Abfolge

② ist die normale Antwort auf ❶. Wenn Schwarz streckt, dann ist die Sequenz bis ⑫ zu erwarten, die zu einem ausgeglichenen Ergebnis führt.

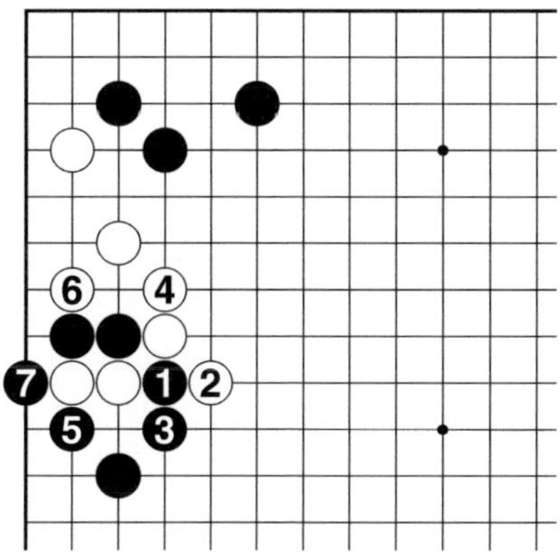

Dia. 11
Variante für Weiß

Die zwei Steine mit ② und ④ zu opfern, ist ebenfalls spielbar für Weiß.

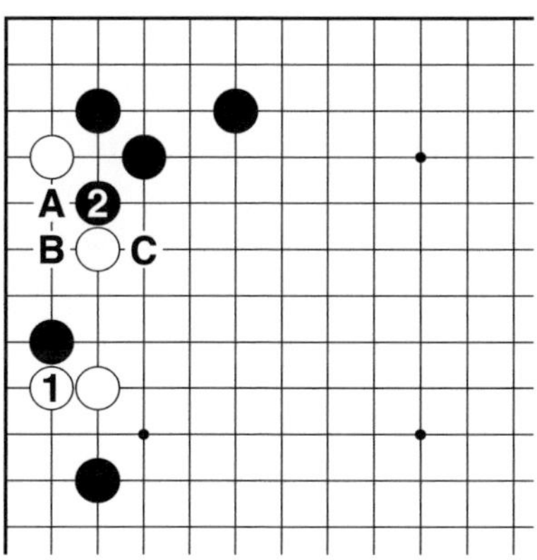

Dia. 12
Zug für Schwarz

Auf ① kann Schwarz auch mit ❷ reagieren. A, B und C sind denkbare Antworten für Weiß.

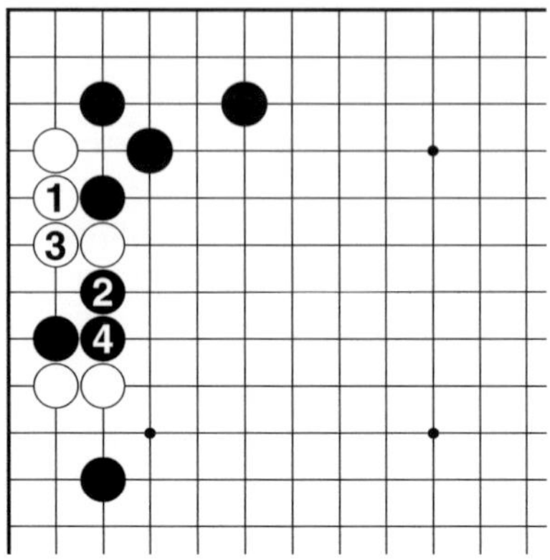

Dia. 13
Weiß getrennt

Wenn Weiß versucht seinen Stein mit ① anzubinden, dann ist ❷ ein sehr starker Zug. Nach ③ und ❹ sind die weißen Gruppen getrennt.

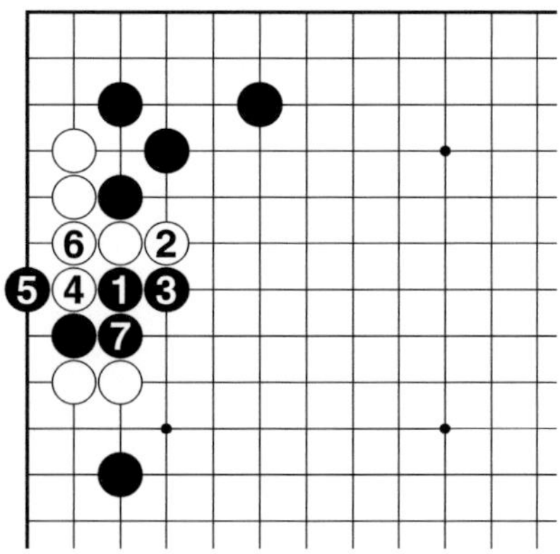

Dia. 14
Ähnlich

Der Versuch von Weiß, mit ② die Trennung zu verhindern, ist erfolglos. Die weiße Stellung ist nach ❼ erneut in zwei Gruppen gespalten.

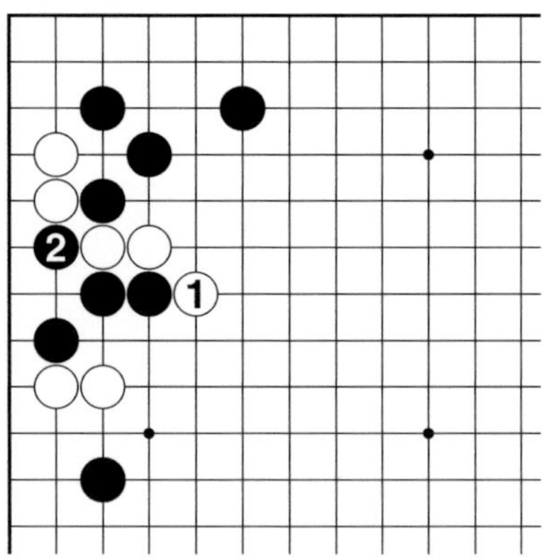

Dia. 15
Weiß noch immer getrennt

Das Hane auf ① (nach ❸ im letzten Diagramm) kann die Trennung von Weiß ebenfalls nicht verhindern.

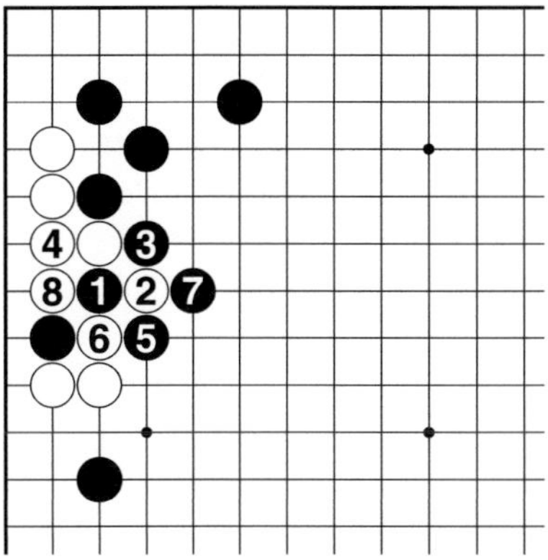

Dia. 16
Ponnuki

Weiß kann mit der Sequenz bis ⑧ verbinden, doch Dank des Ponnukis ist dies ein sehr gutes Ergebnis für Schwarz.

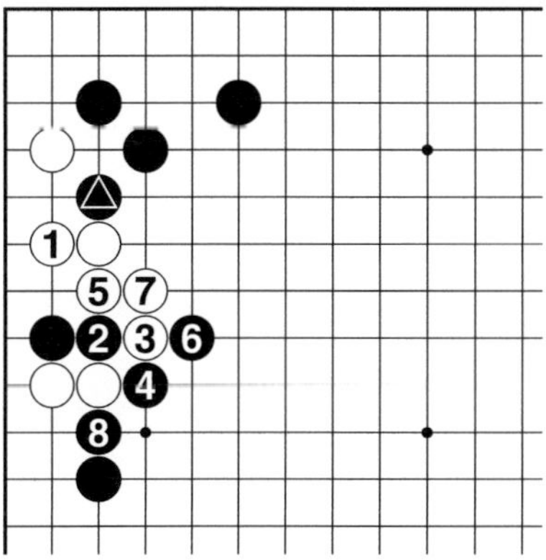

Dia. 17
Guter Abtausch für Schwarz

Der Abtausch von ▲ für ① ist sehr gut für Schwarz (Vergleiche Diagramm 10). Nach ❽ sieht die weiße Form sehr schlecht aus.

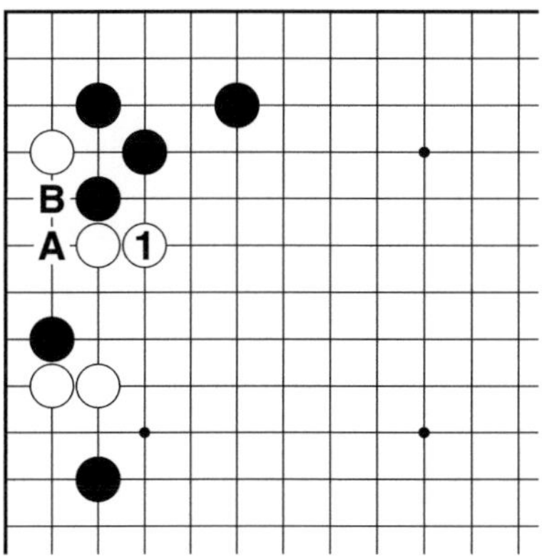

Dia. 18
Antwort für Weiß

① ist die übliche Antwort auf den schwarzen Anleger. Nun kann Schwarz über eine Fortsetzung auf A oder B nachdenken.

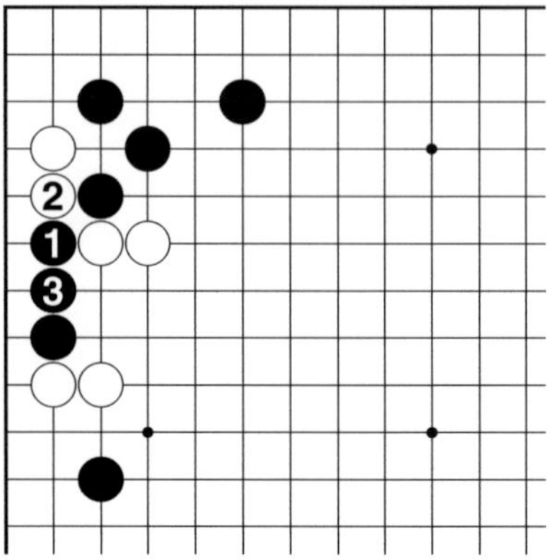

Dia. 19
Freiheitenmangel

Schneidet Weiß nach dem schwarzen Hane auf ②, bleibt er mit weniger Freiheiten als die Kette der drei schwarzen Steine zurück.

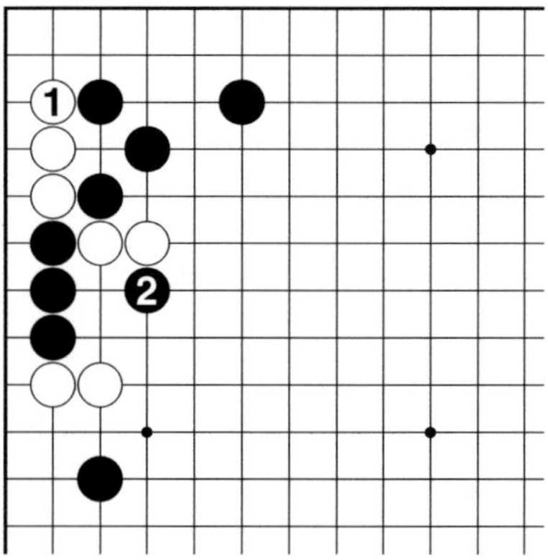

Dia. 20
Fehlschlag

Sollte Weiß versuchen in der Ecke zu leben, gewinnt Schwarz mit ❷ die Oberhand.

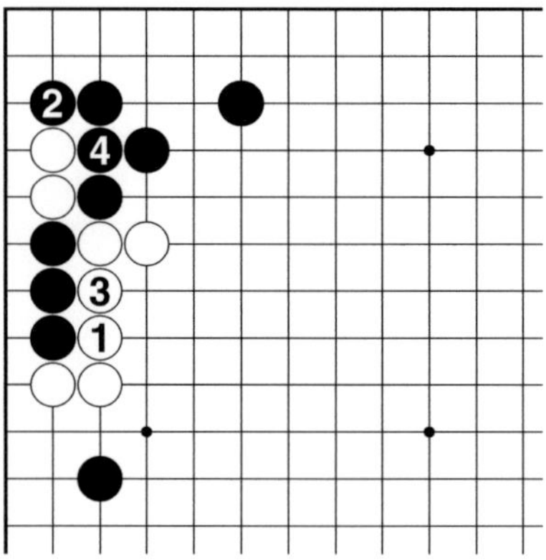

Dia. 21
Gebiet für Schwarz

Nach ① und ③ bleibt die weiße Gruppe ohne Augen und in schlechter Form zurück, während Schwarz in der Ecke viel Gebiet macht.

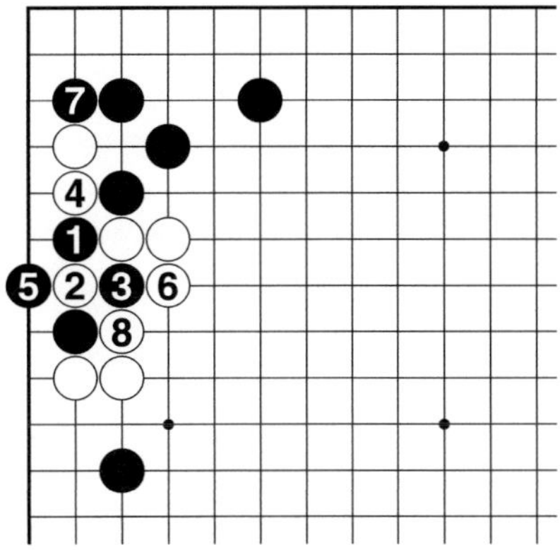

Dia. 22
Tesuji

② ist ein Tesuji, in dessen Folge Schwarz hart kämpfen muss, um das in der Abfolge bis ⑧ entstandene Ko zu gewinnen.

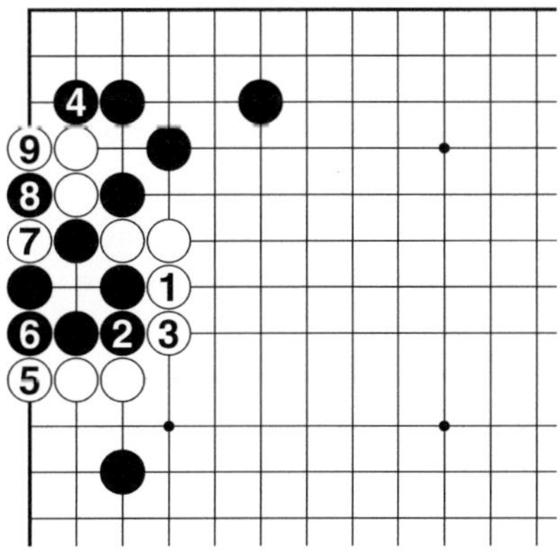

Dia. 23
Ko

Spielt Schwarz ❷, dann führt die Sequenz bis ⑨ zu einem Ko, welches vorteilhaft für Weiß ist, da die schwarzen Steine zu schwer sind.

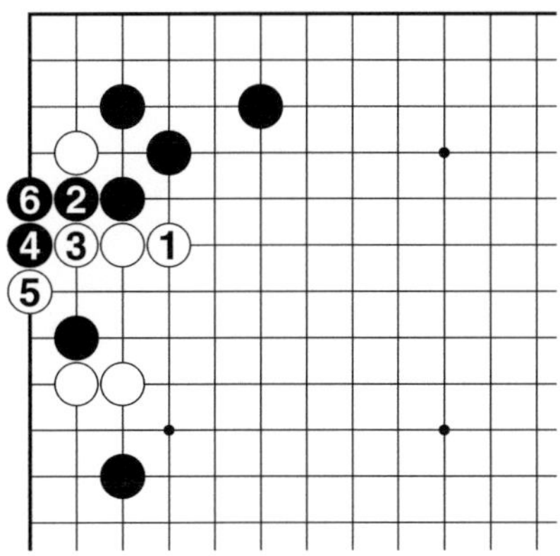

Dia. 24
Schwarz bekommt Gebiet

Daher sollte Schwarz mit ❷ die Ecke nehmen, wenn Weiß mit ① streckt.

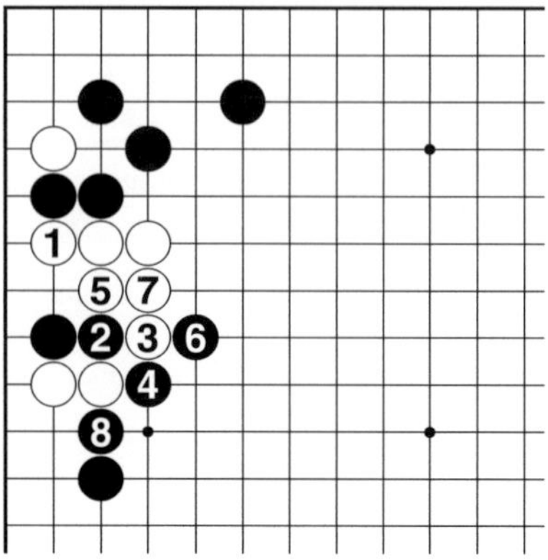

Dia. 25
Opfer

Es ist auch möglich, die beiden schwarzen Steine mit der Sequenz bis ❽ zu opfern, um Weiß in eine extrem schlechte Form zu zwingen.

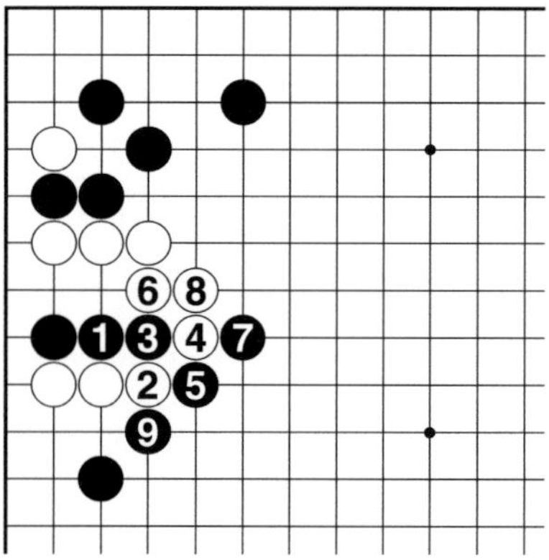

Dia. 26
Blockade

Wenn Weiß statt dem Hane in Diagramm 25 noch einmal streckt, dann errichtet Schwarz mit dem Abspiel bis ❾ eine Blockade.

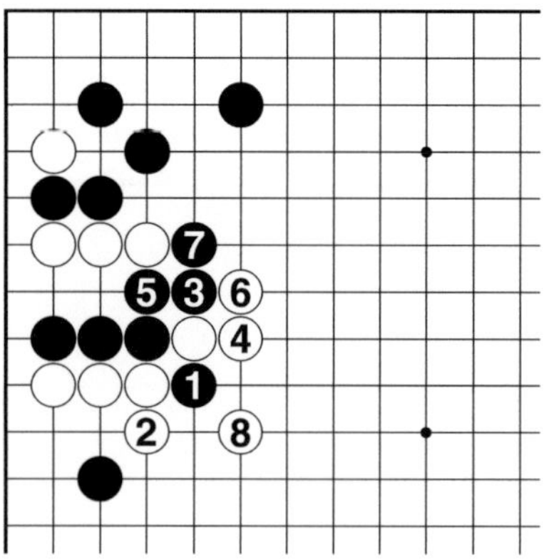

Dia. 27
Gebiet für Einfluss

Indem Weiß seine drei Steine opfert, bekommt er nicht zu verachtenden Einfluss, doch auch das Gebiet von Schwarz ist nicht klein. Abhängig vom Rest des Bretts ist dies ein ausgeglichenes Ergebnis.

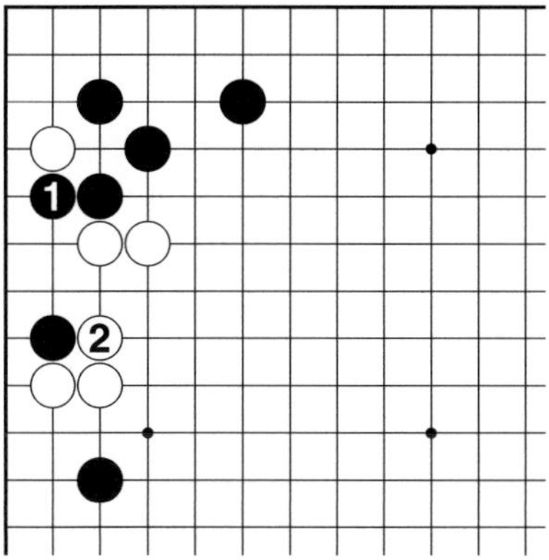

Dia. 28
Sicherheit

② ist die einfache und sichere Antwort auf ❶.

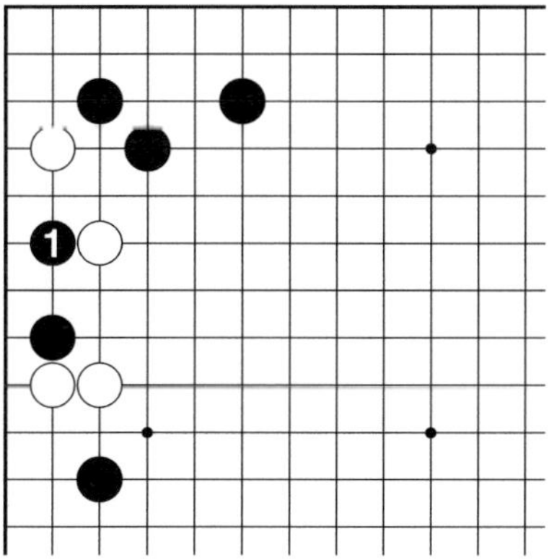

Dia. 29
Trickzug

❶ ist ein Trick, doch richtig zu antworten, ist nicht so einfach.

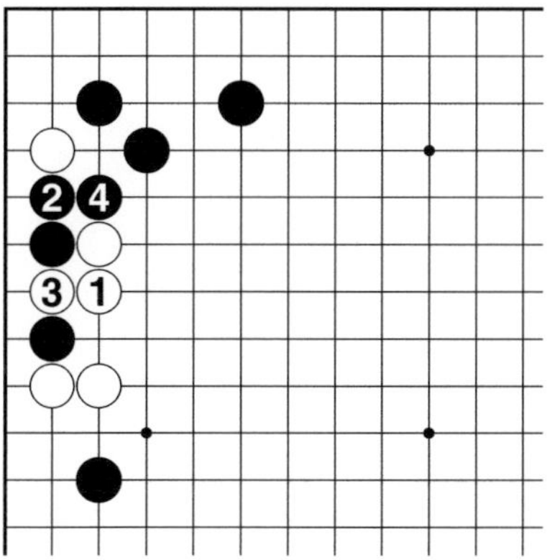

Dia. 30
Schwarz ist erfolgreich

Spielt Weiß nachgiebig auf ①, dann hat Schwarz mit seinem Trickzug Erfolg.

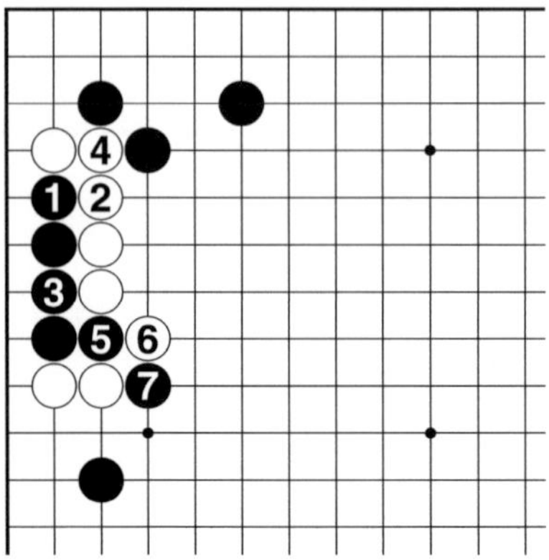

Dia. 31
Kampf

Weiß sollte mit ② und ④ antworten. Die Sequenz bis ❼ initiiert nun einen komplizierten Kampf.

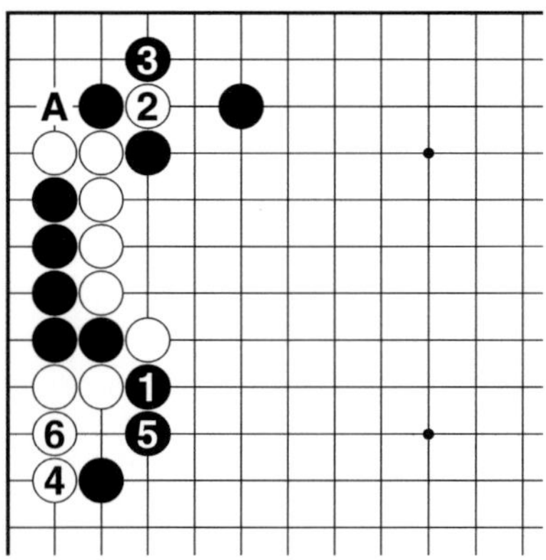

Dia. 32
Semeai

Nachdem Schwarz mit ❶ geschnitten hat, ist es gut für Weiß, ② gegen ❸ abzutauschen. Da ein Zug auf A keine Vorhand für ihn ist, sollte er direkt mit ④ und ⑥ fortsetzen.

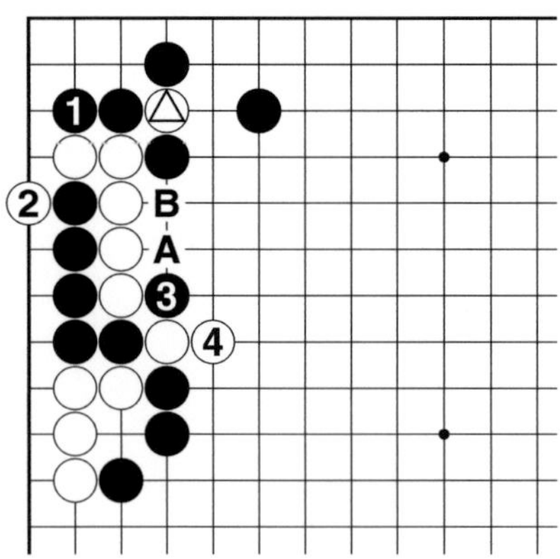

Dia. 33
Semeai (Fortsetzung)

Nimmt Schwarz nun mit ❶ und ❸ Freiheiten, dann hindert der markierte weiße Stein ihn an einem Zug auf A oder B, wodurch Weiß das Semeai gewinnt.

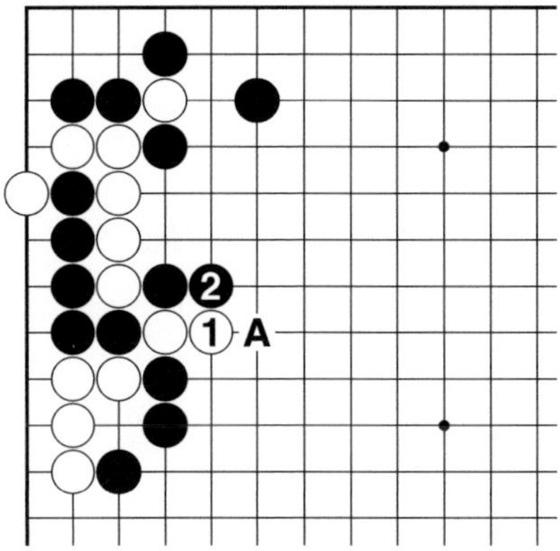

Dia. 34
Treppe

Da Schwarz die Freiheiten nicht direkt nehmen kann, bleibt ihm nur, mit ❷ die Treppe auf A anzudrohen.

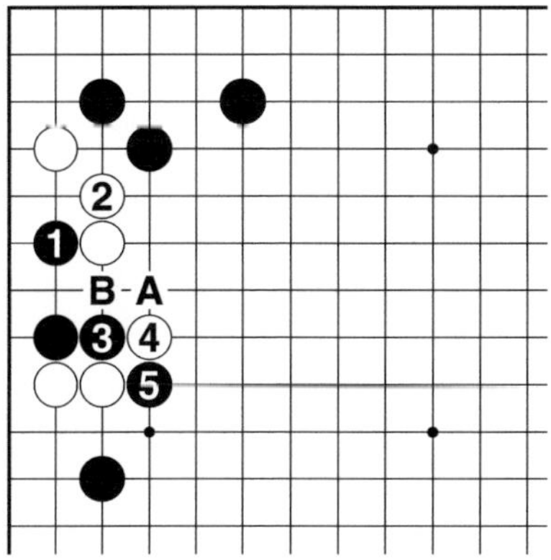

Dia. 35
Alternative

② ist ebenfalls möglich. Nach ❺ muss sich Weiß zwischen A und B entscheiden.

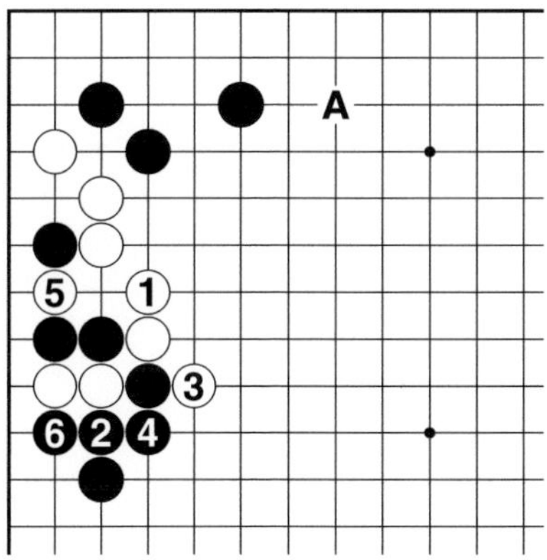

Dia. 36
Einfach

① ist die einfache Antwort und nach der Sequenz bis ❻ ist eine Annäherung auf A eine Überlegung wert.

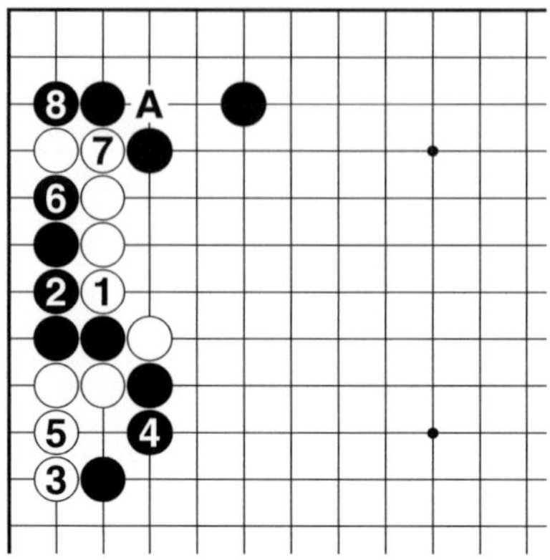

Dia. 37
Problematisch für Weiß

In Folge von ① hat Weiß ernsthafte Probleme, da ihm bis ❽ keine Zeit mehr für den Abtausch auf A aus Diagramm 33 bleibt.

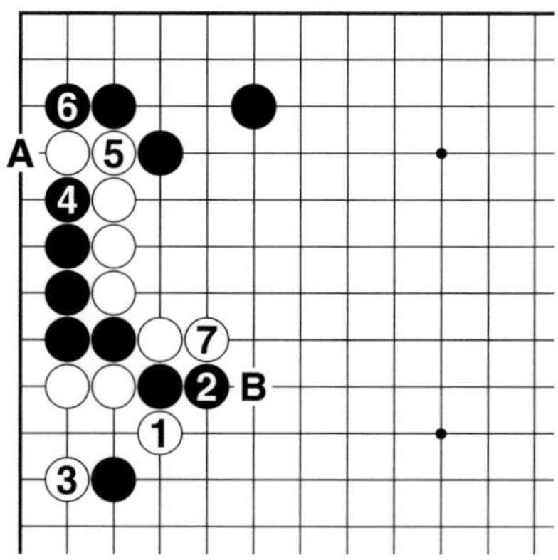

Dia. 38
Erwiderung von Weiß

Wenn die Treppe für Weiß läuft, dann sind ① und ③ spielbar. Bindet Schwarz nun nach ⑦ seine fünf Steine mit A an, wird Weiß die beiden anderen Steine mit Hilfe der Treppe auf B fangen.

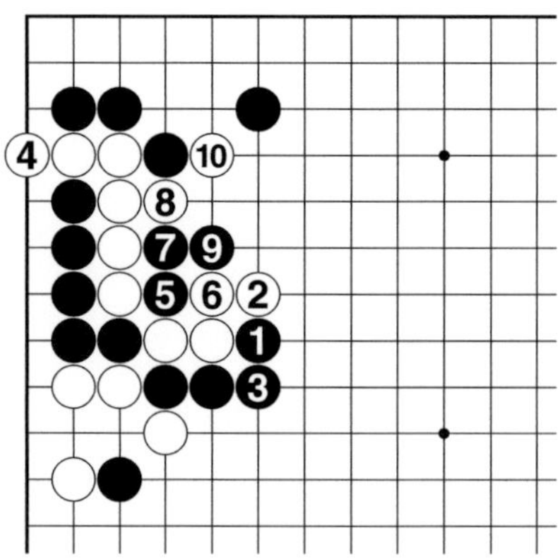

Dia. 39
Überzogen von Schwarz

Sollte die Treppe nicht zu Gunsten von Schwarz laufen, kann er versuchen, ❶ und ❸ zu spielen. Auf ④ mit ❺ zu antworten, ist jedoch überzogen. Nach ⑩ steht Weiß deutlich besser.

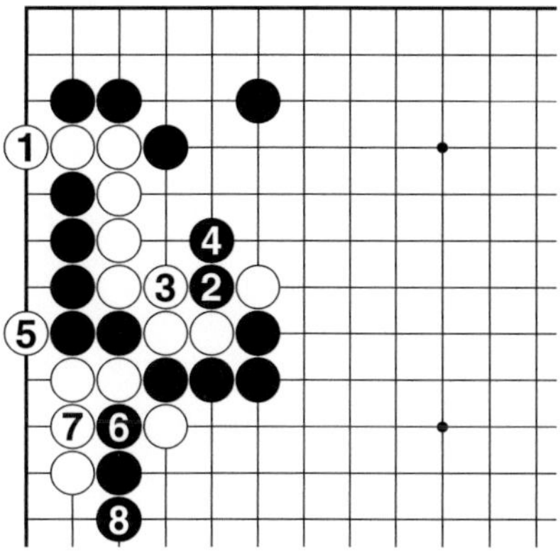

Dia. 40
Opfer

Nach ① kann Schwarz mit ❷ und ❹ seine schwachen Steine für starken Außeneinfluss opfern. Das Ergebnis nach ❽ ist unter Beachtung der Gesamtbrettsituation zu bewerten.

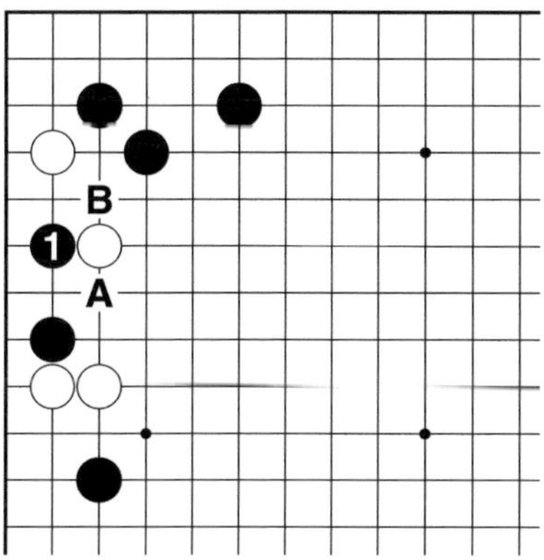

Dia. 41
Zusammenfassung 1

Setzt Weiß mit A fort, dann hängt das Resultat von einer Treppe ab. B hingegen vermeidet Komplikationen und das beste Ergebnis für beide Seiten zeigt in diesem Fall Diagramm 36.

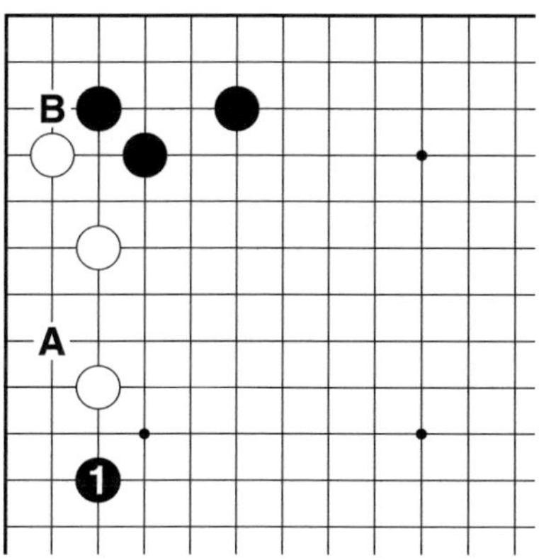

Diagramm 42
Zusammenfassung 2

Die Annäherung auf ❶ zielt auf den Schwachpunkt A ab. Es ist für Weiß üblich, mit B zu verteidigen.

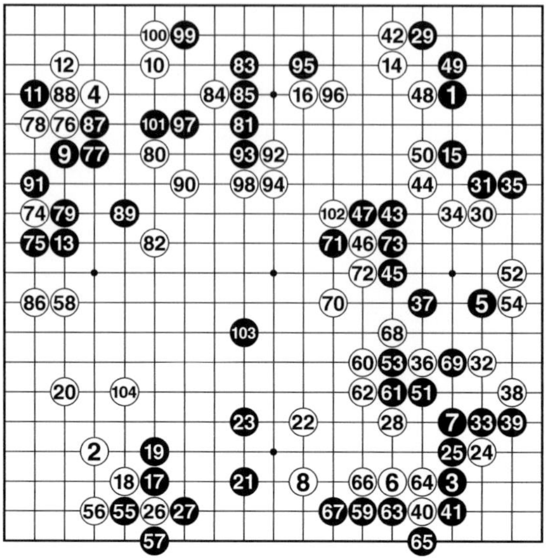

Profipartie 1

Weiß gewinnt durch Aufgabe

● Mok Jin-seok

○ Lee Chang-ho

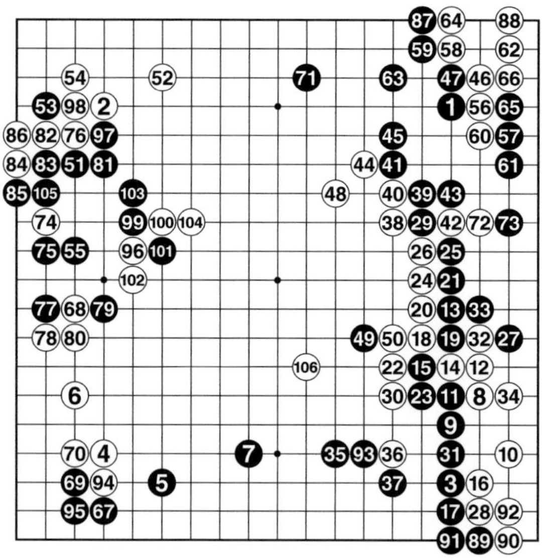

Profipartie 2

Weiß gewinnt durch Aufgabe

● Zhang Xuan

○ Park Ji-eun

Stellung 2-1

Nach der 3-3-Invasion mit einfacher Annäherung 1

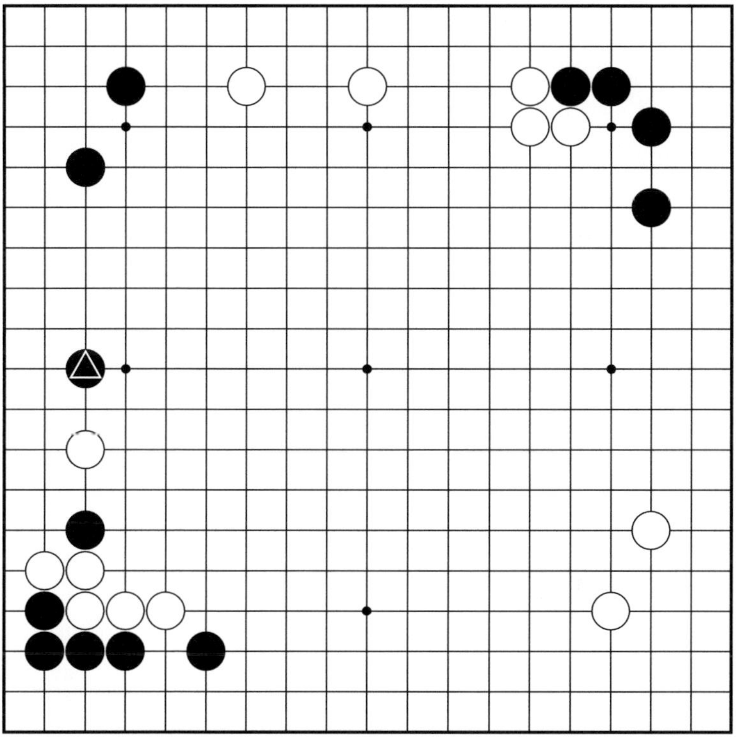

Nach diesem Joseki hat Weiß nicht auf die schwarze Annäherung mit dem markierten Stein geantwortet. Schauen wir uns nun die möglichen Fortsetzungen für Schwarz an.

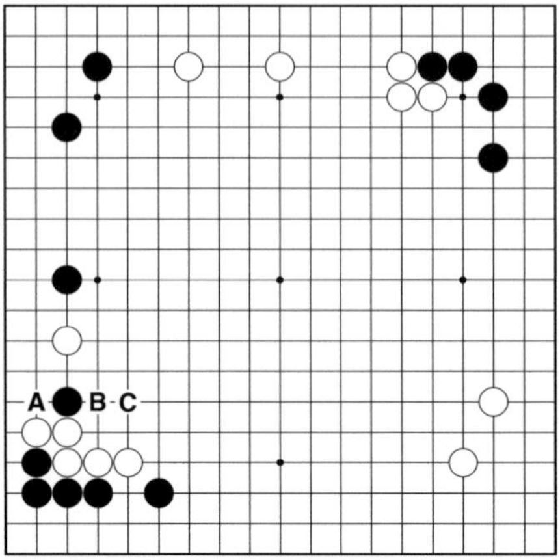

Dia. 1
Auswahl für Schwarz

Schwarz kann zwischen A, B und C wählen.

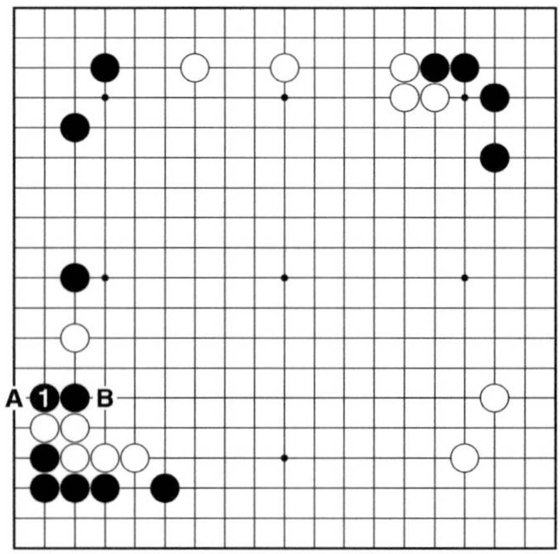

Dia. 2
Wahlmöglichkeit für Weiß

Nach ❶ kann Weiß zwischen A und B wählen, wobei B von einer Treppe abhängig ist.

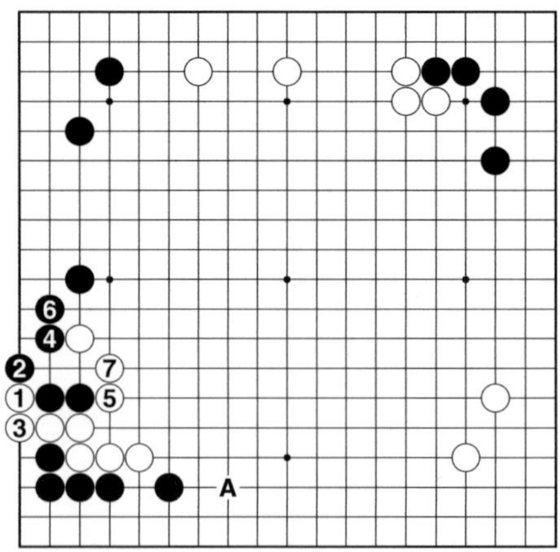

Dia. 3
Schwarz ist unzufrieden

❷ und ❹ sind keine gute Antwort auf ①, da die weiße Stellung nach ⑦ stark ist. Als Nächstes ist A ein guter Punkt für Weiß.

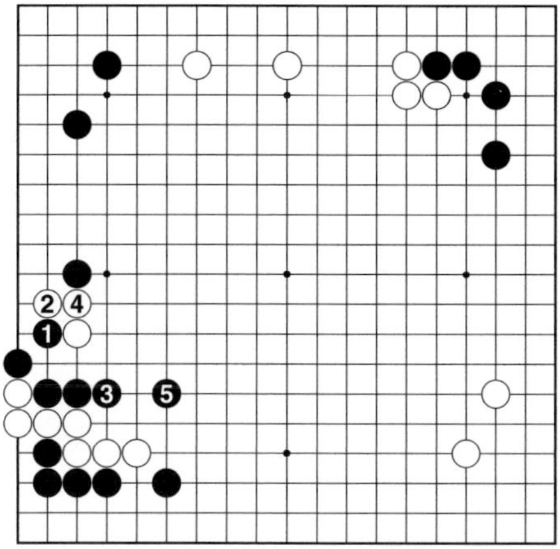

Dia. 4
Weiß zu gierig

Wenn Weiß versucht mit ② zu trennen, endet er in Folge von ❸ und ❺ in einer unvorteilhaften Position.

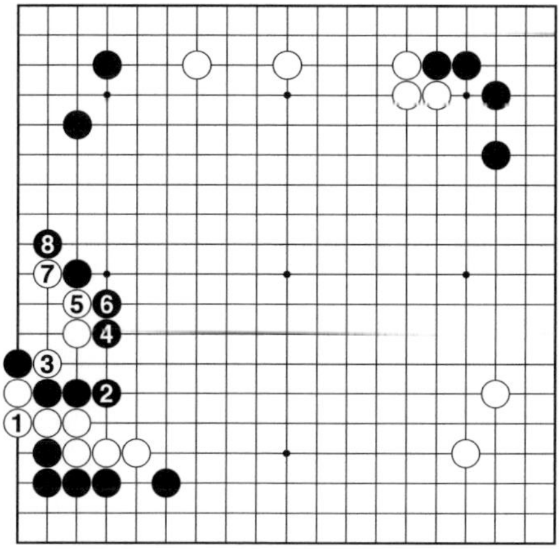

Dia. 5
Antwort von Schwarz

❷ ist die normale Antwort auf ①. Schwarz schließt Weiß mit der Sequenz bis ❽ ein und ist zufrieden.

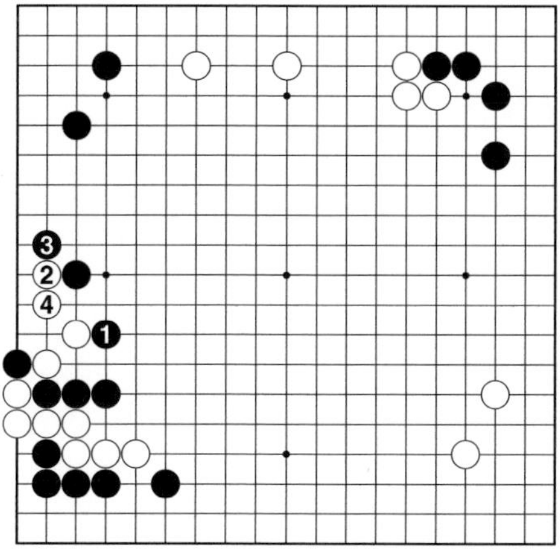

Dia. 6
Variante

② ist eine bessere Antwort auf den schwarzen Anleger als ⑤ im vorherigen Diagramm, da die schwarze Stellung nach dem Zurückziehen mit ④ viele Schwächen aufweist.

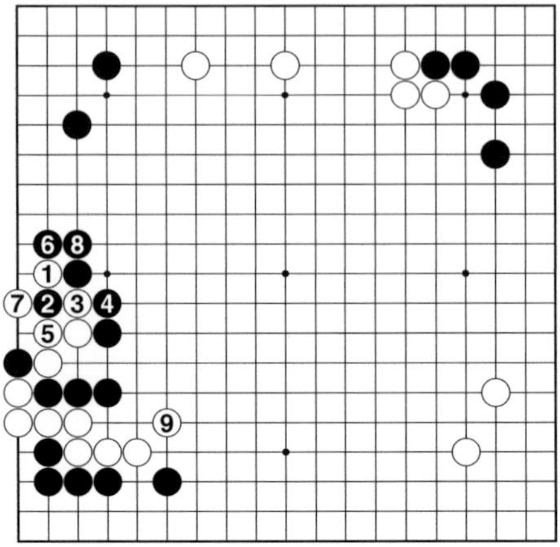

Dia. 7
Erwiderung von Schwarz

❷ und ❹ sind die richtigen Züge. Nach ❽ ist Weiß eingeschlossen und Schwarz stark im Zentrum. Da Weiß nur ein Auge hat, muss er mit ⑨ ins Zentrum flüchten.

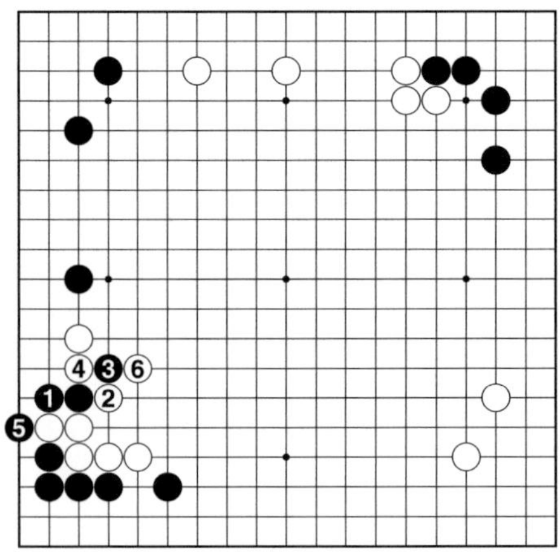

Dia. 8
Treppe

Wenn die Treppe für Weiß läuft, kann er auch ② spielen. Die Treppe entsteht dann durch ④ und ⑥.

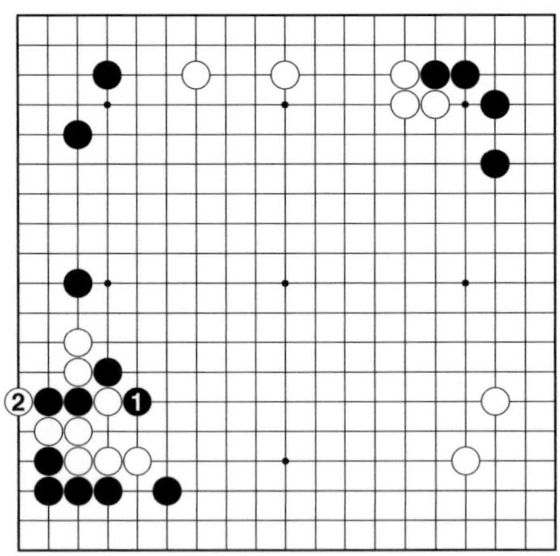

Dia. 9
Schlechte Idee

Zum Vermeiden der Treppe ❶ zu spielen ist nicht gut, da Weiß einfach mit ② verbindet.

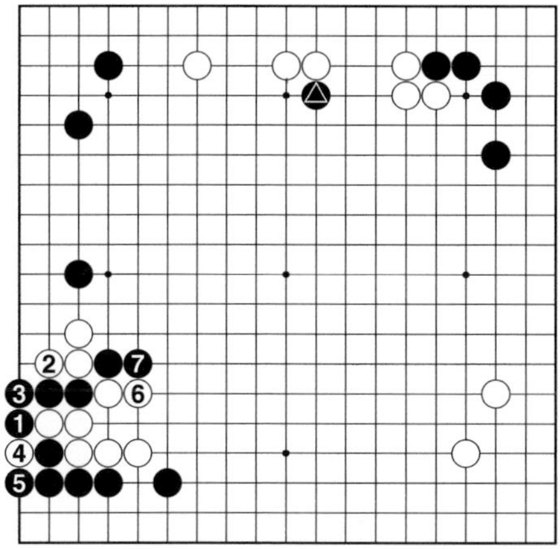

Dia. 10
Weiß im Nachteil

Hat Schwarz einen Treppenbrecher, wie zum Beispiel den markierten Stein, muss Weiß ⑥ spielen. ❼ trennt nun die weißen Gruppen.

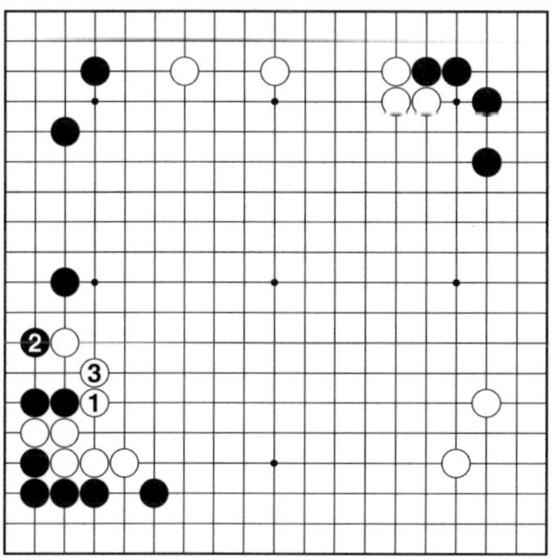

Dia. 11
Weiß ist zufrieden

③ als Antwort auf ❷ ist ausreichend für Weiß.

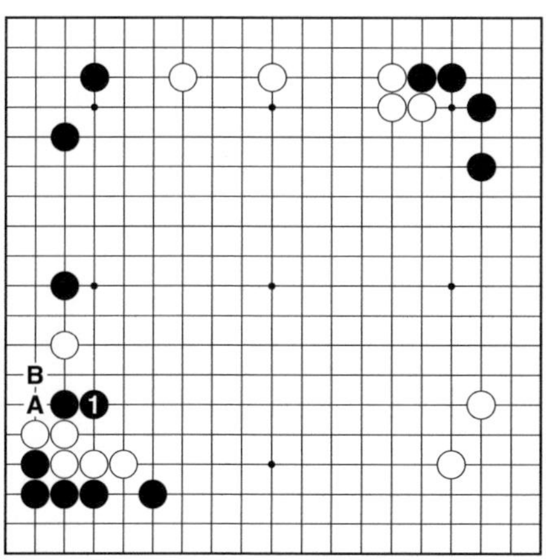

Dia. 12
Wahl von Schwarz

Wenn die Treppe aus Diagramm 8 nicht für Schwarz läuft, so kann er das Strecken auf ❶ versuchen.
Weiß kann nun mit A oder B antworten.

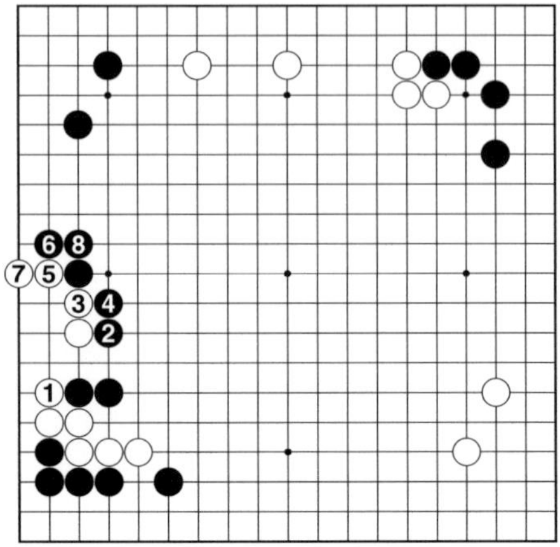

Dia. 13
Ungenügend für Weiß

Spielt Weiß ①, ist er nach der Sequenz bis ❽ eingeschlossen und Schwarz ist außen stark.

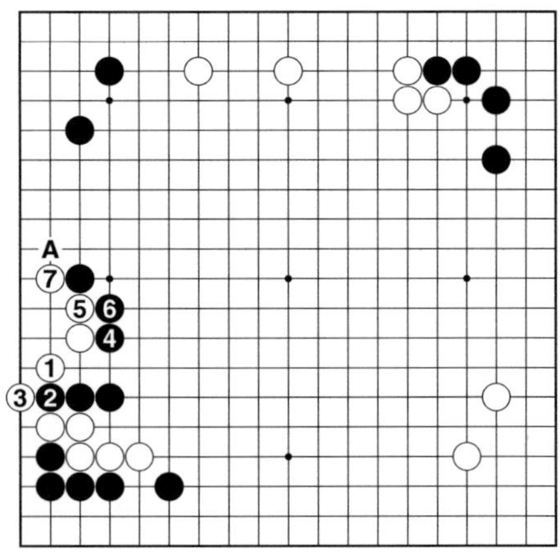

Dia. 14
Nicht gut für Schwarz

① ist der korrekte Zug. Nun kann Schwarz ⑦ nicht mehr mit A beantworten.

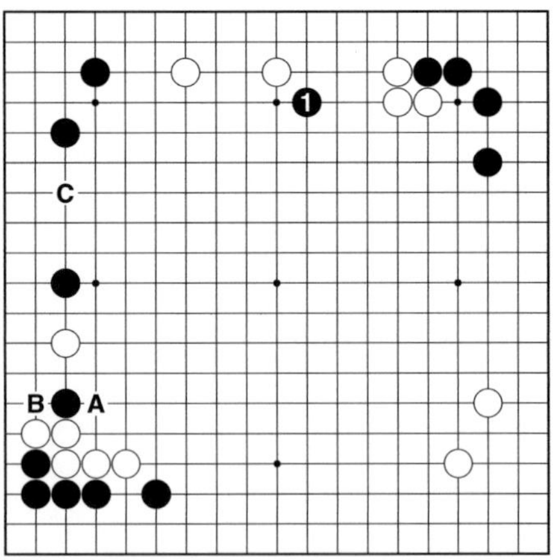

Dia. 15
Situationsabhängig

Ein Zug auf A ist für Schwarz nur gut, wenn er bereits einen Stein auf C oder in der direkten Umgebung hat.

A und B sind ohne zusätzliche Unterstützung für Schwarz nicht spielbar. Daher sollte er zuerst mit ① den Treppenbrecher spielen. Wenn Weiß darauf antwortet, dann kann Schwarz mit B fortsetzen.

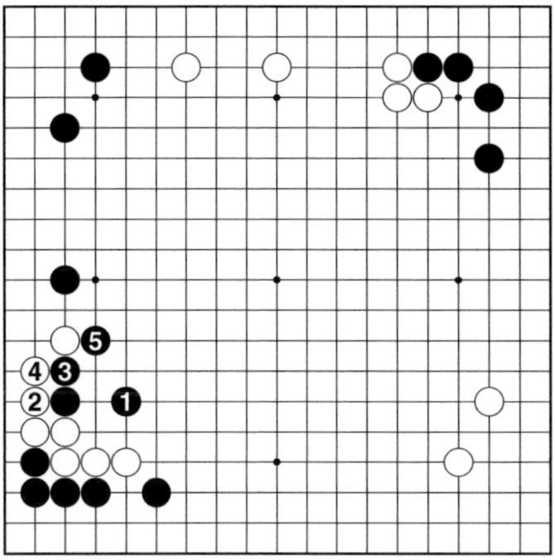

Dia. 16
Variante

Weiß sollte ❶ mit ② beantworten. Danach sehen ❸ und ❺ für Schwarz zunächst vielversprechend aus.

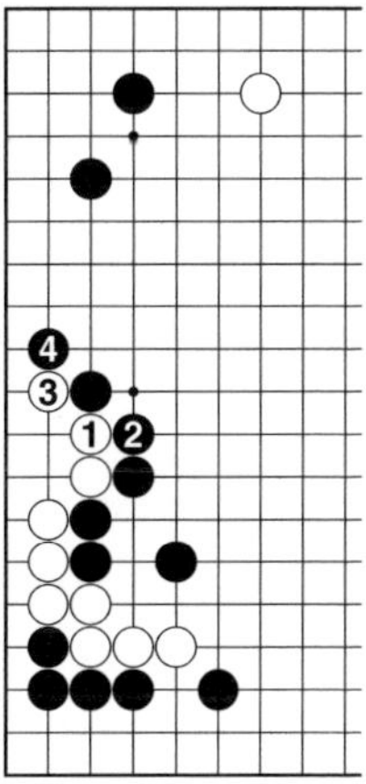

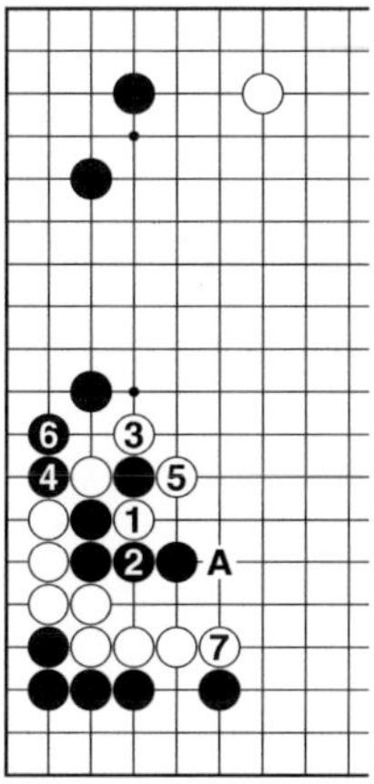

Dia. 17 (links)
Erfolg für Schwarz

Setzt Weiß mit ① fort, ist Schwarz nach dem Abtausch ③ und ❹ zufrieden.

Dia. 18 (rechts)
Gegenschlag

Weiß kann allerdings ① und ③ spielen. Wenn Schwarz nun mit ❹ und ❻ trennt, bedroht ⑦ die Ecke. Verteidigt Schwarz diese, spielt Weiß den Anleger auf A.

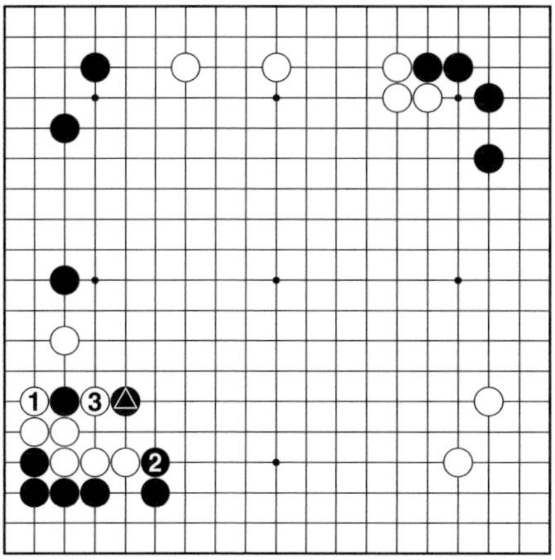

Dia. 19
Situationsabhängig

Der Strecker ❷ ist ein häufig gespielter Zug und Weiß lebt mit ③. Nun ist der markierte Stein schlecht platziert, da Schwarz keine Steine am unteren Rand hat.

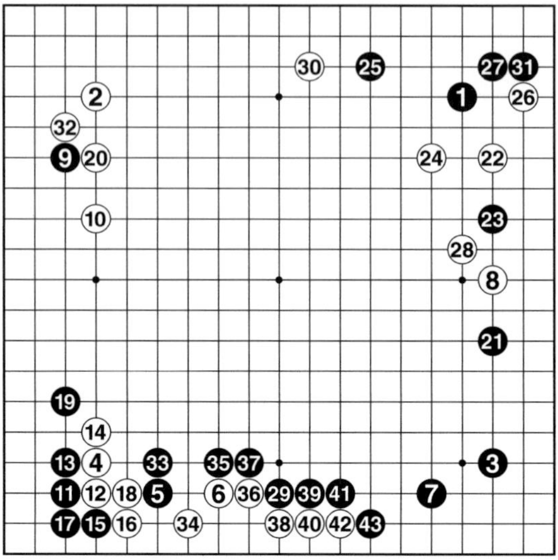

Profipartie 1

Weiß gewinnt durch Aufgabe

● Kim Il-whan

○ Jang Soo-young

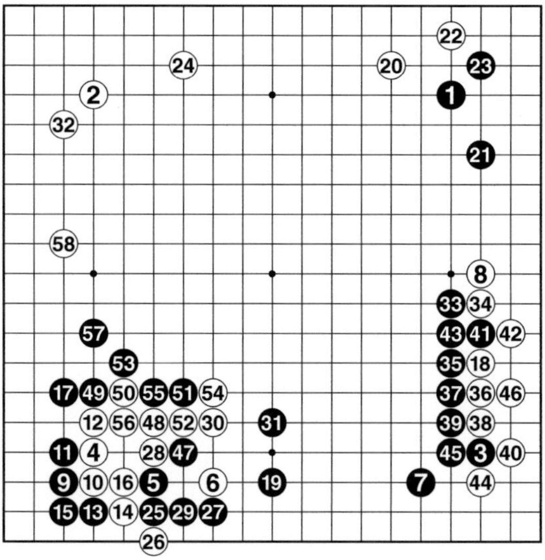

Profipartie 2

Weiß gewinnt durch Aufgabe

● Luo Xihe

○ Lee Chang-ho

Stellung 2-2

Nach der 3-3-Invasion mit einfacher Annäherung 2

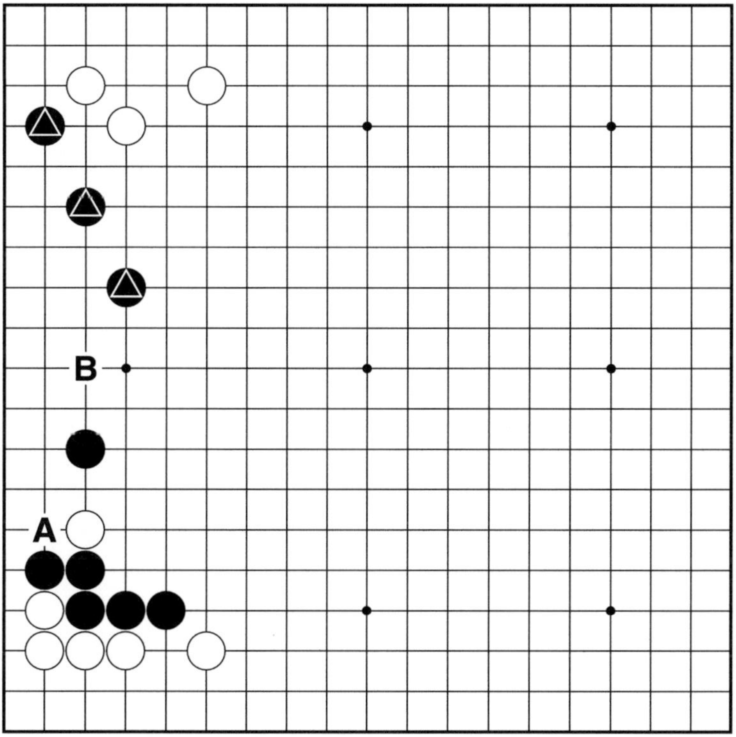

Wenn Schwarz die markierten Steine wie abgebildet gesetzt hat, kann Weiß – mit einem Blick auf A – auf B invadieren.

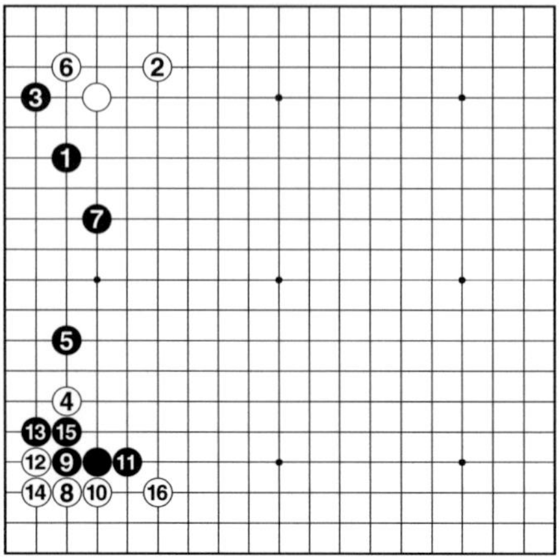

Dia. 1
Standardsequenz

Nach ❶ und ❸ nähert sich Weiß mit ④ der Ecke an. Die Sequenz bis ⑯ ist Joseki, doch aufgrund der Schwächen in der schwarzen Stellung ist diese Abfolge besser für Weiß.

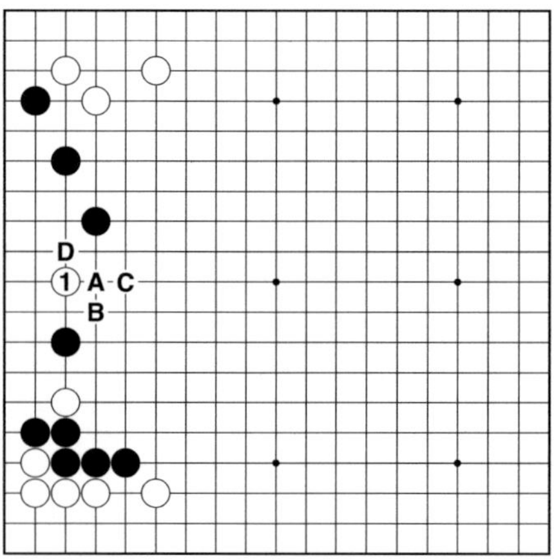

Dia. 2
Wahl für Schwarz

Schwarz kann nach der weißen Invasion A, B oder C spielen, um Weiß flachzudrücken. Ist es aufgrund der Gesamtbrettstellung sinnvoll zu verteidigen, dann kann er auch D in Betracht ziehen, doch das Resultat wird in der Regel besser für Weiß sein.

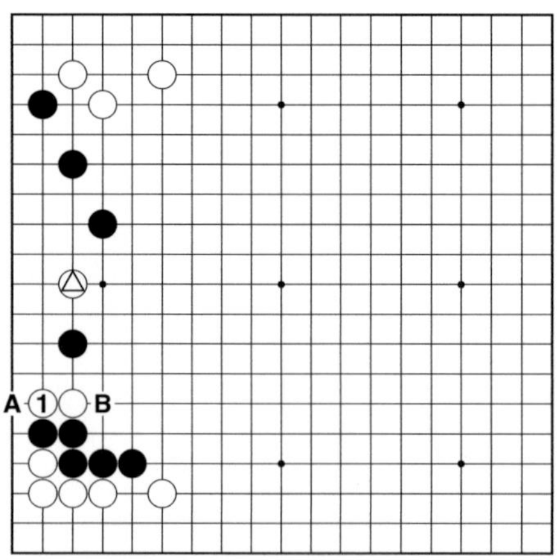

Dia. 3
Erwiderung für Schwarz

Bevor Schwarz jedoch auf △ antwortet, sollte er sich überlegen, ob er auf ① mit A oder B reagieren möchte.

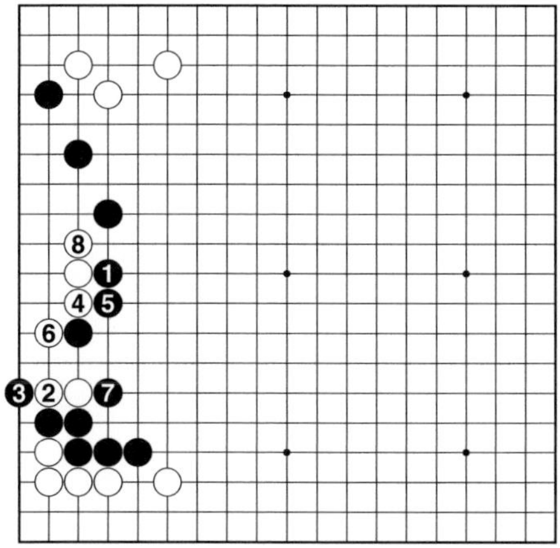

Dia. 4
Weiß lebt

Nach ❶ spielt Weiß den Abtausch ② für ❸ und verbindet mit ④ und ⑥. Anschließend lebt Weiß einfach mit ⑧.

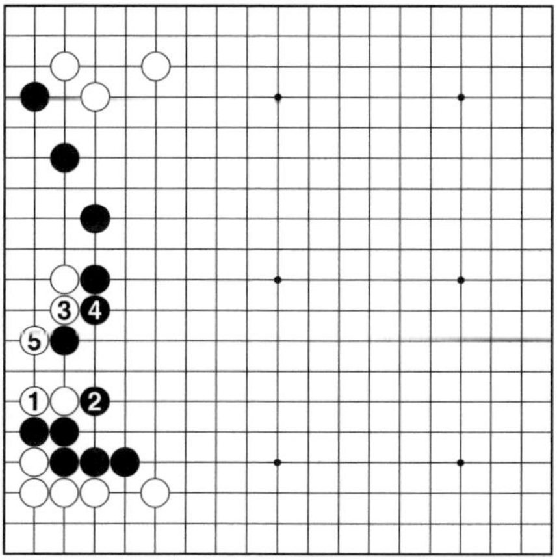

Dia. 5
Ähnliches Ergebnis

Wenn Schwarz auf ① mit ❷ antwortet, lebt Weiß problemlos mit der Sequenz bis ⑤.

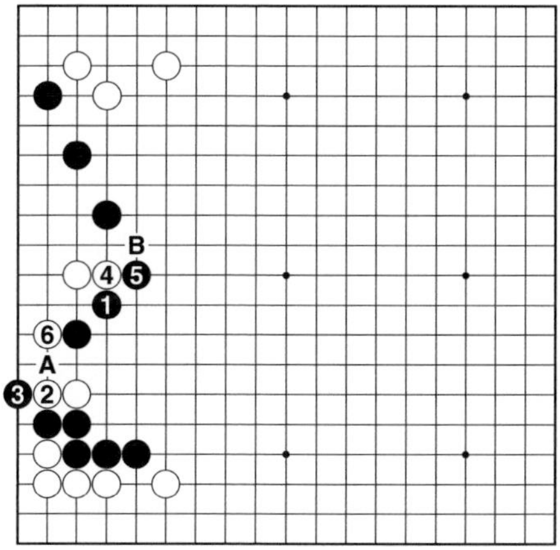

Dia. 6
Diagonalzug

Den Diagonalzug ❶ beantwortet Weiß mit dem Abtausch ② für ❸. Danach versucht Weiß mit ④ und ⑥ zu verbinden. Trennt Schwarz anschließend auf A, dann entkommt Weiß mit B ins Zentrum.

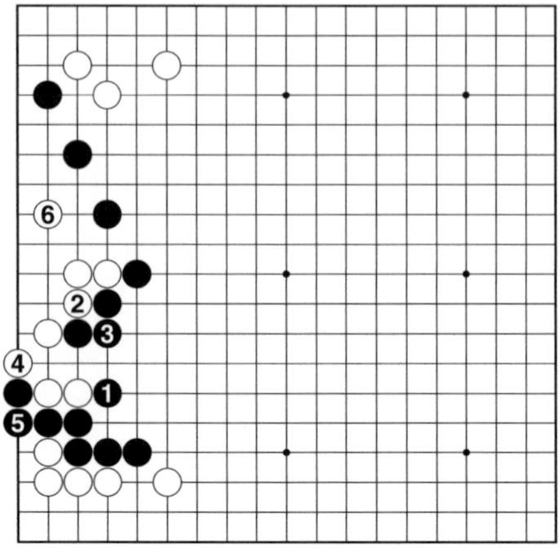

Dia. 7
Weiß lebt

Schwarz muss ❶ spielen, doch nach ⑥ lebt Weiß problemlos. Das Ergebnis ist schlecht für Schwarz.

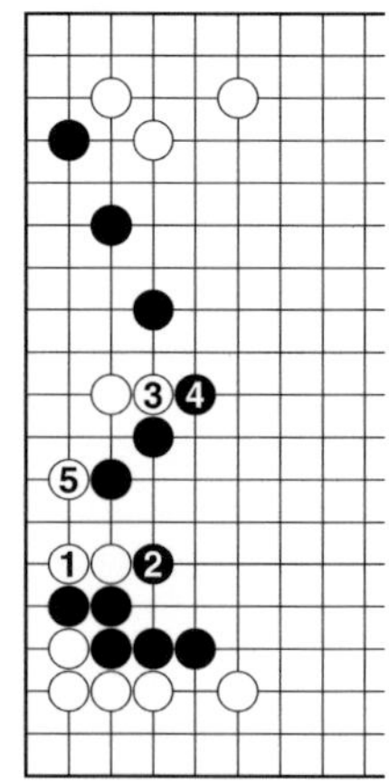

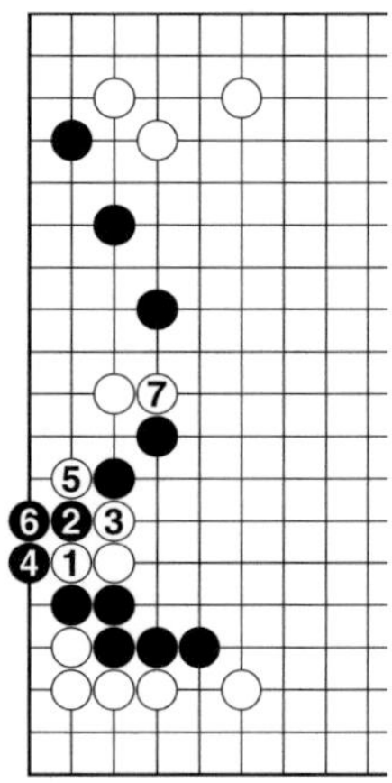

Dia. 8 (links)
Gleiches Ergebnis

Auch wenn Schwarz ① mit ❷ beantwortet, lebt Weiß einfach und das Ergebnis ist erneut nicht gut für Schwarz.

Dia. 9 (rechts)
Trickvariante

③ ist die richtige Antwort auf den Trickzug ❷. Anschließend läuft Weiß mit ⑦ ins Zentrum.

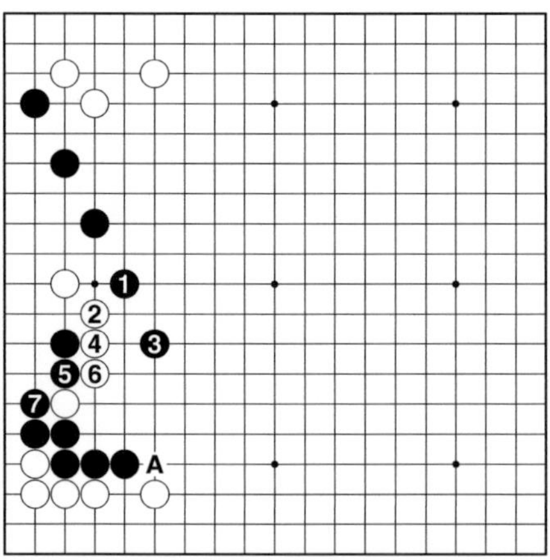

Dia. 10
Boshi

Das Boshi auf ❶ ist der beste Zug, um Weiß einzuschließen. Schwarz hofft auf ②, denn nach ❼ ist es schwer für Weiß zu entkommen, da A Vorhand ist.

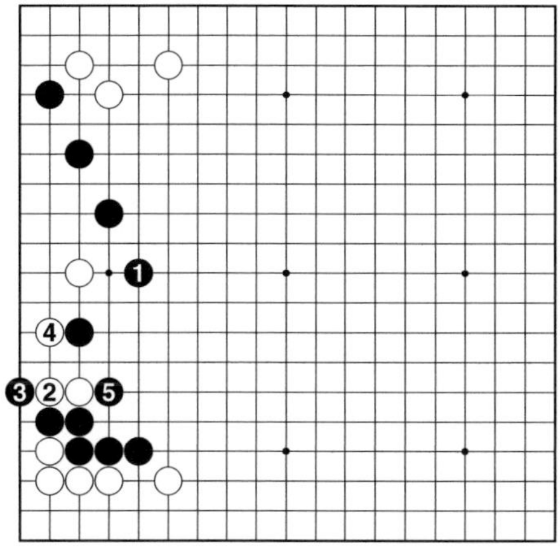

Dia. 11
Komplizierte Variante

Weiß muss ❶ mit ② beantworten. Mit ❺ wird Schwarz stark, weshalb Weiß seine nächsten Züge sorgfältig bedenken sollte.

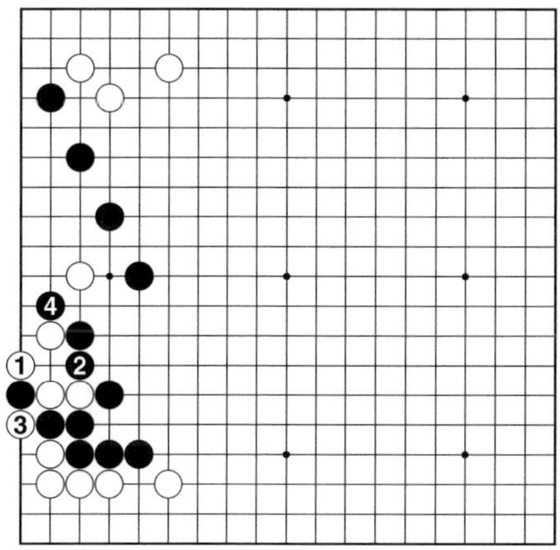

Dia. 12
Schlecht für Weiß

① ist ein unüberlegter Zug. Nach ❷ und ❹ ist das Ergebnis sehr schlecht für Weiß.

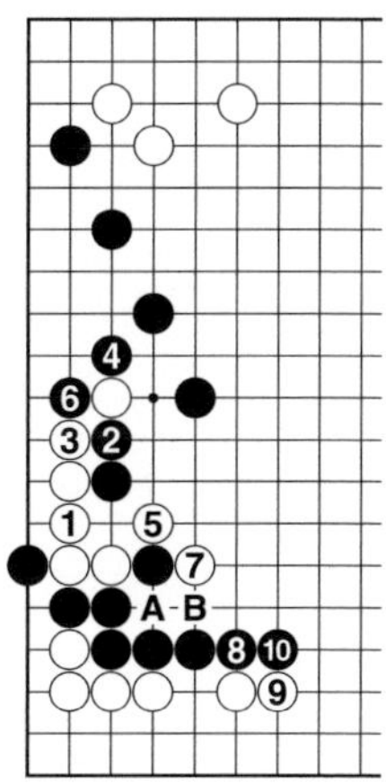

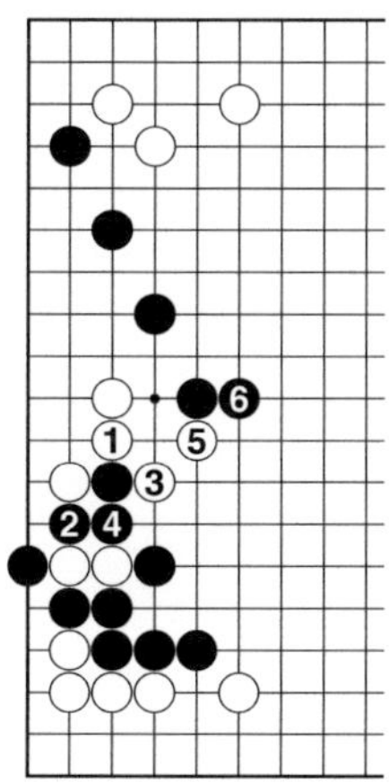

Dia. 13 (links)
Besser für Schwarz

Wenn Weiß ① spielt, sind ❷ und ❹ gute Züge. Nach ❿ ist es schwer für Weiß, eine gute Fortsetzung zu finden, da A und B Vorhände für Schwarz sind.

Dia. 14 (rechts)
Schwarz ist stark

Nachdem Weiß mit ③ und ⑤ ins Zentrum entkommen ist, scheint er erfolgreich gewesen zu sein, doch Schwarz ist mit Hilfe von ❷ und ❹ stark geworden.

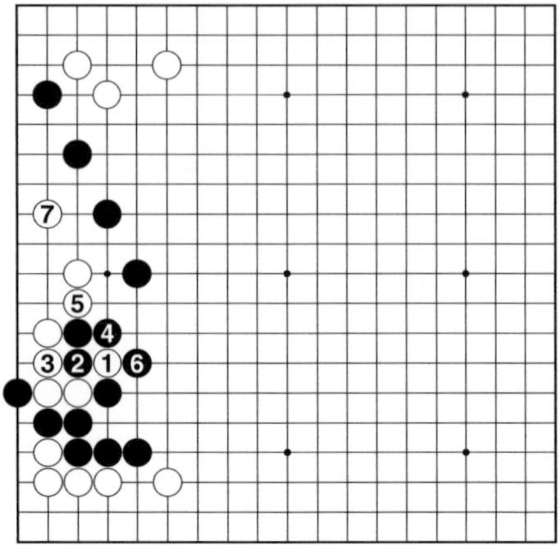

Dia. 15
Antwort von Weiß

① ist ein sehr guter Zug. In der Abfolge bis ⑦ lebt Weiß und nimmt viele Punkte.

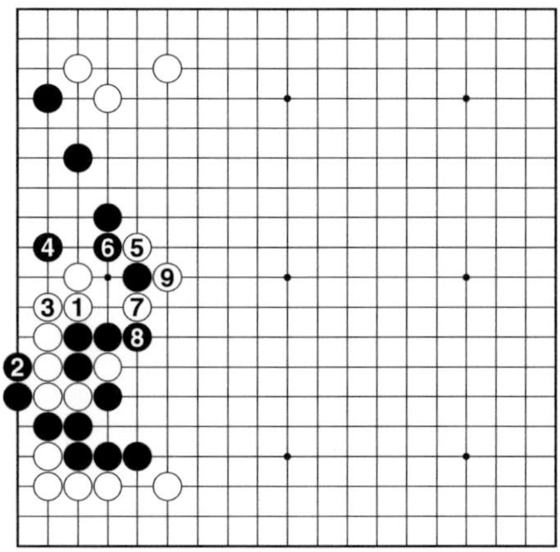

Dia. 16
Übertrieben von Schwarz

Der Versuch von Schwarz, Weiß mit ❷ bis ❽ zu fangen, ist übertrieben. Weiß entkommt ins Zentrum.

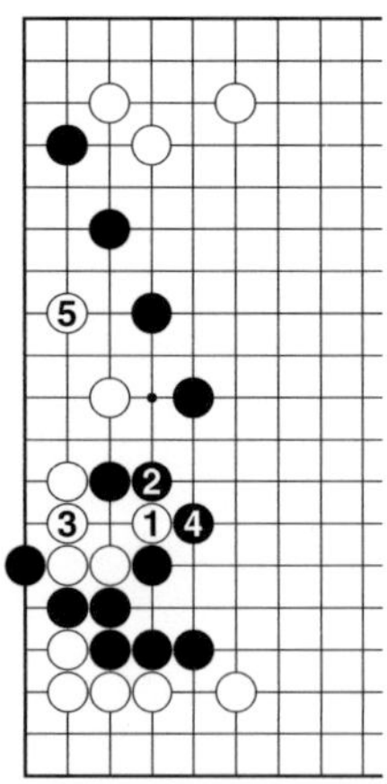

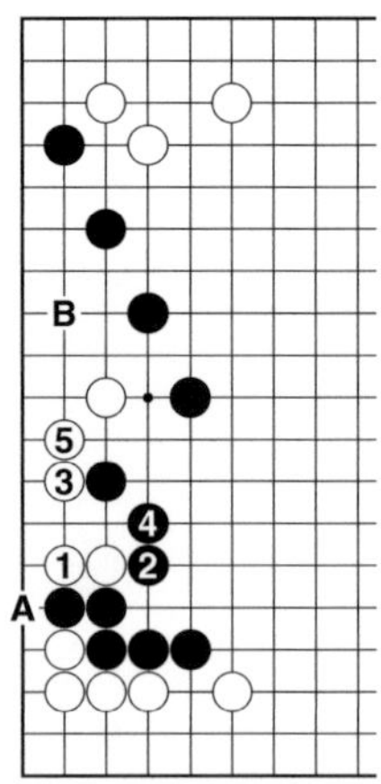

Dia. 17 (links)
Weiß lebt

❷ und ❹ führen zu einem etwas besseren Ergebnis als in Diagramm 15, doch Weiß lebt einfach.

Dia. 18 (rechts)
Weiß lebt erneut

Wenn Schwarz ❷ und ❹ spielt, sind nach ⑤ A und B Miai für Weiß.

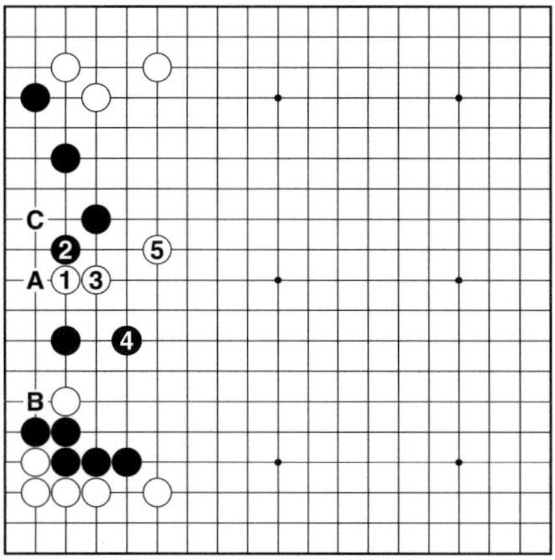

Dia. 19
Keil

Wenn Schwarz ① mit ❷ beantwortet, gelangt Weiß mit ③ und ⑤ ins Zentrum. Das schwarze Moyo ist zerstört und Weiß hat mit A einen sehr großen Endspielzug, da B und C Miai sind.

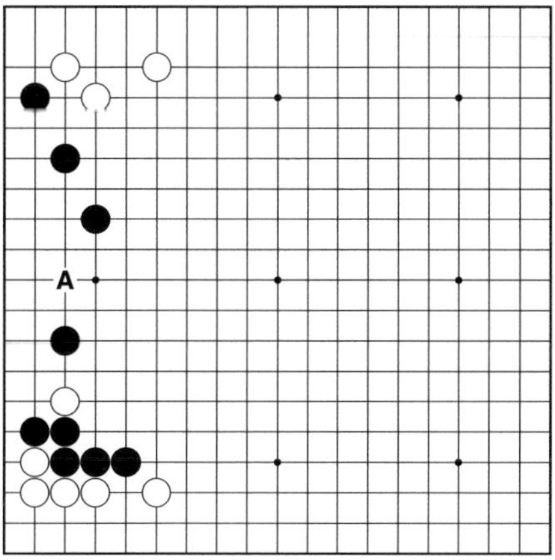

Dia. 20
Schlussfolgerung

Die schwarze Formation hat einen entscheidenden Schwachpunkt bei A. Wenn Weiß dort invadiert, kann Schwarz ihn nicht fangen, weshalb er auf Einfluss spielen sollte. Schwarz kann demnach nur auf Punkte am Rand hoffen, wenn er noch einen zusätzlichen Zug investiert.

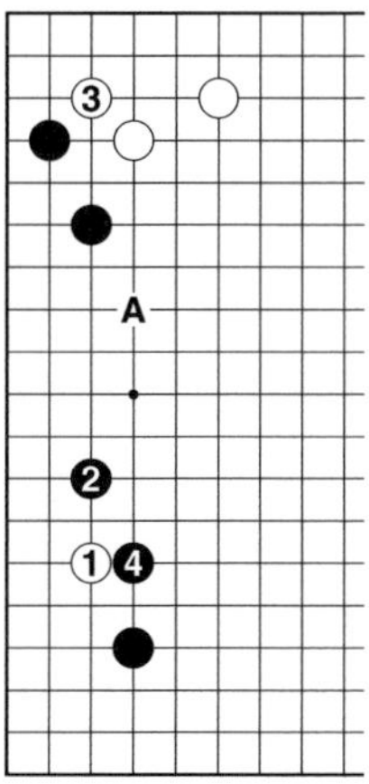

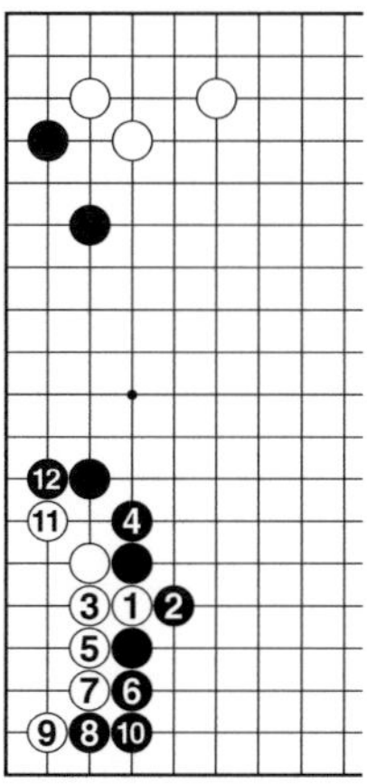

Dia. 21 (links)
Anderes Joseki

Nach ③ kann Schwarz, anstatt der sonst üblichen Antwort A, auch über ❹ nachdenken.

Dia. 22 (rechts)
Spielbar für Schwarz

Das Ergebnis nach ⓬ ist gut genug für Schwarz.

Sollte die Treppe, beginnend mit Weiß auf ❹, gut für Schwarz sein, dann kann er auch das Atari mit 2 von der anderen Seite spielen (streckt Weiß auf ❷, deckt Schwarz auf ⑤).

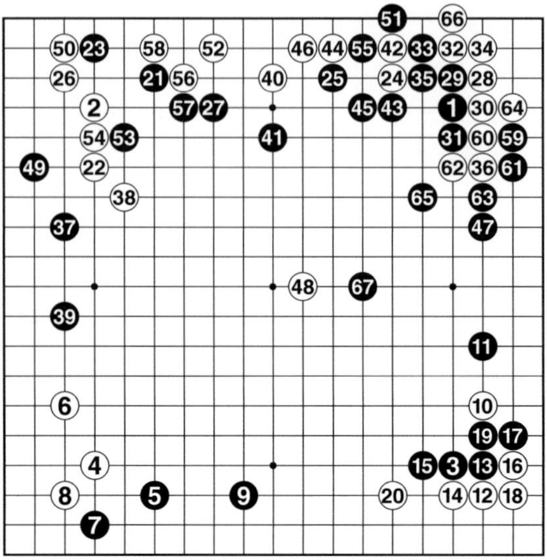

Profipartie 1

Weiß gewinnt mit 2,5 Punkten

● Cho Hoon-hyun
○ Lee Chang-ho

Stellung 2-3

Nach der 3-3-Invasion mit einfacher Annäherung 3

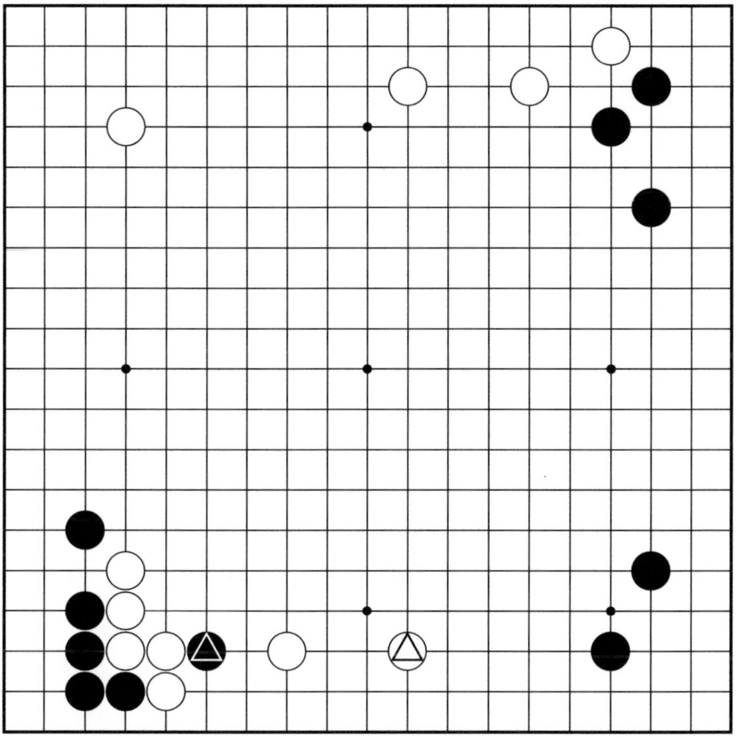

Weiß hat mit dem markierten Stein am unteren Rand eine stabile Position, dennoch besitzt der markierte schwarze Stein noch Aji. Schauen wir uns nun einige Varianten in dieser Stellung an.

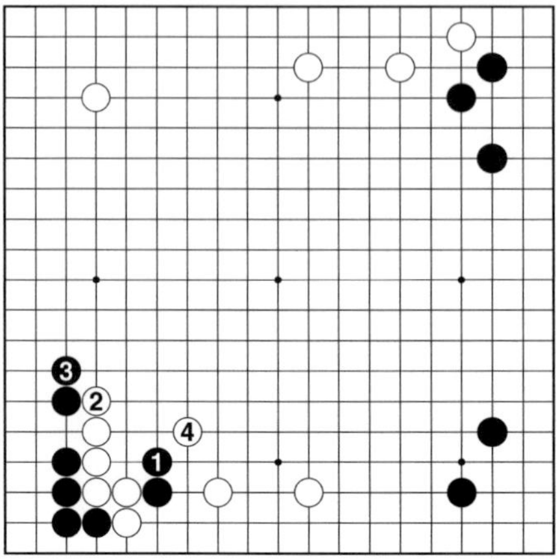

Dia. 1
Überzogen von Schwarz

❶ ist übertrieben, denn Weiß kann Schwarz mit ② und ④ einschließen.

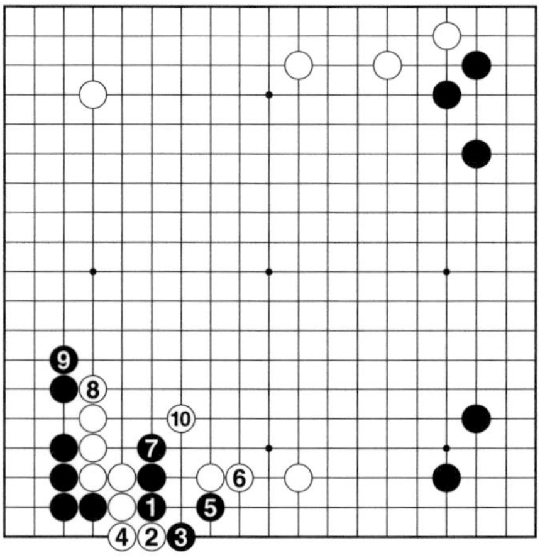

Dia. 2
Ähnlich

Die Sequenz bis ⑩ endet mit dem gleichen Resultat – Schwarz ist eingeschlossen.

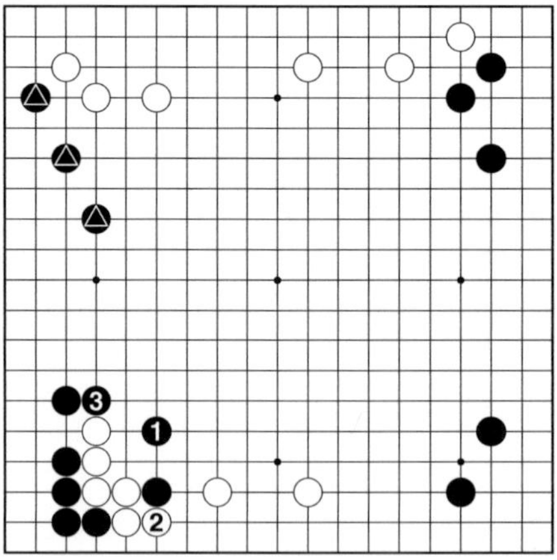

Dia. 3
Gutes Verhältnis

❶ und ❸ sind häufig gespielte Züge, die gut zu den markierten Steinen am Rand passen.

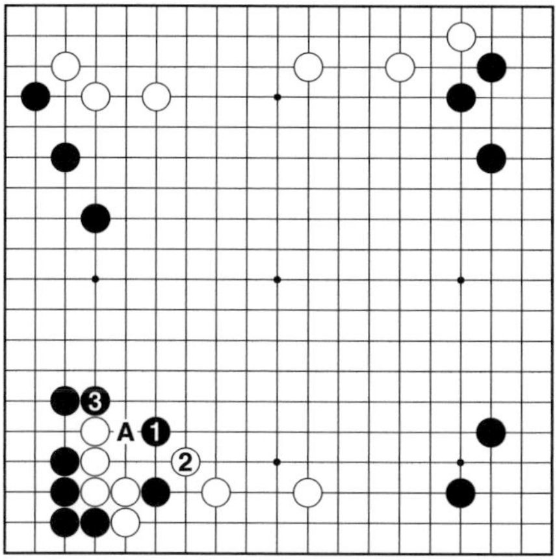

Dia. 4
Schlechter Zug

Das Nozoki auf ② ist schlecht, denn nach ❸ ist A Vorhand für Schwarz.

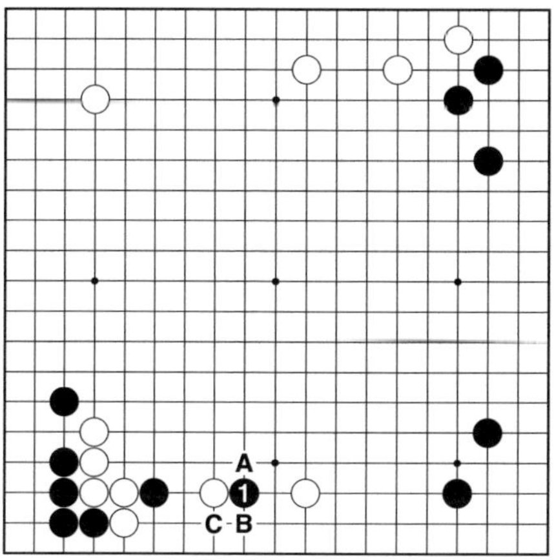

Dia. 5
Schwer zu beantworten

❶ ist ein guter Fragezug. Weiß sollte über A, B und C nachdenken.

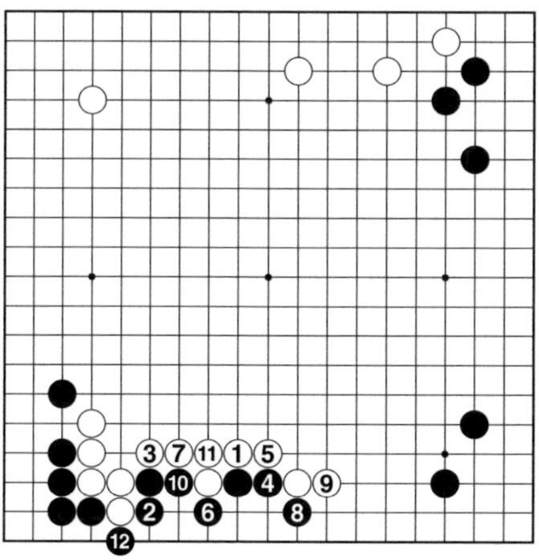

Dia. 6
Gebiet versus Stärke

Mit der Sequenz bis ⓬ sichert sich Schwarz Punkte, doch die weiße Mauer ist nicht zu verachten.

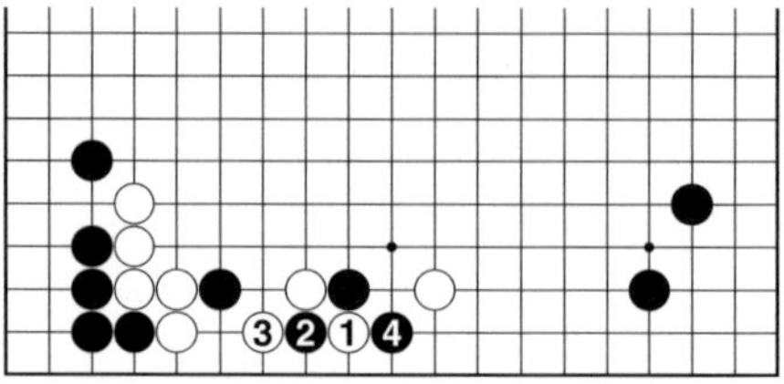

Dia. 7
Getrennt

Nach dem Kreuzschnitt trennt ❹ den weißen Stein ab.

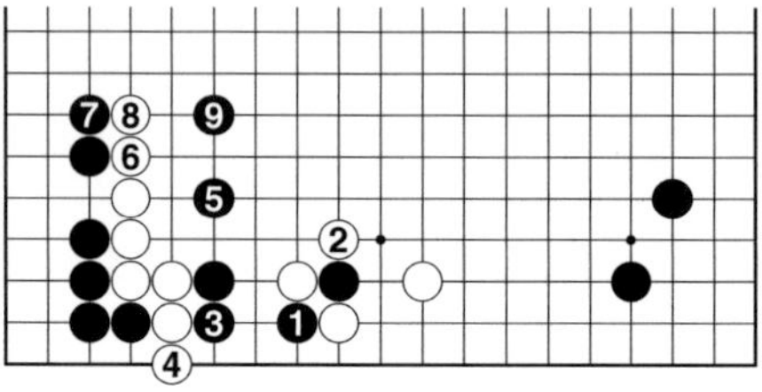

Dia. 8
Kampf

Weiß kann auch ② spielen. Der Abtausch ❸ für ④ entfacht einen Kampf, aber das weiße Gebiet ist bereits zerstört.

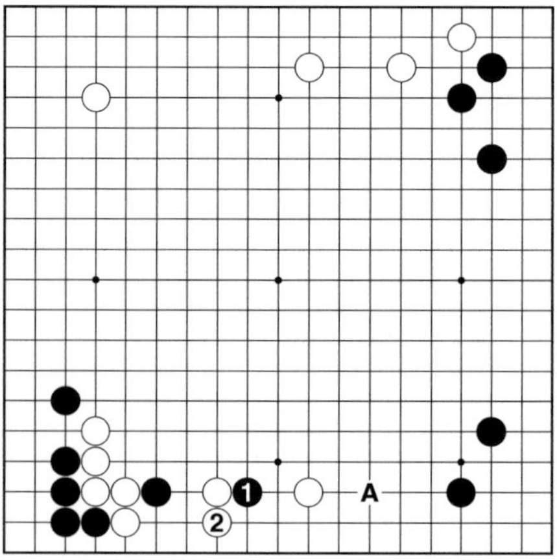

Dia. 9
Passiv

② ist zu passiv, denn Schwarz sollte ❶ normalerweise nur mit Unterstützung eines Steins auf A spielen.

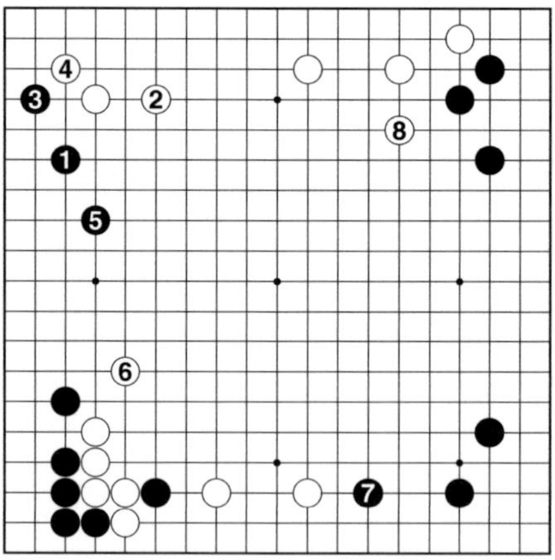

Dia. 10
Zusätzliche Züge

⑥ und ❼ verändern die Gesamtsituation. Wir werden nun erneut die Angriffsmöglichkeiten für Schwarz betrachten.

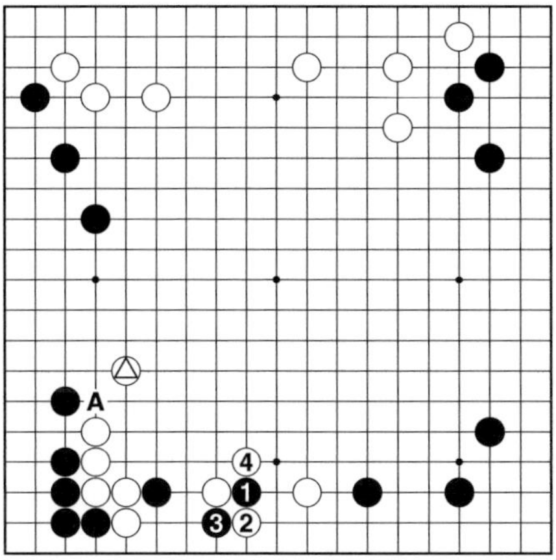

Dia. 11
Unvernünftig

❶ ist unangemessen, wenn der markierte weiße Stein bereits steht, da A Vorhand für Weiß ist.

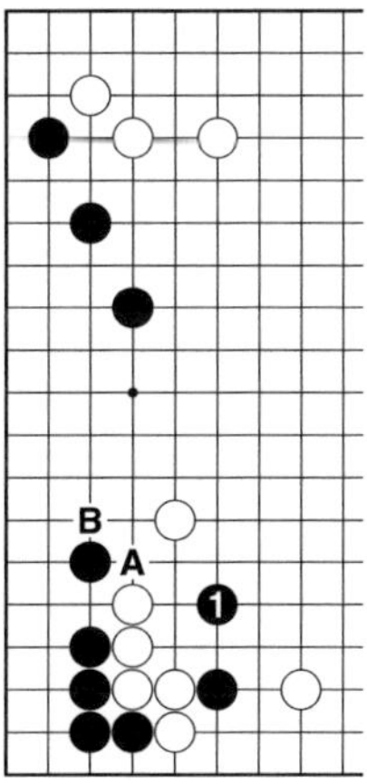

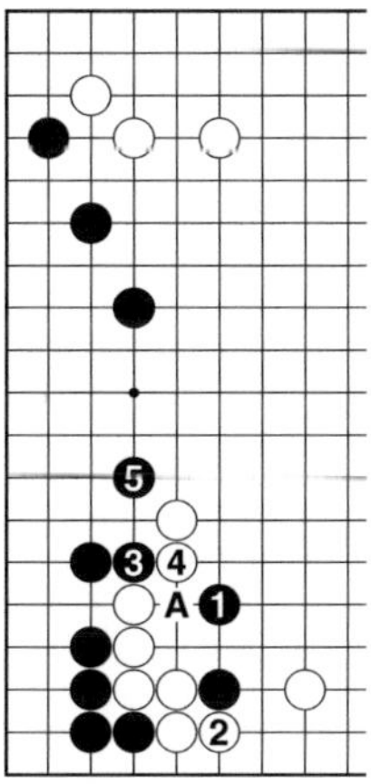

Dia. 12 (links)
Fragezug

❶ ist ein üblicher Fragezug. A gegen B abzutauschen ist nicht gut für Weiß, da es Aji zerstört und Schwarz Gebiet schenkt.

Dia. 13 (rechts)
Plan von Schwarz

❶ mit ② zu beantworten ist schlecht für Weiß, da eine Schwäche bei A verbleibt, wenn Schwarz mit ❸ und ❺ den linken Rand besetzt.

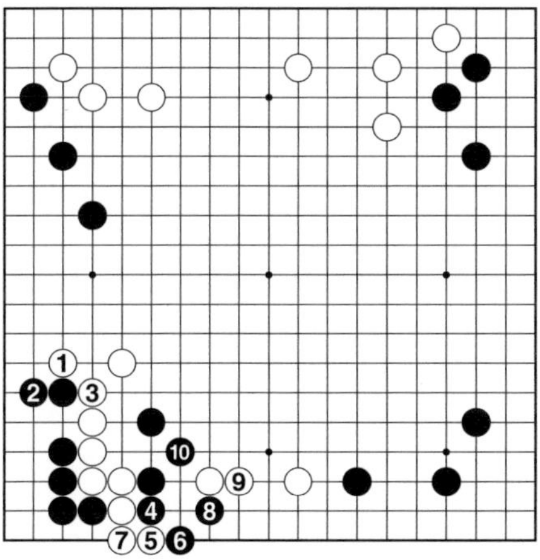

Dia. 14
Weiß getrennt

Wenn Weiß ① und ③ spielt, dann wird er in der Sequenz bis ❿ in zwei Gruppen getrennt, da es ihm nicht möglich ist, die schwarze Gruppe zu fangen.

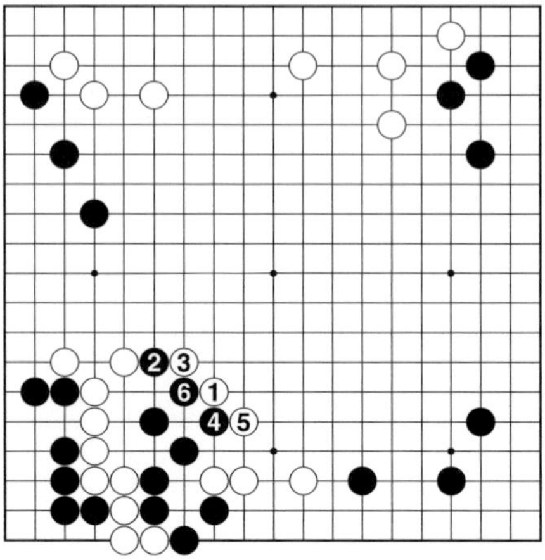

Dia. 15
Blockade

Schwarz mit ① einschließen und eine Blockade zum Zentrum hin errichten zu wollen, ist nicht möglich. Nach ❻ ist die weiße Stellung zu löchrig.

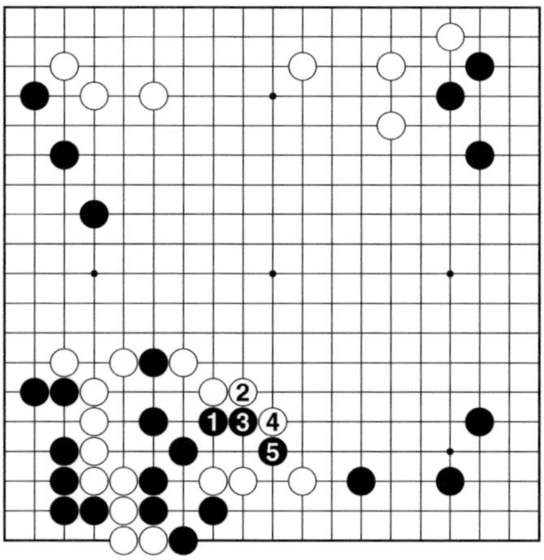

Dia. 16
Durchbruch

Auch der Versuch, Schwarz mit ② und ④ einzuschließen, schlägt fehl. Schwarz durchbricht erneut die weiße Stellung.

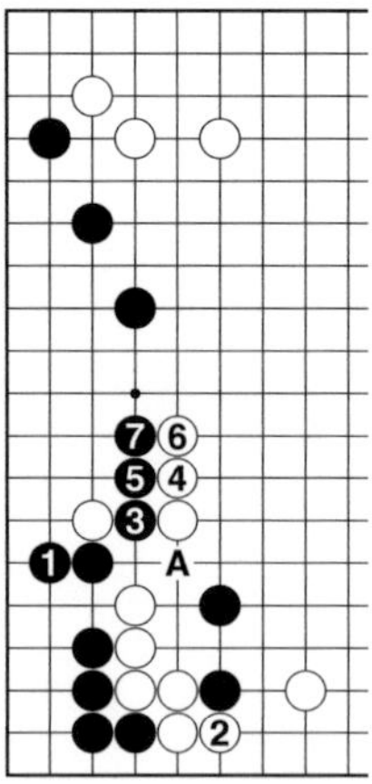

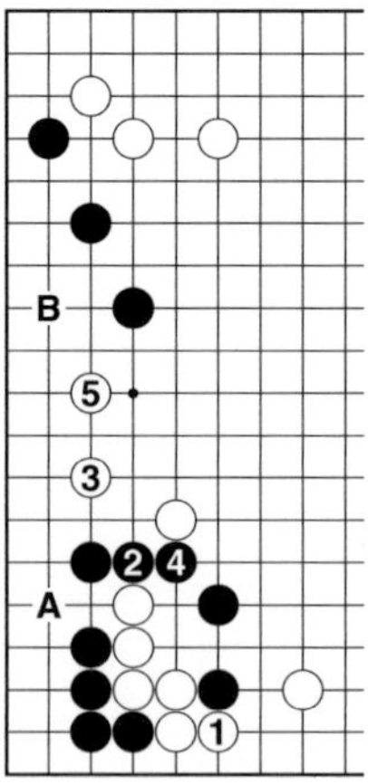

Dia. 17 (links)
Schwachpunkt

Spielt Weiß mit ② auf Sicherheit, wird in der Sequenz bis ❼ Gebiet gegen Einfluss getauscht. Zudem bleibt die Schwäche auf A zurück.

Dia. 18 (rechts)
Antwort für Weiß

Wenn Schwarz nach ① trennt, sind ③ und ⑤ gut durchdachte Züge. Aufgrund der eigenen Schwächen bei A und B ist es schwer für Schwarz, Weiß ernsthaft zu attackieren.

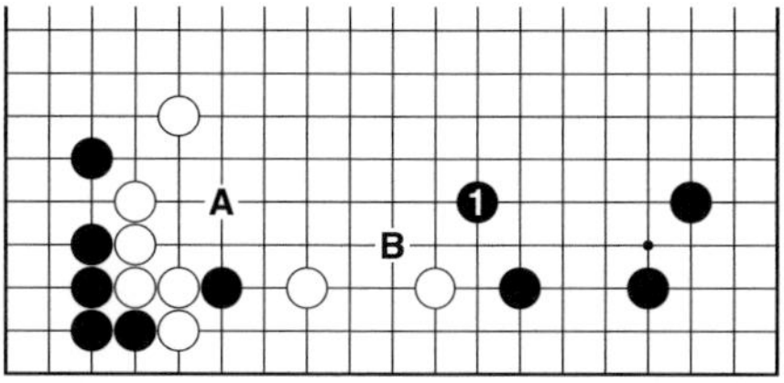

Dia. 19
Richtungswechsel

Da A momentan nicht gut ist, spielt Schwarz den Rösselsprung ❶ und droht somit Weiß mit B flachzudrücken, sollte dieser etwas gegen das schwarze Moyo am rechten Rand unternehmen.

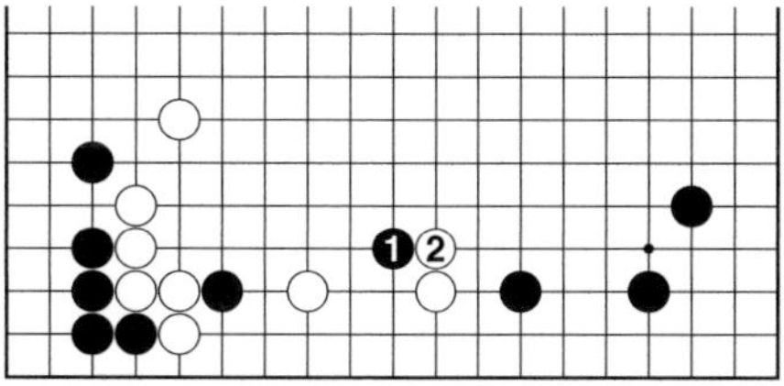

Dia. 20
Gegenschlag

Wenn Schwarz direkt ❶ spielt, kann Weiß mit ② zurückschlagen und einen Kampf im Zentrum beginnen.

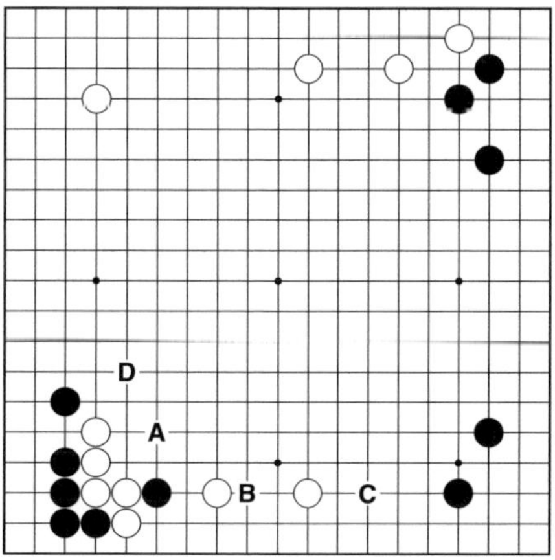

Dia. 21
Zusammenfassung 1

C ist ein großer Zug für Schwarz, da er das Aji bei A und B verstärkt. Weiß kann dieses wiederum mit D abschwächen.

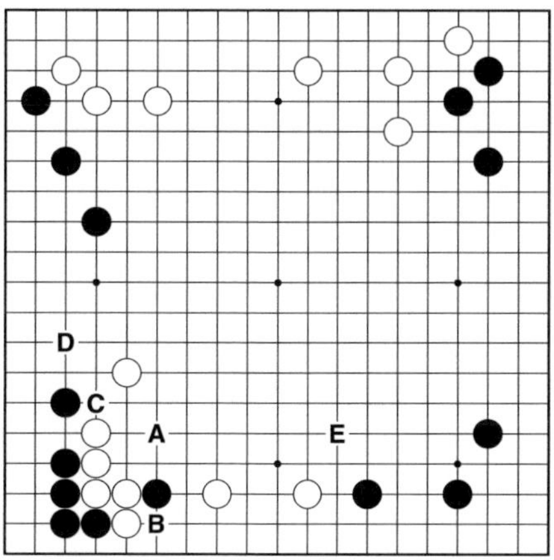

Dia. 22
Zusammenfassung 2

Weiß sollte Schwarz A mit B beantworten. Wenn Schwarz anschließend C spielt, ist D ein sehr guter Zug für Weiß. Schwarz E ist ein flexibler Zug, der die rechte Seite entwickelt und gleichzeitig droht, Weiß am unteren Rand flachzudrücken.

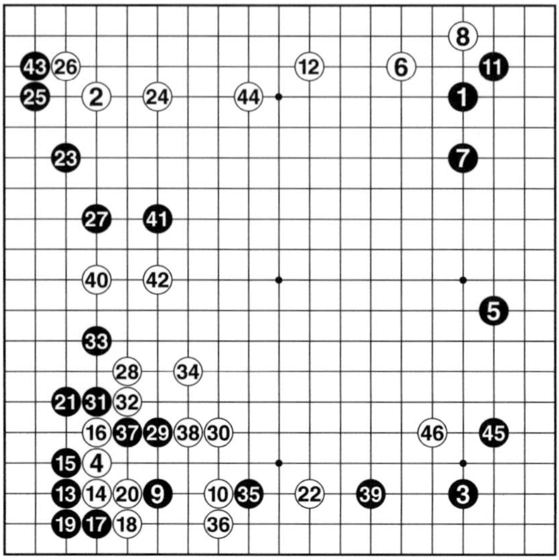

Profipartie 1

Schwarz gewinnt mit 6,5 Punkten

● Lee Chang-ho
○ Choi Myung-hu

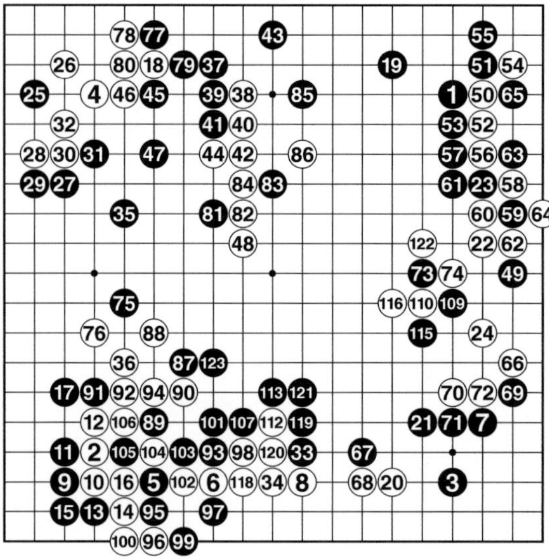

Profipartie 2

Schwarz gewinnt durch Aufgabe

● Choi Cheol-han
○ Lee Chang-ho

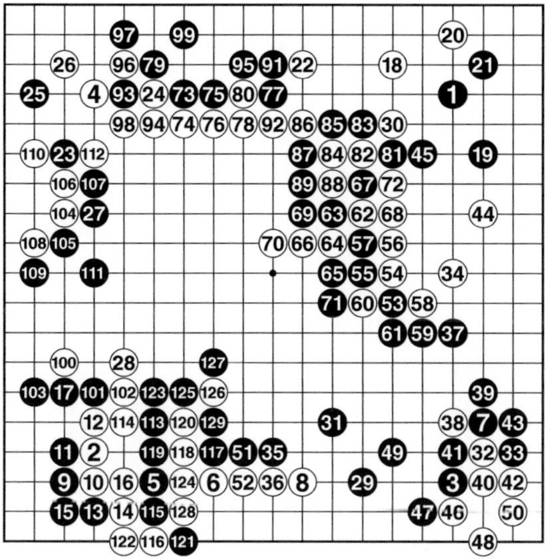

Profipartie 3

Schwarz gewinnt durch Aufgabe

● Choi Cheol-han

○ Lee Chang-ho

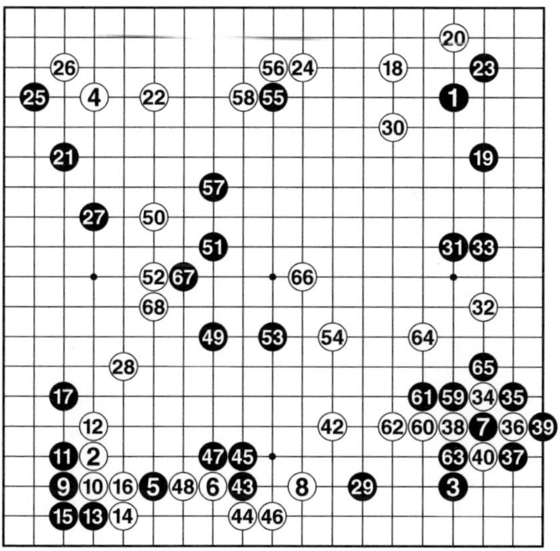

Profipartie 4

Weiß gewinnt durch Aufgabe

● Wang Xi

○ Lee Chang-ho

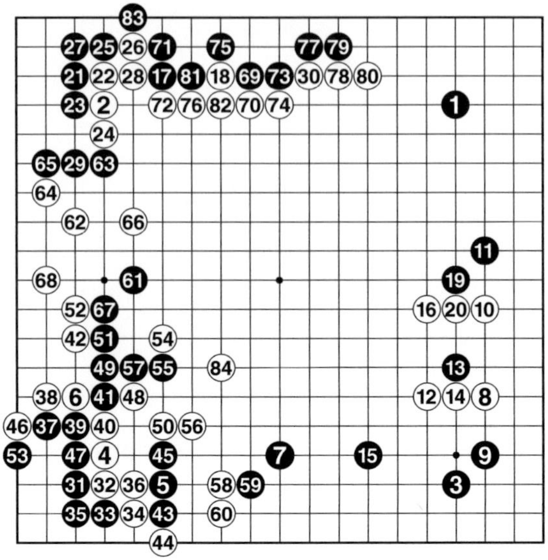

Profipartie 5

Schwarz gewinnt durch Aufgabe

● Choi Myung-hun

○ Luo Xihe

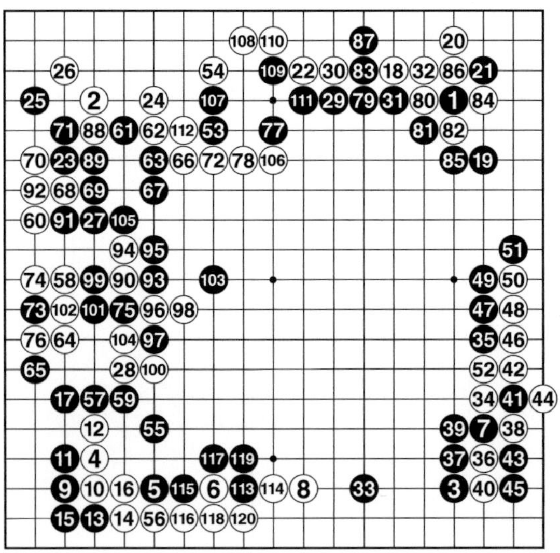

Profipartie 6

Weiß gewinnt durch Aufgabe

● Choi Cheol-han

○ Lee Chang-ho

Stellung 2-4

Nach der 3-3-Invasion mit einfacher Annäherung 4

(Hoher Zwei-Punkt-Klemmzug)

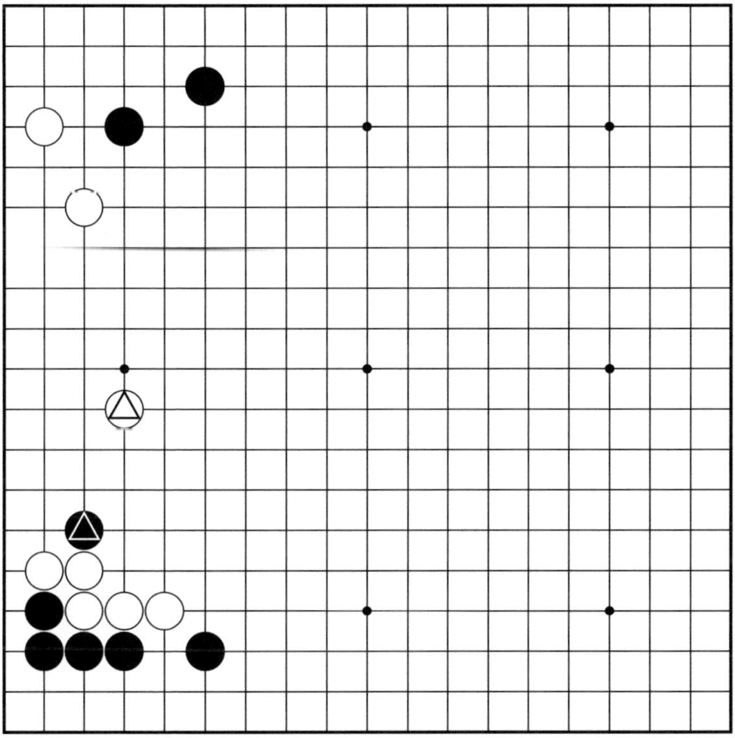

Im Folgenden werden wir die Varianten betrachten, welche auftreten können, wenn die beiden markierten Steine gespielt wurden.

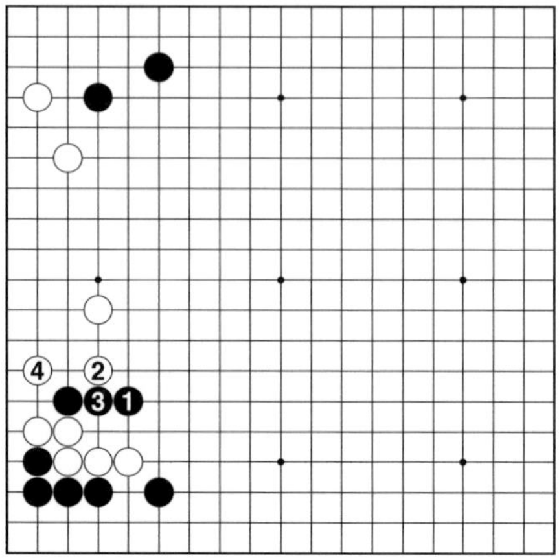

Dia. 1
Verbunden

Schwarz sollte nicht ❶ spielen, da Weiß seine Steine einfach mit ② und ④ anbindet, sodass die schwarze Gruppe ohne Basis im weißen Einflussgebiet schwebt.

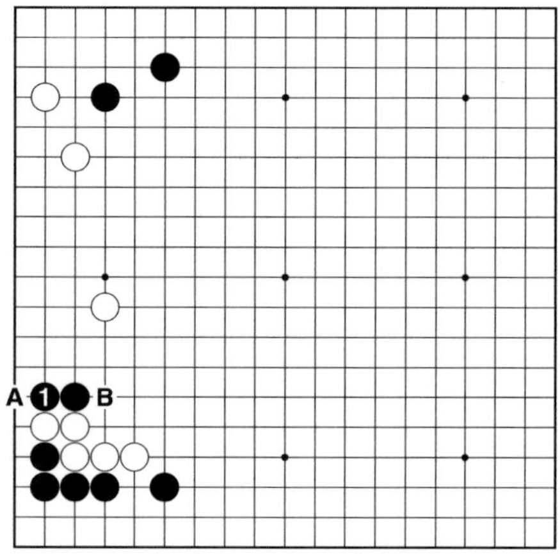

Dia. 2
Auswahl für Weiß

❶ ist der normale Zug. Weiß kann nun zwischen A und B wählen.

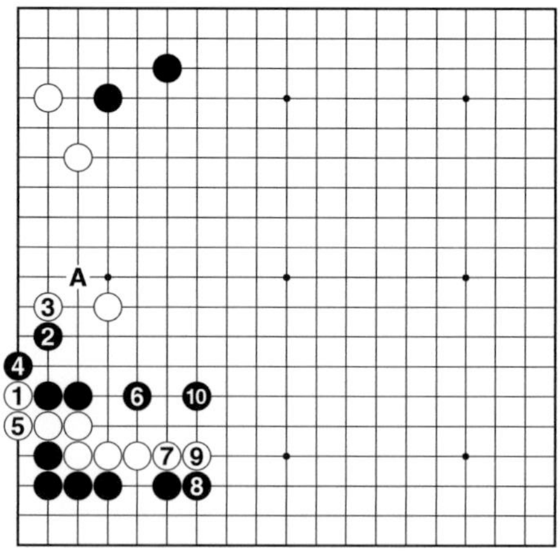

Dia. 3
Schwarz ist zufrieden

Nach ① springt Schwarz auf ❷. Wenn Weiß nun mit ③ fortsetzt, dann wird Schwarz die weiße Gruppe mit der Sequenz bis ❿ hart attackieren. ③ wäre hier besser auf A platziert.

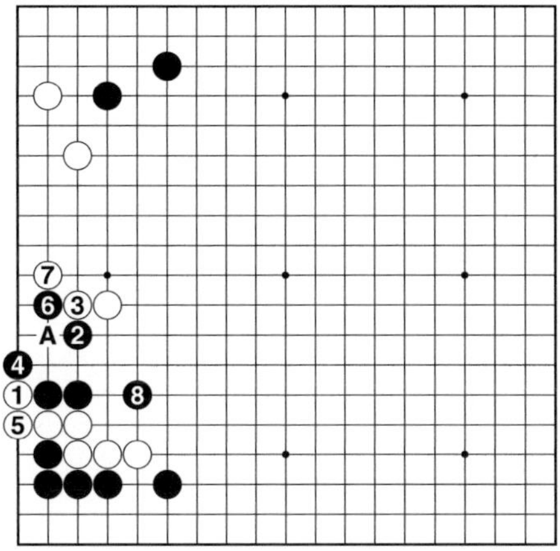

Dia. 4
Alternative für Schwarz

Schwarz kann auf ① auch mit ❷ antworten. Das Ergebnis nach ❽ ist vergleichbar mit dem aus Diagramm 3, wobei Schwarz in dieser Variante mit einem Zug auf A einfach Augen bekommen kann.

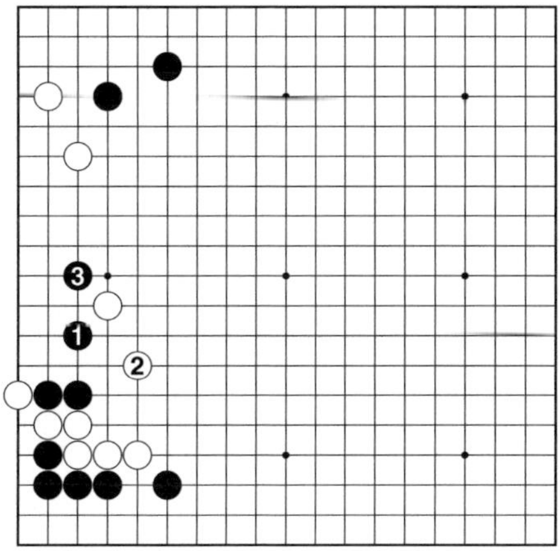

Dia. 5
Gebiet für Schwarz

Zwar blockt ② Schwarz zum Zentrum hin, doch dafür kann Schwarz den Rand einnehmen und ist zufrieden.

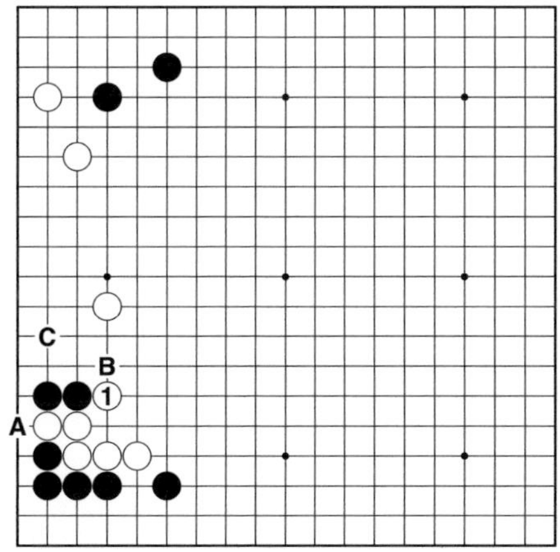

Dia. 6
Auswahl für Schwarz

① ist der übliche Zug in dieser Situation und Schwarz sollte sich nun zwischen A, B und C entscheiden.

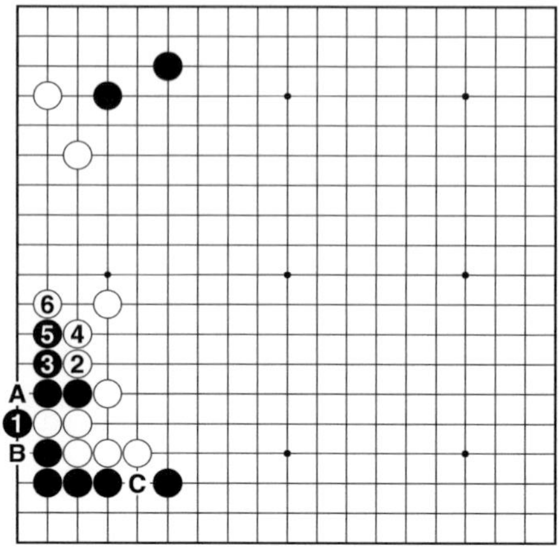

Dia. 7
Schwarz passiv

Schwarz gewinnt nichts, wenn er mit ❶ verbindet. Im Gegenteil – Weiß wird stark und kann nach einem Einwerfen auf A und B mit C trennen.

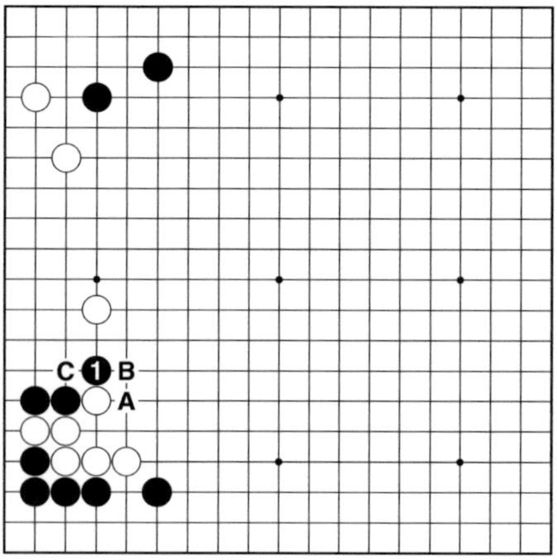

Dia. 8
Weiß muss wählen

Wenn Schwarz mit ❶ umbiegt, sind die Punkte A, B und C denkbare Fortsetzungen für Weiß.

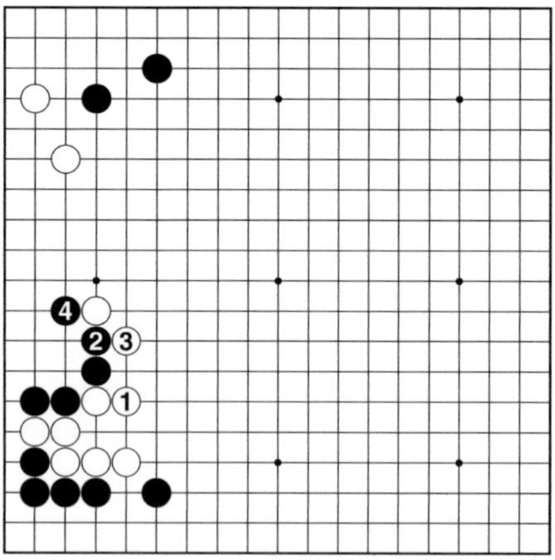

Dia. 9
Weiß ist schwach

Streckt Weiß mit ①, ist seine Stellung nach ❹ sehr dünn.

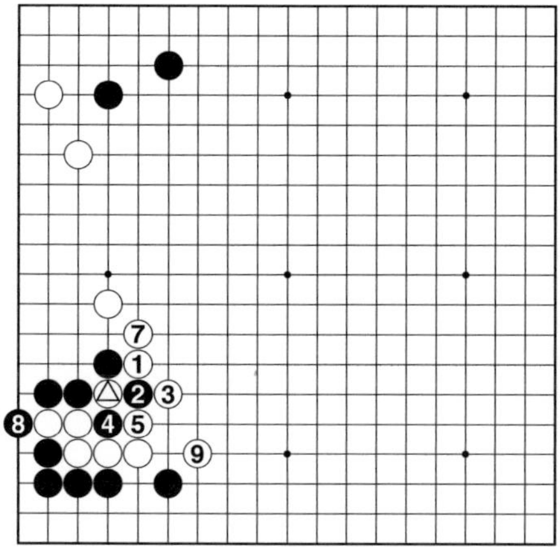

Dia. 10
Schwachpunkte

Nach ① ist die Sequenz bis ⑨ zu erwarten. Weiß verliert nicht nur viele Punkte, sondern seine Stellung weist noch immer Schwächen auf.

❻ auf △

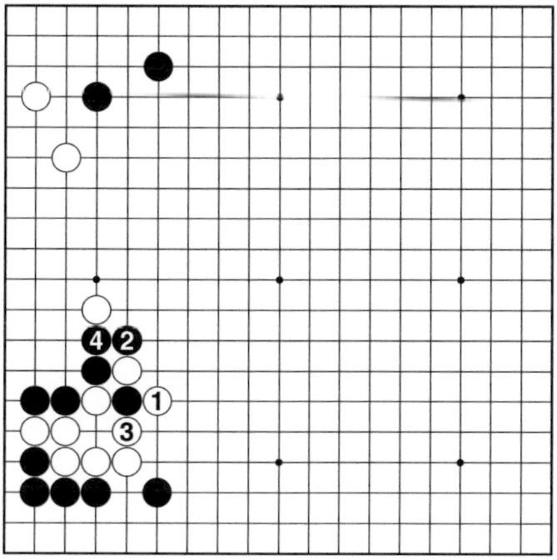

Dia. 11
Variante 1

Je nach Situation kann Schwarz ① und ③ mit ❷ und ❹ beantworten. Dieses Ergebnis ist ebenfalls besser für Schwarz.

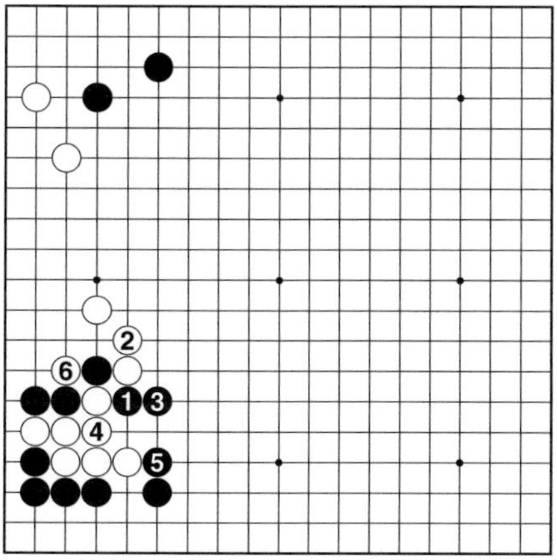

Dia. 12
Variante 2

Um die Variante aus Diagramm 11 zu vermeiden, kann Weiß erst strecken. Schwarz hat nun die Wahl zwischen diesem Abspiel und dem aus Diagramm 10.

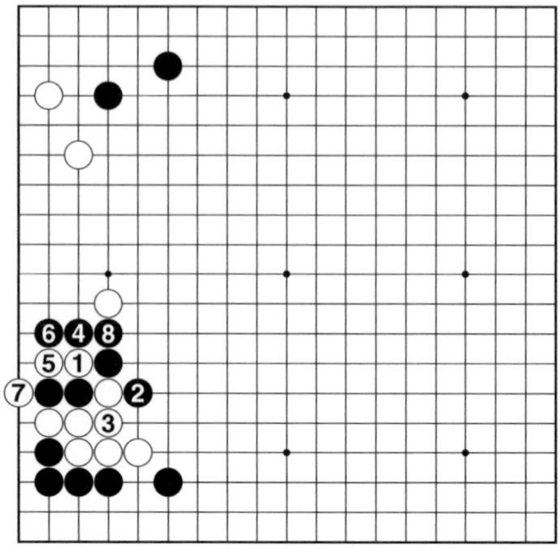

Dia. 13
Schlecht für Weiß

Der Schnitt mit ① ist spielbar. Nach dem schwarzen Atari mit ③ zu verbinden, ist jedoch schlecht. Schwarz wird nun zwei Steine opfern, um die weißen Gruppen zu trennen.

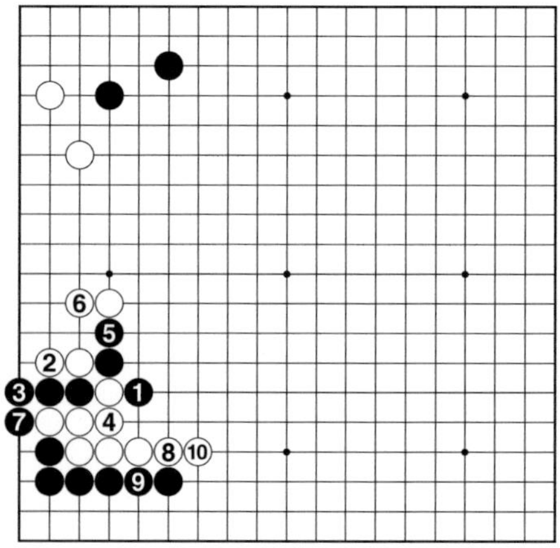

Dia. 14
Kampf im Zentrum

② ist eine gute Erwiderung auf das schwarze Atari. Schwarz muss strecken, da Weiß sonst auf ❸ verbindet. Nun kann Weiß seinen Stein retten und bis ⑩ entsteht ein Kampf im Zentrum, für dessen Ausgang die Position am unteren Rand entscheidend ist.

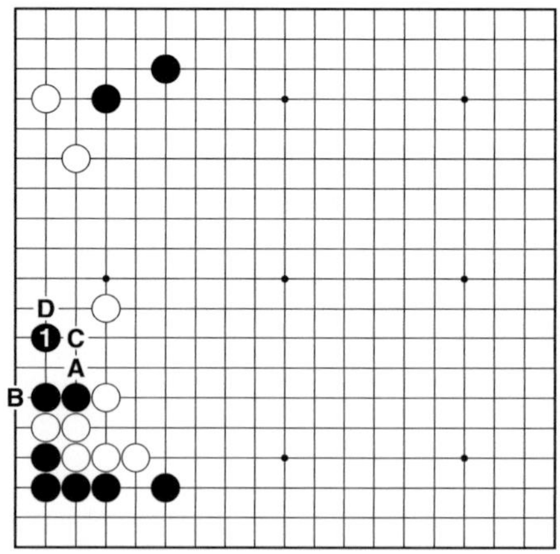

Dia. 15
Erwiderung von Schwarz

Schwarz kann auch mit ❶ springen und nun ist es an Weiß, die Alternativen von A bis D zu erwägen.

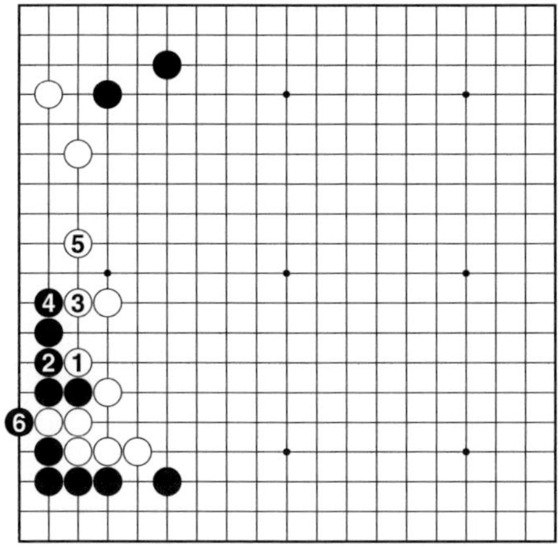

Dia. 16
Ausgeglichenes Ergebnis

Wenn Weiß mit ① umbiegt, dann ist die Sequenz bis ❻ zu erwarten.

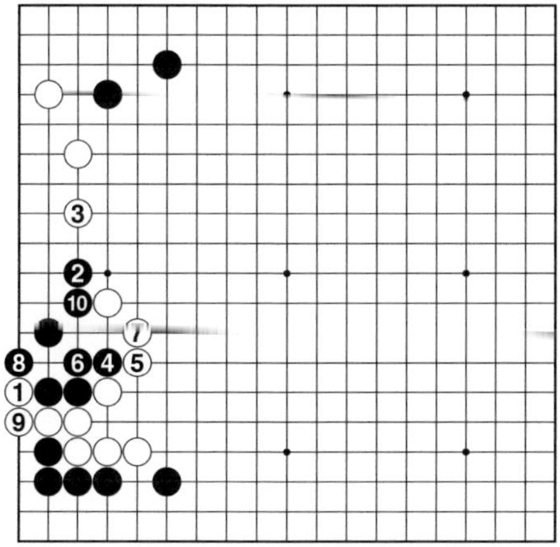

Dia. 17
Schwarz lebt

Sollte Weiß ① und ③ spielen, lebt Schwarz problemlos mit der Sequenz bis ❿.

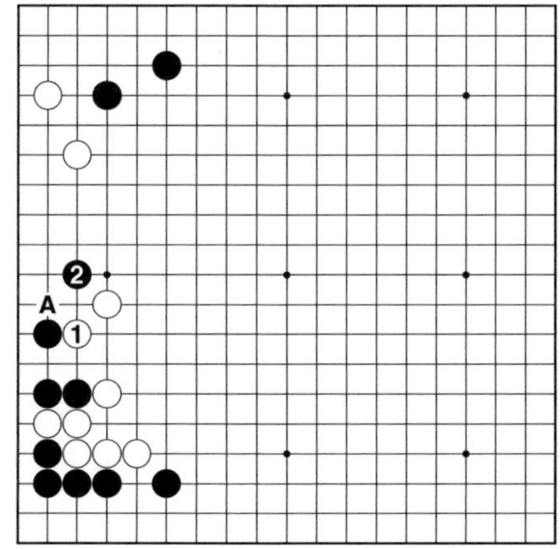

Dia. 18
Effektiver

❷ ist eine bessere Antwort auf ① als A. Versucht Weiß nun auf A zu schneiden, ...

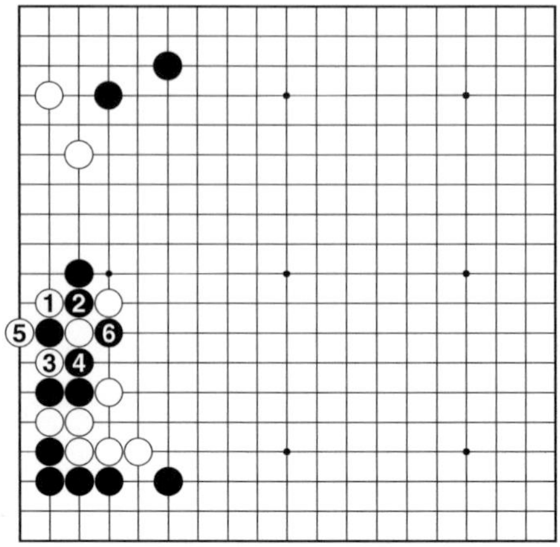

Dia. 19
Risiko für Weiß

... entsteht in der die Sequenz bis ❻ ein riskantes Ko für Weiß.

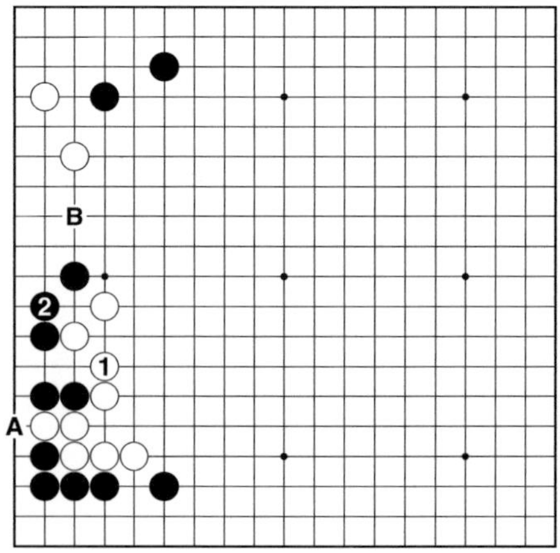

Dia. 20
Schwarz ist zufrieden

❷ ist eine gute Antwort auf ①, da A und B nun Miai sind.

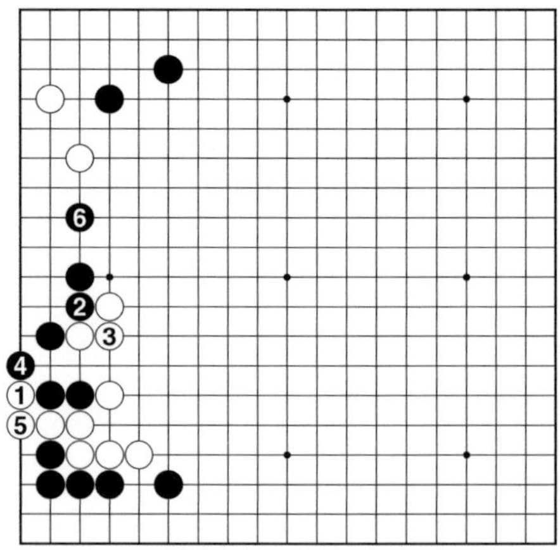

Dia. 21
Schwarz lebt

Biegt Weiß mit ① um, dann lebt Schwarz mit der Sequenz bis ❻ problemlos.

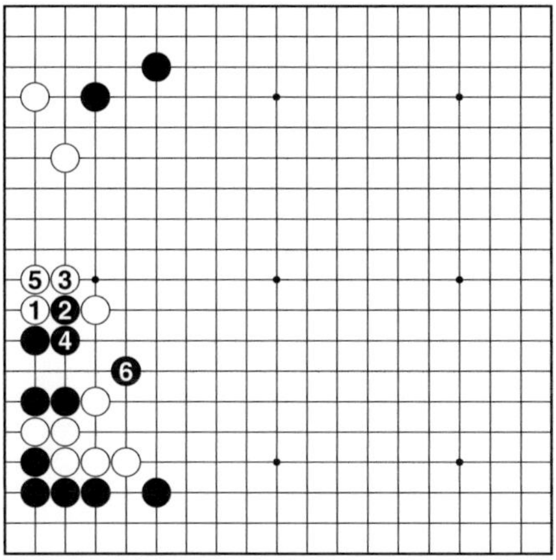

Dia. 22
Weiß übertreibt

❷ ist die beste Antwort auf ①. Wenn Weiß mit ③ blockt, zerteilt Schwarz mit der Abfolge bis ❻ die weiße Stellung. Sollte Weiß ③ auf ❹ spielen, dann streckt Schwarz auf ③ und es ergibt sich wieder das Ko aus Diagramm 19.

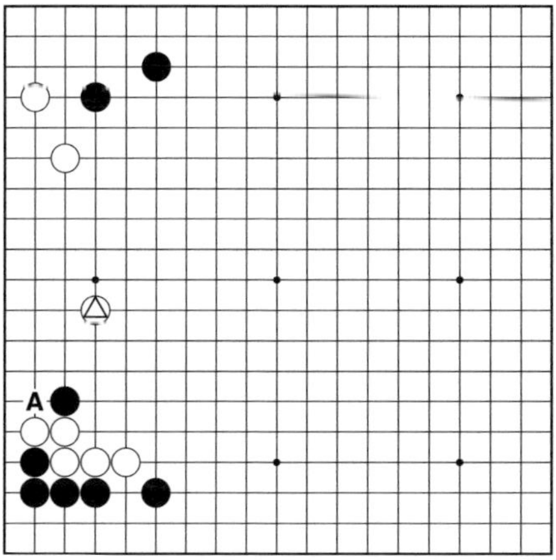

Dia. 23
Zusammenfassung

Der hohe Zwei-Punkt-Klemmzug wird immer seltener von Profis gespielt, da der Gegner mit A viel Gebiet wegnehmen kann. Diagramm 14 und 16 zeigen die besten Antwortmöglichkeiten für Weiß.

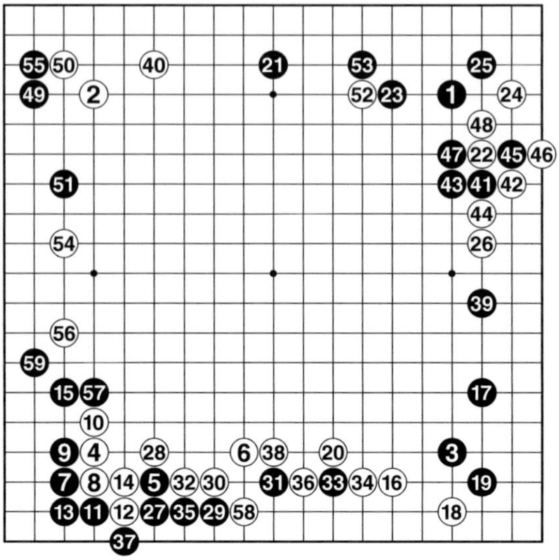

Profipartie 1

Schwarz gewinnt mit 11,5 Punkten

● Lee Chang-ho

○ Cho Hoon-hyun

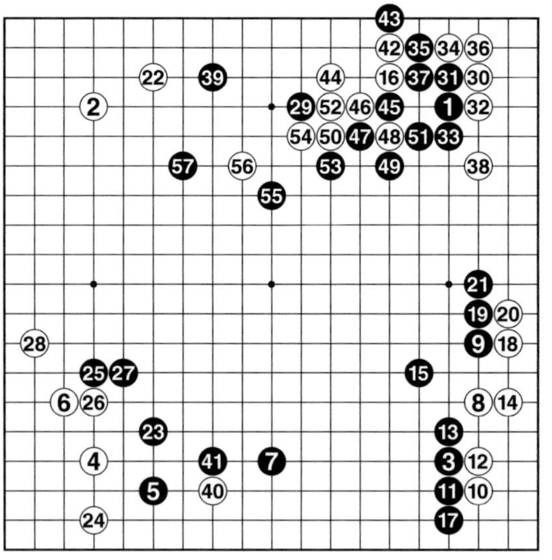

Profipartie 2

Schwarz gewinnt mit 4,5 Punkten

● Rui Nawei

○ Kim Seung-jun

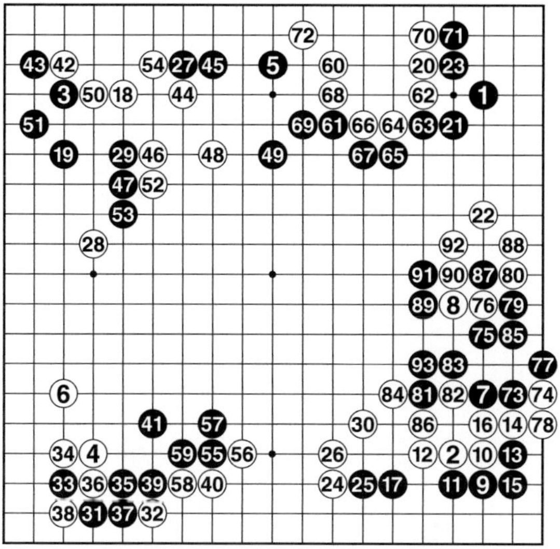

Profipartie 3

Schwarz gewinnt durch Aufgabe

⬤ Kong Jie
◯ Ding Wei

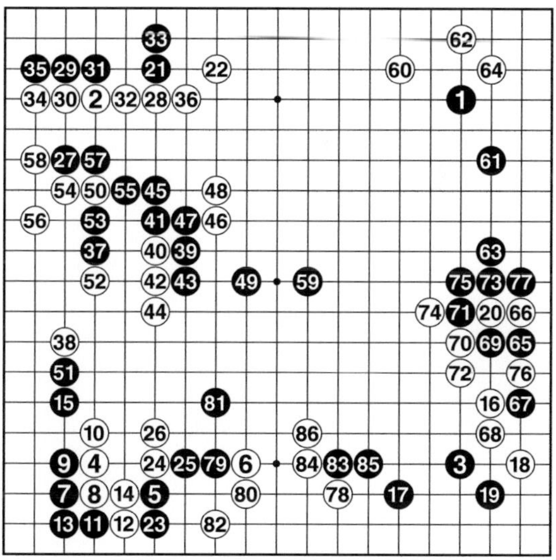

Profipartie 4

Schwarz gewinnt durch Aufgabe

⬤ Lee Chang-ho
◯ Cho Hoon-hyun

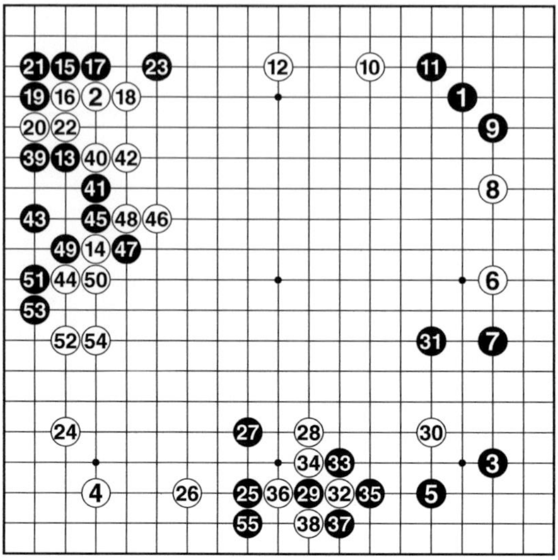

Profipartie 5

Schwarz gewinnt durch Aufgabe

● Lee Chang-ho

○ Chao Dayuan

Stellung 2-5

Nach der 3-3-Invasion mit einfacher Annäherung 5

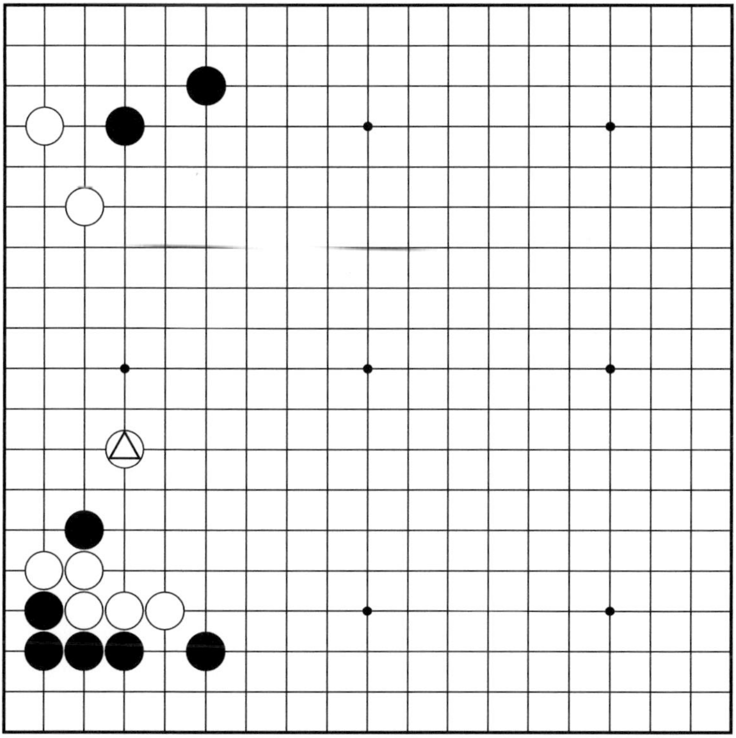

Der weiße Klemmzug △ wird nur selten von Profis gespielt, doch dies ist kein Grund, ihn nicht näher zu studieren.

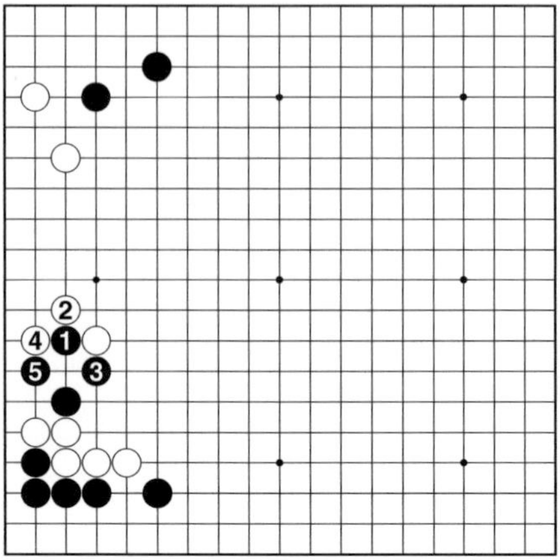

Dia. 1
Ko

Schwarz kann mit ❶ und ❸ ein Ko provozieren, sofern er über genügend Ko-Drohungen verfügt.

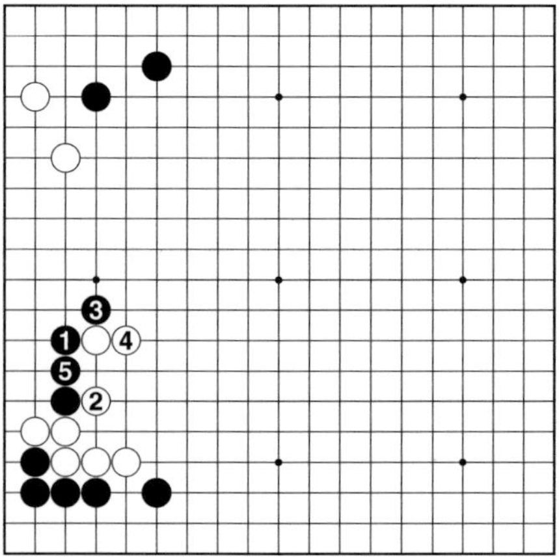

Dia. 2
Unzureichend

Weiß kann das Ko mit ② vermeiden, doch nach ❺ ist seine Stellung sehr dünn und Schwarz ist zufrieden.

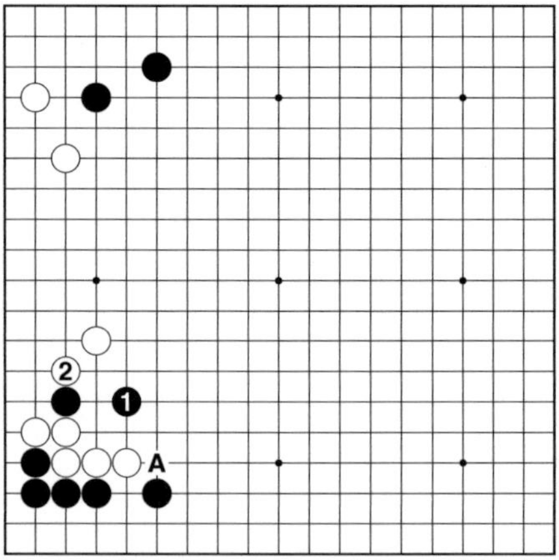

Dia. 3
Verbunden

Wenn Schwarz auf ❶ springt, dann verbindet ② die weißen Steine. Schwarz kann nun A spielen, um Einfluss am unteren Rand zu bekommen.

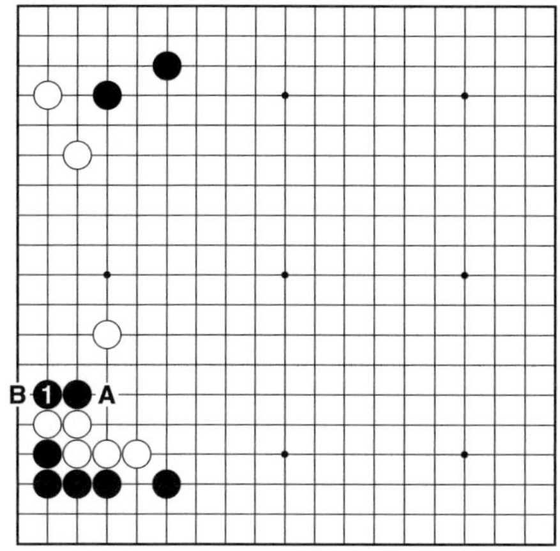

Dia. 4
Normaler Zug

❶ ist der übliche Zug. Weiß sollte sich nun zwischen A und B entscheiden.

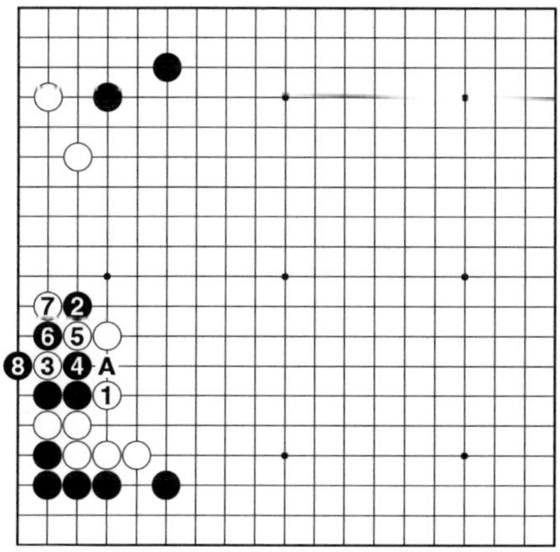

Dia. 5
Übertrieben

Schwarz kann als Antwort auf ① mit ❷ springen. ③ ist übertrieben, denn nach der Sequenz bis ❽ ist die weiße Formation aufgrund des Schnitts auf A schwach.

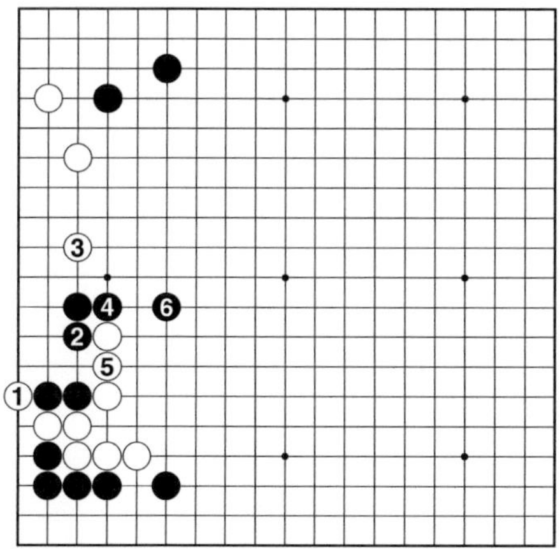

Dia. 6
Ausgeglichen

Wenn Weiß mit ① trennt, ist die Sequenz bis ❻ für beide Seiten spielbar.

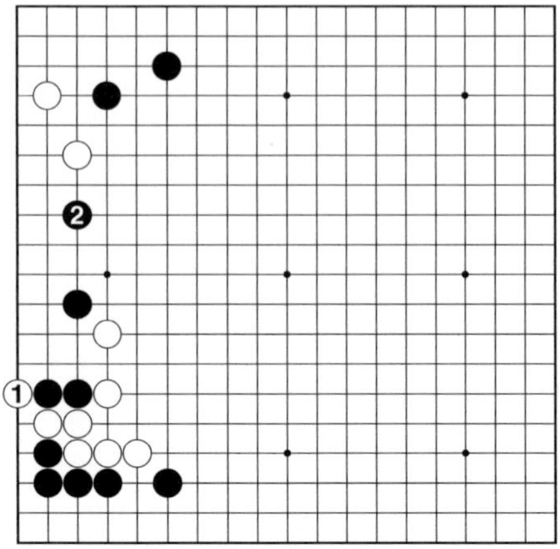

Dia. 7
Einfach und sicher

Schwarz kann auch die Zwei-Punkt-Ausdehnung auf ❷ spielen, um eine stabile Stellung zu erhalten und die beiden weißen Steine unter Druck zu setzen. Das Ergebnis ist ebenfalls ausgeglichen.

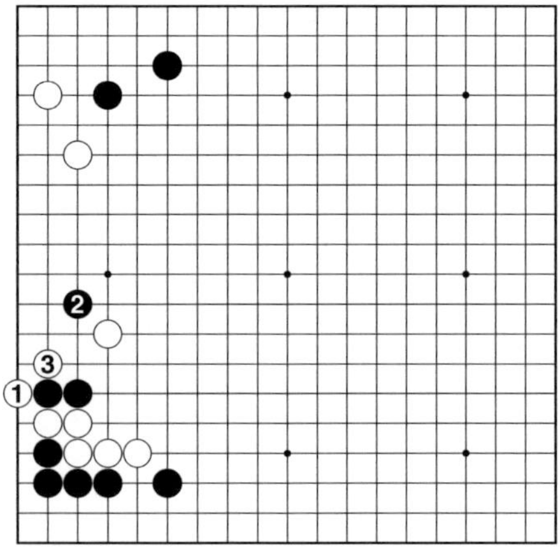

Dia. 8
Schwarz unzufrieden

Die Zwei-Punkt-Ausdehnung ist in diesem Falle nicht gut, da Weiß die beiden schwarzen Steine mit ③ fängt, ohne dass Schwarz etwas gewonnen hat.

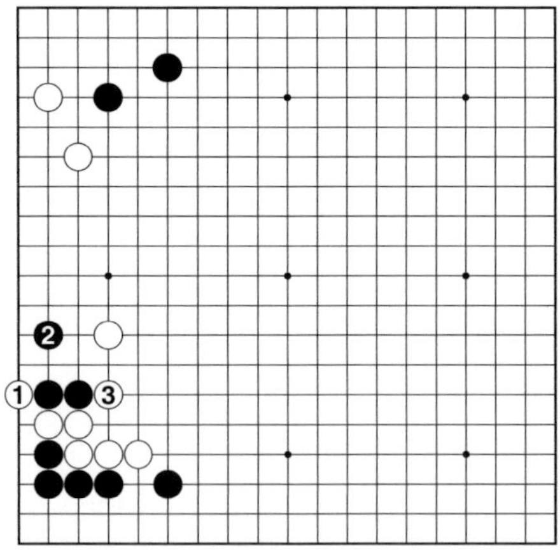

Dia. 9
Zu langsam

❷ wirkt nach ③ verglichen mit Diagramm 7 sehr langsam.

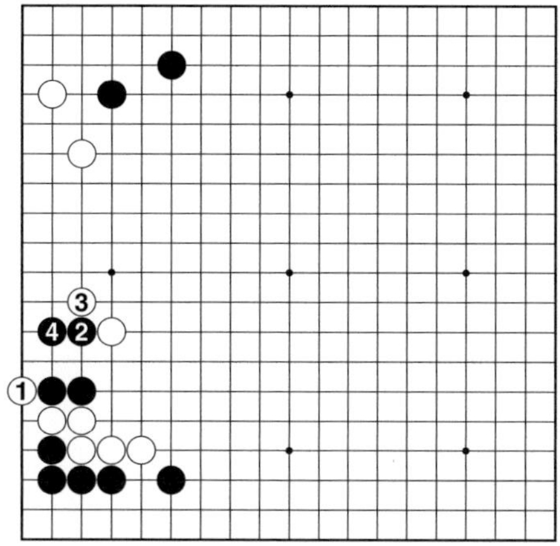

Dia. 10
Einfach und klar

Als Antwort auf ① sind ❷ und ❹ gute, einfache Züge.

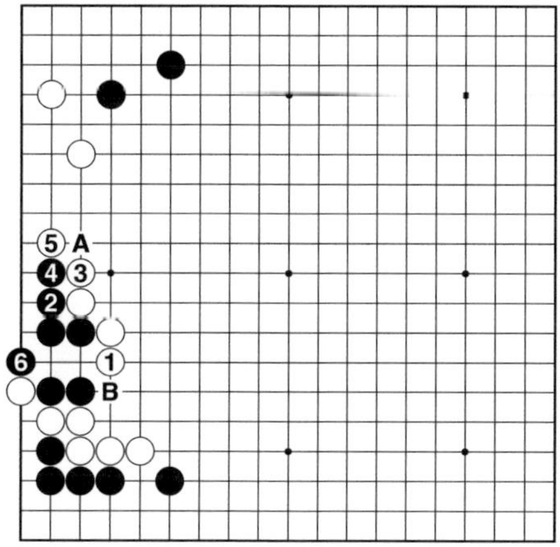

Dia. 11
Schwarz lebt

Versucht Weiß Schwarz mit ① zu fangen, dann kann dieser einfach mit der Sequenz bis ❻ leben. Nun wäre ⑤ auf A besser platziert, denn mit B hat Weiß nun zwei Schwachstellen.

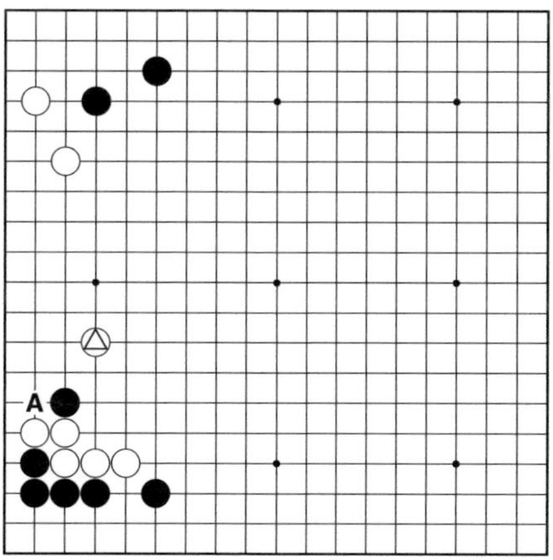

Dia. 12
Zusammenfassung

Mit dem markierten Klemmzug ist es für Schwarz einfach, nach einem Zug auf A im weißen Einfluss zu leben. Daher wird der hohe Ein-Punkt-Klemmzug auch nur selten von Profis gespielt.

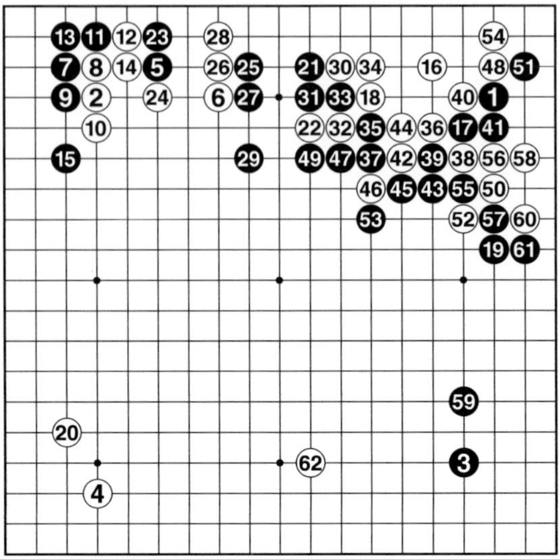

Profipartie 1

Schwarz gewinnt durch Aufgabe

● Jo Han-seung
○ Song Tae-kon

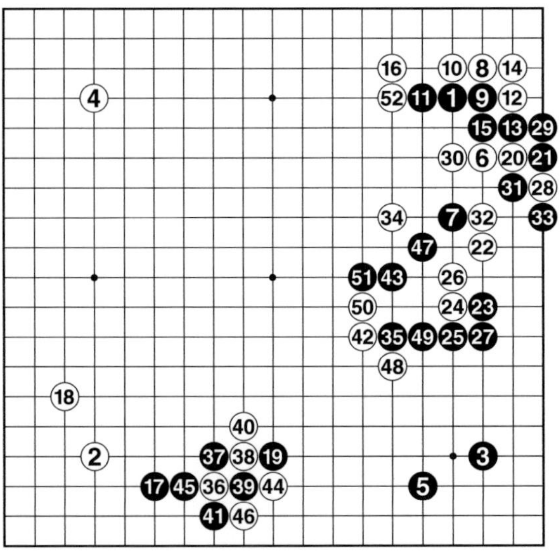

Profipartie 2

Weiß gewinnt durch Aufgabe

● Gu Li
○ Jo Han-seung

Stellung 2-6

Nach der 3-3-Invasion mit einfacher Annäherung 6 (Niedriger Ein-Punkt-Klemmzug)

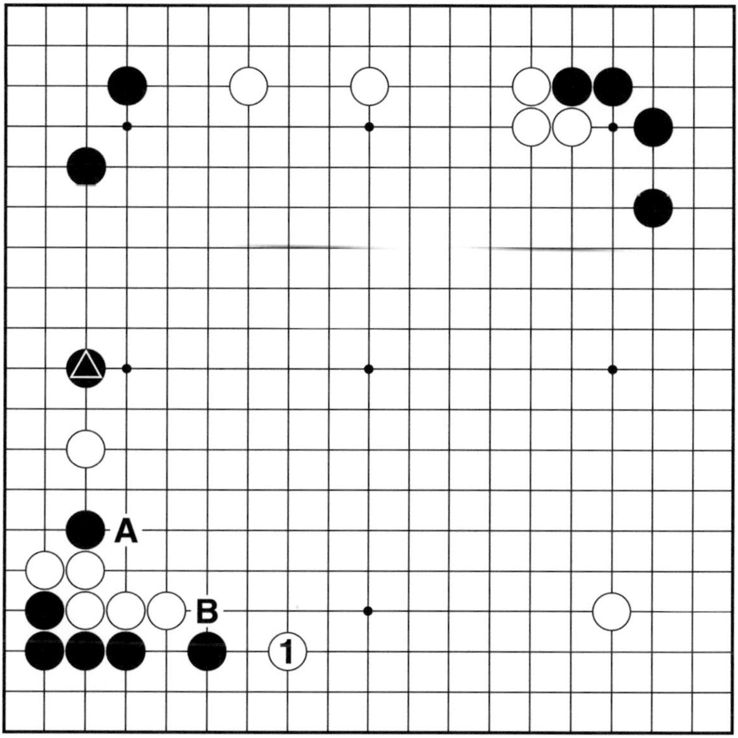

Wenn sich Schwarz mit dem markierten Stein annähert, wäre A als Antwort zu passiv, weshalb sich ① als neuer Zug etablierte. Schwarz B ist nun der natürlichste Zug, um die Blockade zu verhindern. In diesem Kapitel werden wir die nachfolgenden Varianten betrachten.

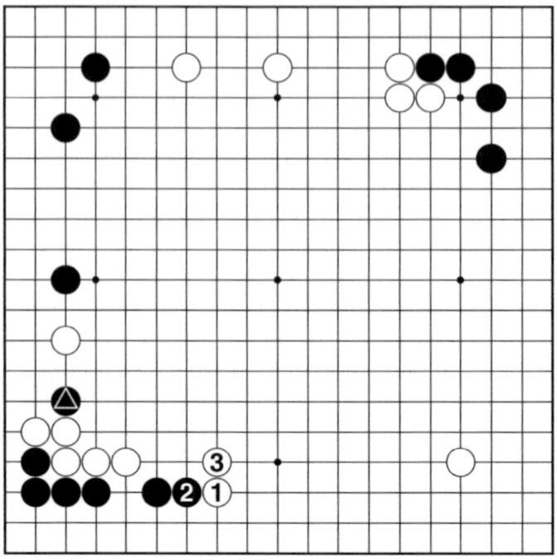

Dia. 1
Unkompliziert

❷ ist Vorhand und sichert die schwarze Gruppe, allerdings schwächt es auch das Aji des markierten Steins ab.

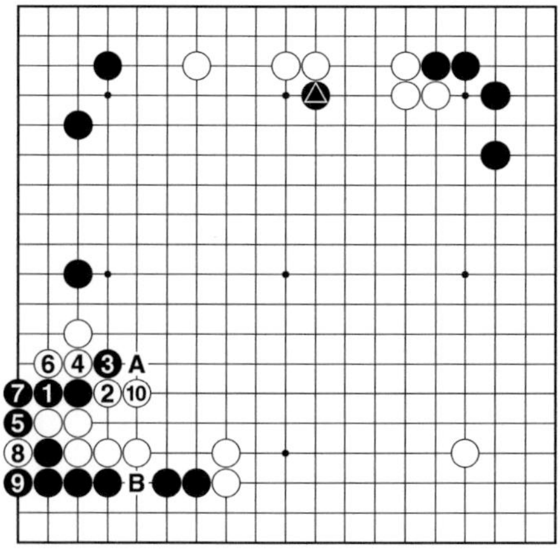

Dia. 2
Übertrieben

Da der markierte Stein als Treppenbrecher dient, ist die Sequenz bis ⑩ zu erwarten. Nun müsste Schwarz A spielen, um zu kämpfen, doch dann würde Weiß die schwarzen Steine mit B fangen.

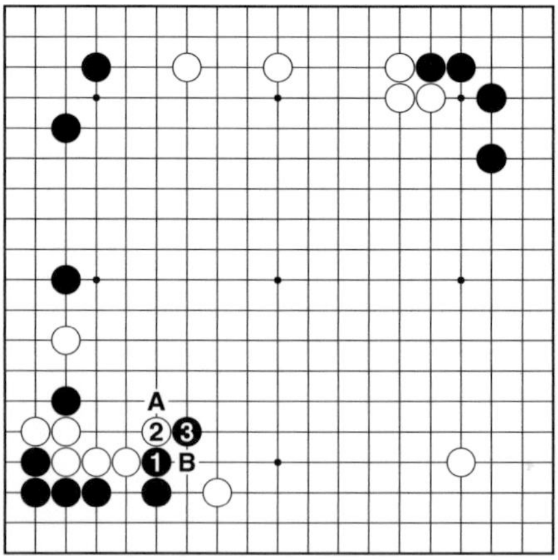

Dia. 3
Auswahl für Weiß

Weiß muss ❶ mit ② beantworten. Nun ist das schwarze Hane gute Form und Weiß muss sich zwischen A und B entscheiden.

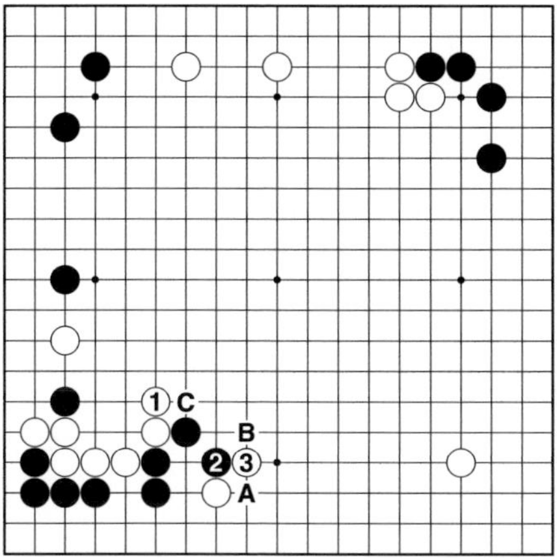

Dia. 4
Auswahl für Schwarz

Wenn Weiß streckt, dann legt Schwarz an und nach dem weißen Hane auf ③ hat Schwarz die Wahl zwischen A, B und C.

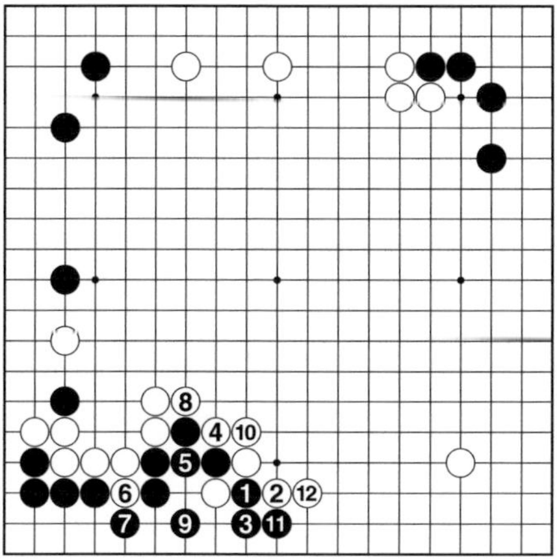

Dia. 5
Weiß ist stark

Wenn Schwarz mit ❶ schneidet, wird Weiß mit der Sequenz bis ⑫ eine starke Mauer zum Zentrum hin errichten.

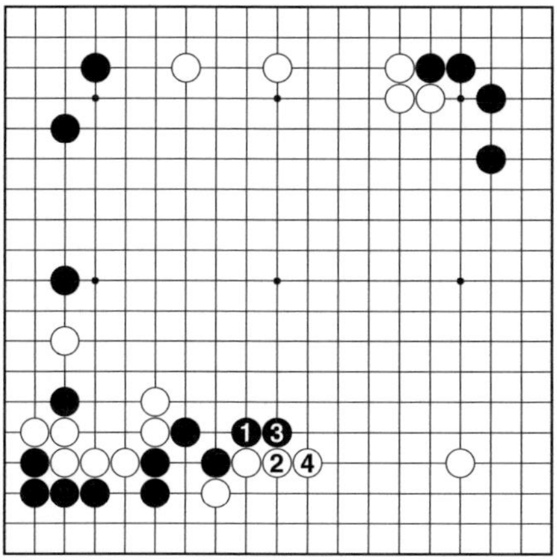

Dia. 6
Gebiet für Weiß

Spielt Schwarz ❶ und ❸, dann macht Weiß einfach Gebiet, während der schwarze Einfluss ineffektiv ist.

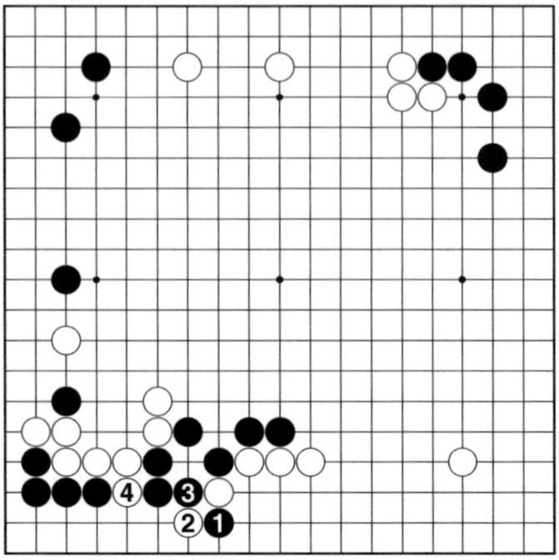

Dia. 7
Übertrieben

❶ ist übertrieben, denn Schwarz kann nach ④ nicht mehr verbinden.

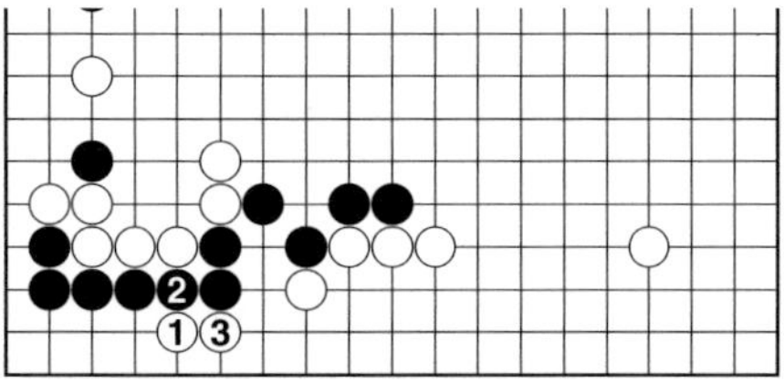

Dia. 8
Gewinnbringend

Wenn Schwarz fernbleibt, dann kann Weiß ihm mit ① und ③ sein Gebiet wegnehmen.

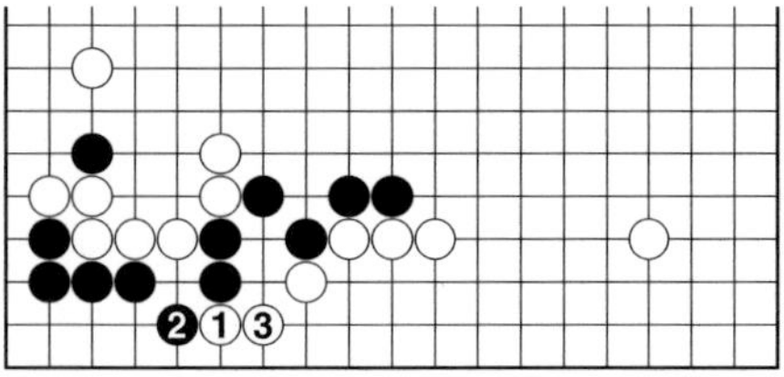

Dia. 9
Vorhand

Sollte Weiß Vorhand bevorzugen, kann er auch ① und ③ spielen.

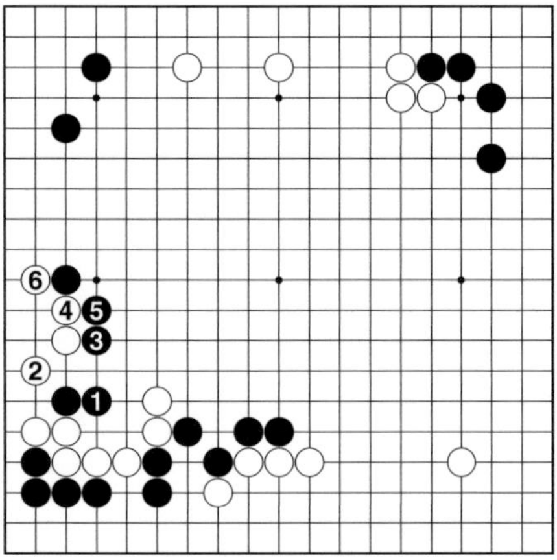

Dia. 10
Verteidigung

Antwortet Schwarz mit ❶, um die weiße Gruppe anzugreifen, wird diese mit ② bis ⑥ entrinnen.

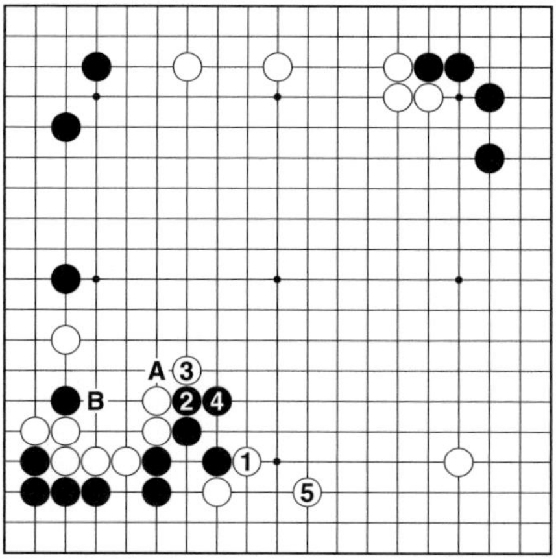

Dia. 11
Ausgeglichen

② und ④ sind die richtigen Züge. Nach ❺ ist das Ergebnis ausgeglichen. Sollte Schwarz nun auf A schneiden, verteidigt Weiß einfach mit B.

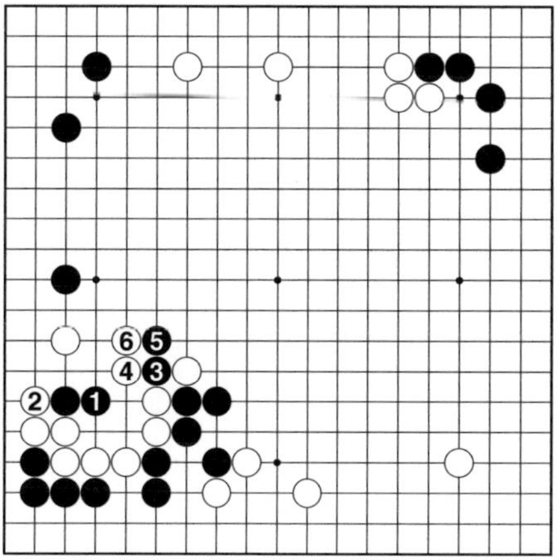

Dia. 12
Verlust für Schwarz

Vor dem Schnitt ❶ gegen ② abzutauschen, ist nicht gut für Schwarz.

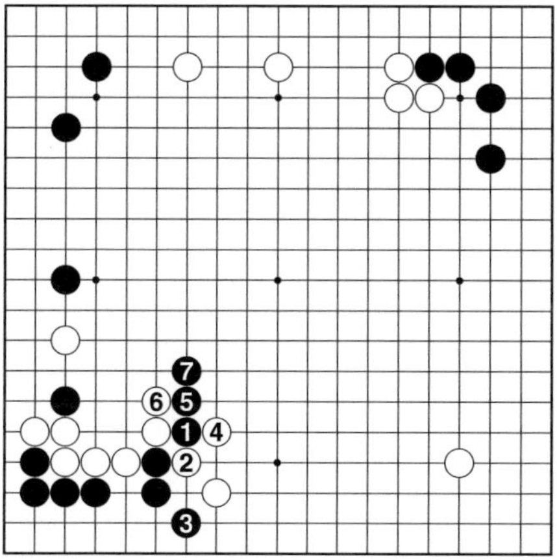

Dia. 13
Stress für Weiß

Weiß kann darüber nachdenken, mit ② zu trennen, doch ④ und ⑥ sind zu ehrgeizig und bringen ihn nur in Schwierigkeiten.

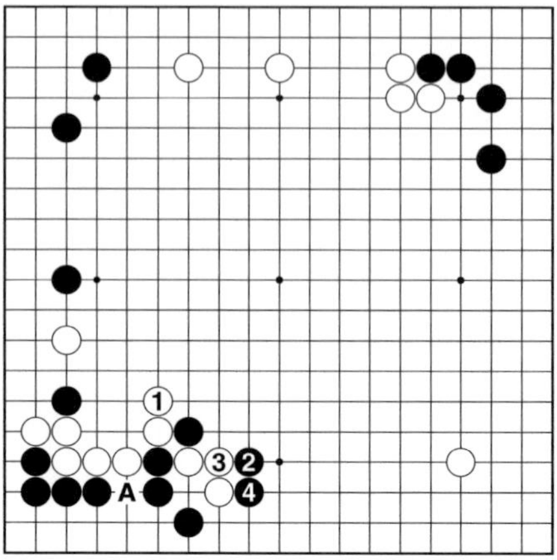

Dia. 14
Variante

Streckt Weiß nur mit ①, dann kann Schwarz fernbleiben oder mit ❷ den vitalen Punkt dieser Form besetzen, um anschließend mit ❹ am Rand zu verbinden. Es ist nicht möglich für Schwarz, ❷ direkt auf ③ zu spielen, da A Vorhand ist.

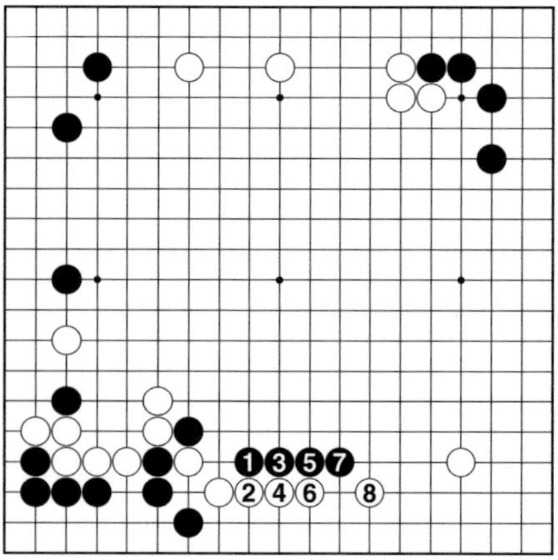

Dia. 15
Erwiderung von Weiß

Weiß kann allerdings die Sequenz bis ⑧ spielen, wobei das Ergebnis von der Gesamtbrettsituation abhängig ist.

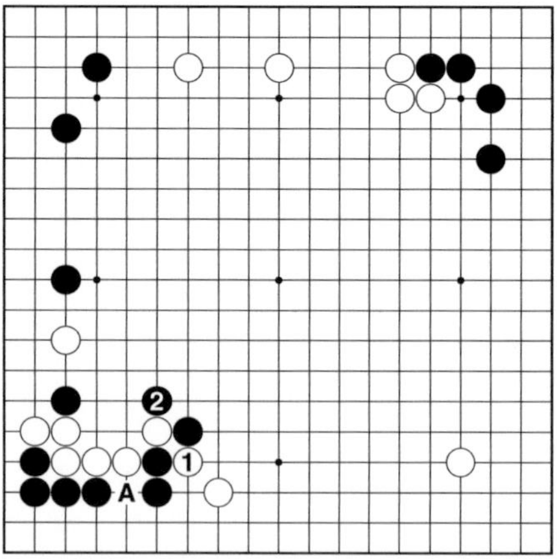

Dia. 16
Starker Zug

Das schwarze Atari ist ein sehr guter Zug. Weiß kann zwar mit A trennen, doch das Ergebnis wäre nicht gut für ihn.

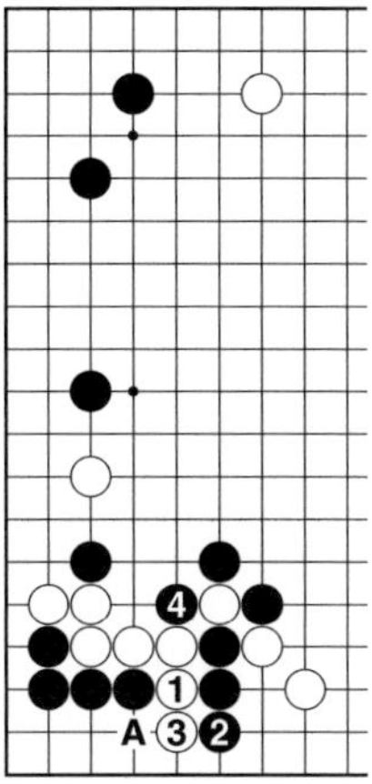

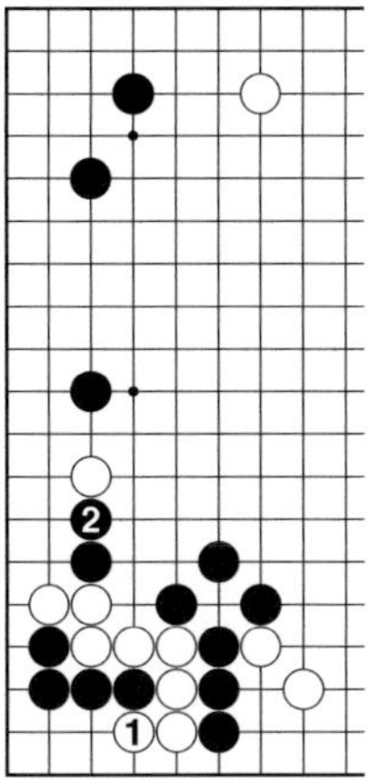

Dia. 17 (links)
Tausch

Weiß kann die vier schwarzen Steine in der Ecke mit ① und ③ fangen, doch Schwarz bekommt ein Ponnuki. Als Nächstes könnte er dann mit einem Zug auf A in der Ecke leben.

Dia. 18 (rechts)
Besser für Schwarz

Nimmt Weiß mit ① endgültig die Ecke ein, gewinnt Schwarz mit ❷ die Oberhand.

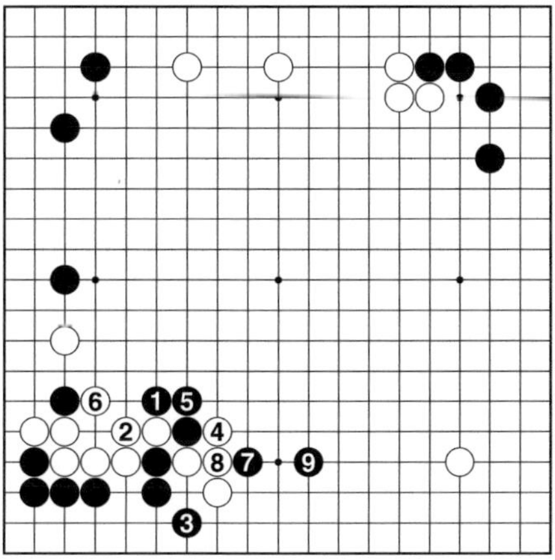

Dia. 19
Kampf im Zentrum

Weiß muss trotz schlechter Form mit ② verbinden. Nach ❾ ist ein Kampf im Zentrum zu erwarten, welcher für Schwarz vorteilhaft ist, da die weißen Steine schwer sind.

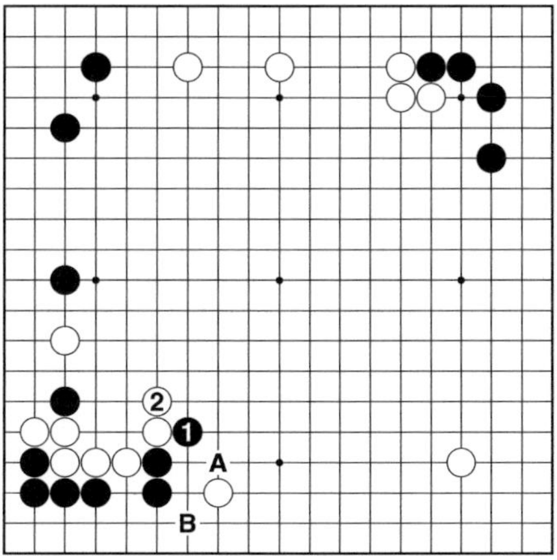

Dia. 20
Zusammenfassung

② ist der normale Zug. Wenn Schwarz nun A spielt, ist die Sequenz aus Diagramm 11 zu erwarten. Schwarz kann auch B spielen oder fernbleiben.

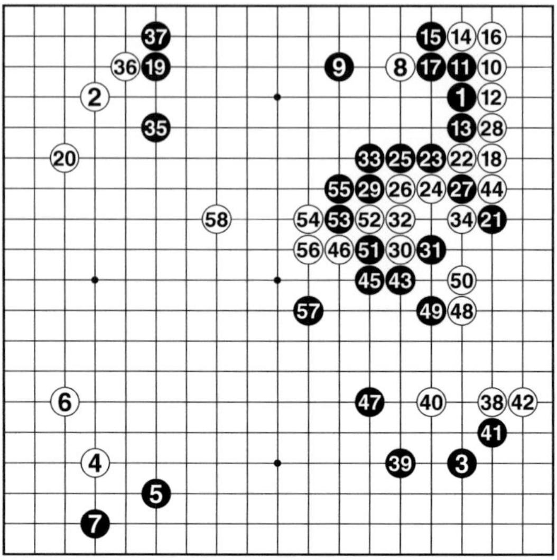

Profipartie 1

Schwarz gewinnt mit 1,5 Punkten

● Yoda Norimoto
○ Yoo Chang-hyuk

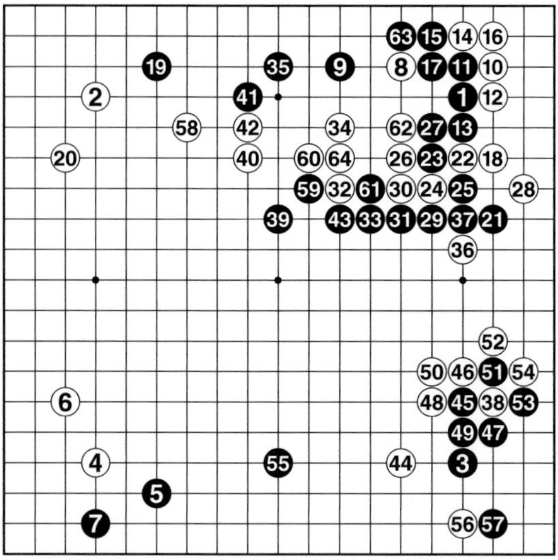

Profipartie 2

Schwarz gewinnt mit 4,5 Punkten

● Yoo Chang-hyuk
○ Yoda Norimoto

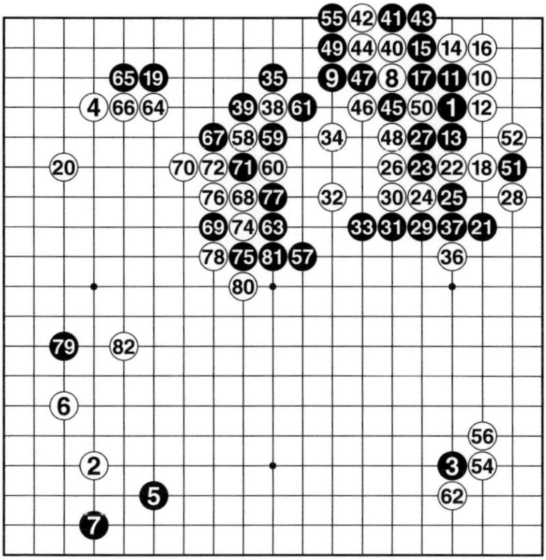

Profipartie 3

Schwarz gewinnt mit 1,5 Punkten

● Yoo Chang-hyuk
○ Yoda Norimoto

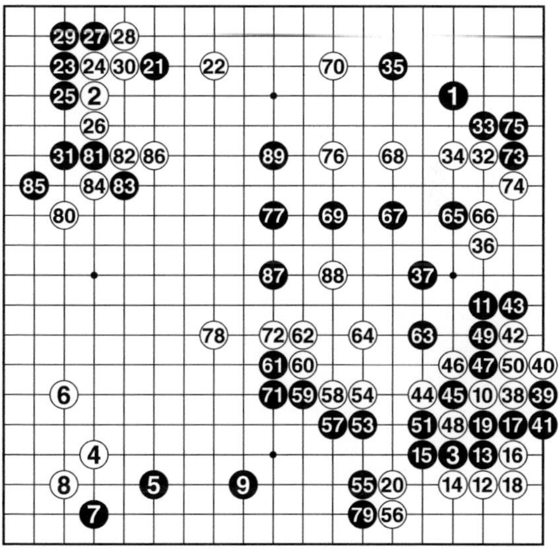

Profipartie 4

Schwarz gewinnt durch Aufgabe

● Lee Chang-ho
○ Ko Geung-tae

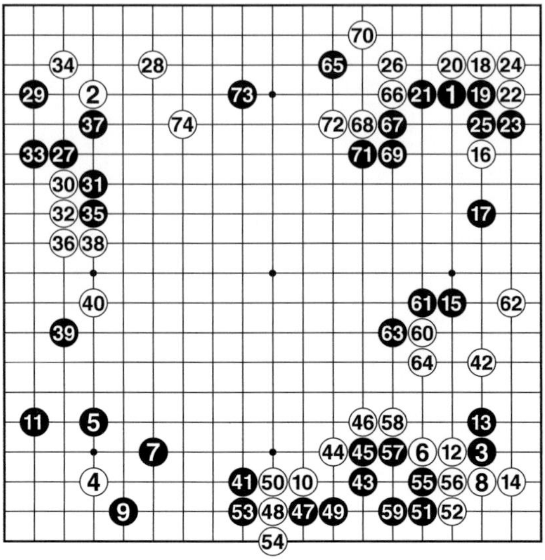

Profipartie 5

Weiß gewinnt durch Aufgabe

● Cho Hoon-hyun

○ Choi Cheol-han

Stellung 3

Aufspüren des Schwachpunkts

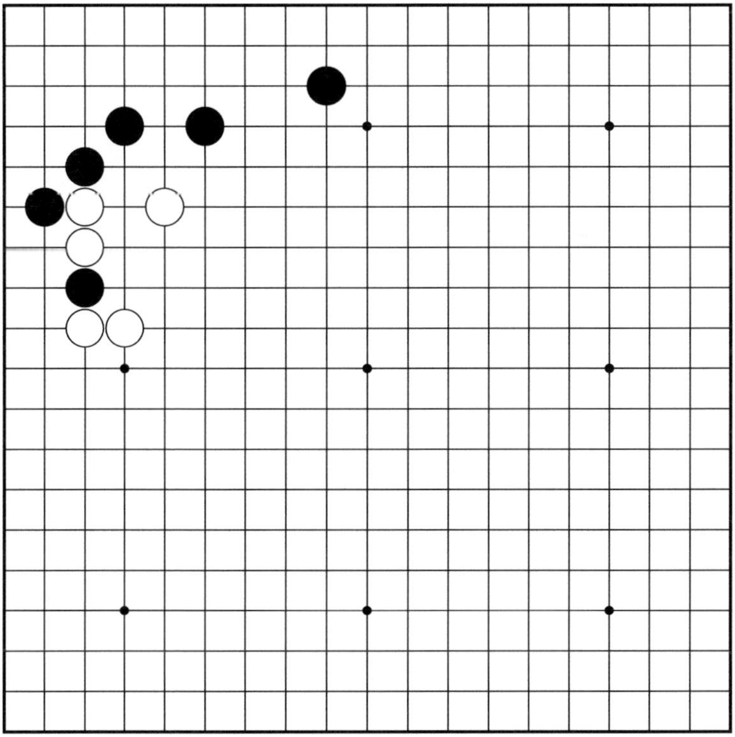

Dieses 4-4-Punkt-Joseki kann man in vielen Amateurspielen finden. Die schwarze Formation sieht zwar stark aus, hat jedoch eine entscheidende Schwäche, die in diesem Kapitel herausarbeitet wird. Doch wie sich herausstellen wird, ist auch in der weißen Stellung noch Aji.

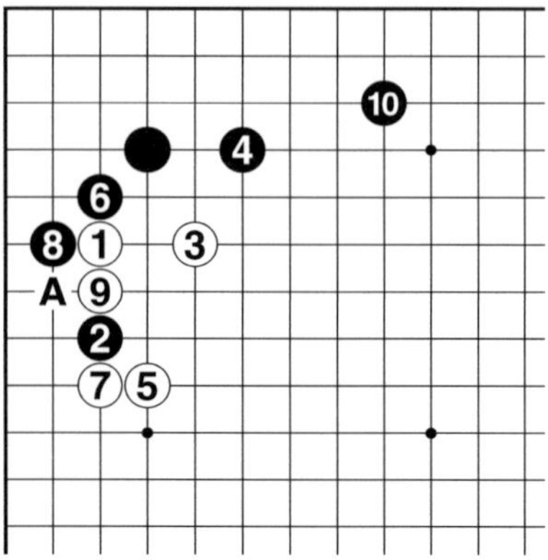

Dia. 1
Joseki

Nach dem schwarzen Klemmzug führen ❻ und ❽ zu einem einfachen Joseki. A ist zwar groß und Vorhand für Schwarz, doch sollte er abwarten, um das bestehende Aji nicht zu zerstören. Wartet er allerdings zu lange, wird Weiß A besetzen.

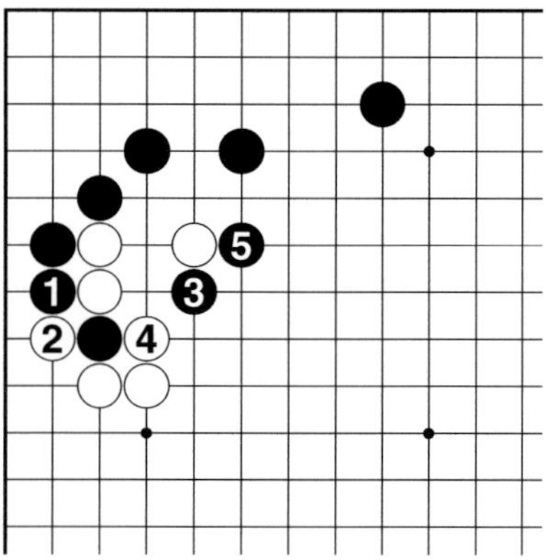

Dia. 2
Tesuji

Nach ❶ und ② ist ❸ ein Tesuji, um die Entwicklung von Weiß zum Zentrum hin zu blockieren.

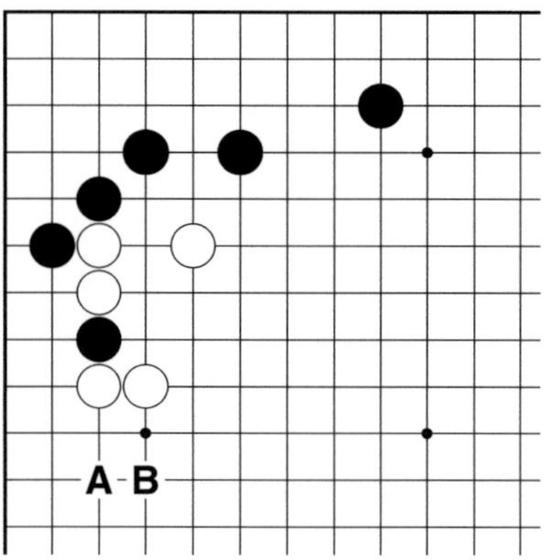

Dia. 3
Varianten

Hat Schwarz einen Stein auf A oder B, bieten sich weitere Möglichkeiten an.

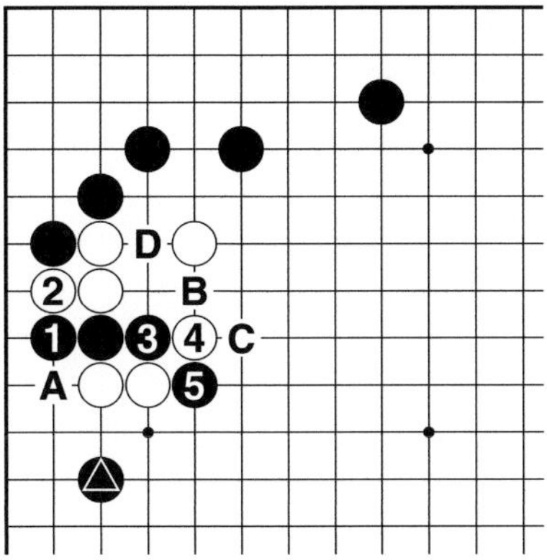

Dia. 4
Nachfolgende Variante 1

Wenn der markierte schwarze Stein bereits steht, sind ❶ und ❸ geschickte Züge, um die weiße Gruppe anzugreifen. Nach ❺ ist Weiß in Schwierigkeiten und falls er versucht, Schwarz mit A zu fangen, dann verbindet dieser mit der Abfolge bis D.

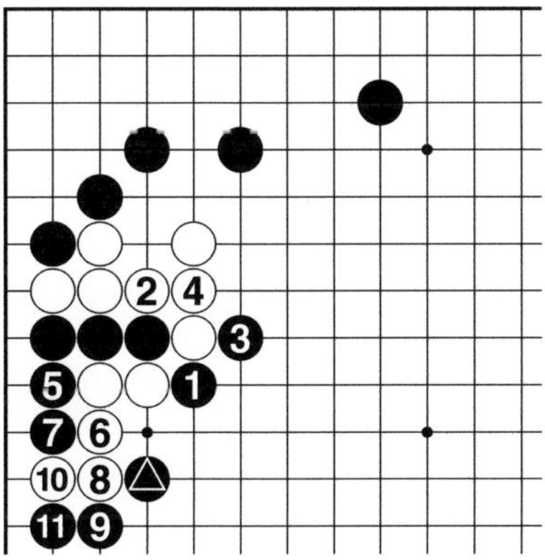

Dia. 5
Nachfolgende Variante 2

Steht der markierte Stein auf der vierten Reihe, versucht Weiß vielleicht mit ② zu verbinden. Schwarz kann dies allerdings mit der Sequenz bis ⓫ verhindern.

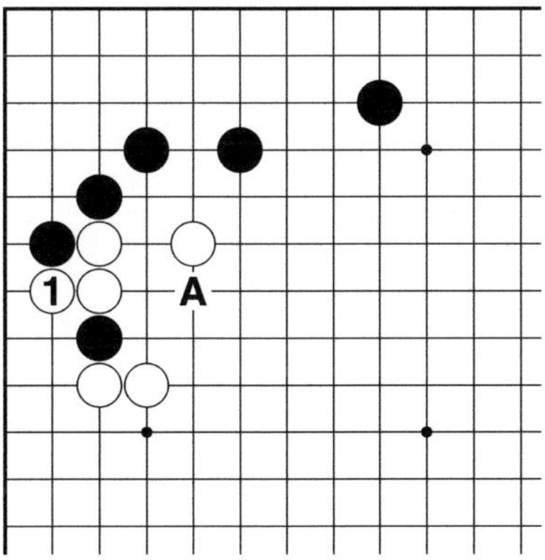

Dia. 6
Stärke

Wartet Schwarz zu lange, dann wird Weiß selbst auf ① spielen und damit das Tesuji auf A verhindern.

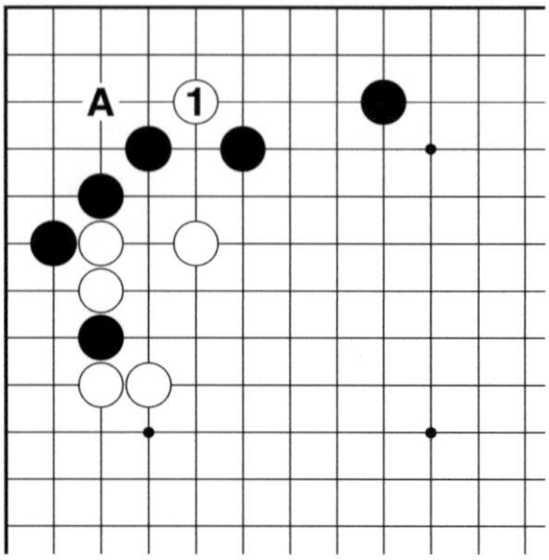

Dia. 7
Invasion

Bevor Weiß auf A invadiert, sollte er mit ① Aji schaffen.

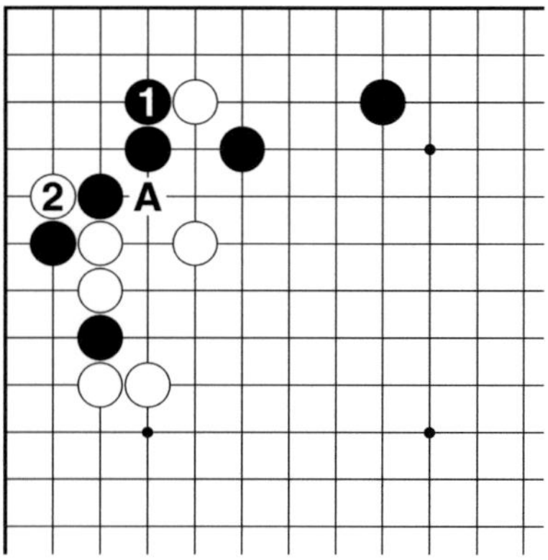

Dia. 8
Gebietsverlust

❶ ist ein schlechter Zug. Schwarz kann den weißen Schnittstein nicht fangen, ohne dass Weiß durch das Atari auf A die schwarze Stellung durchtrennt.

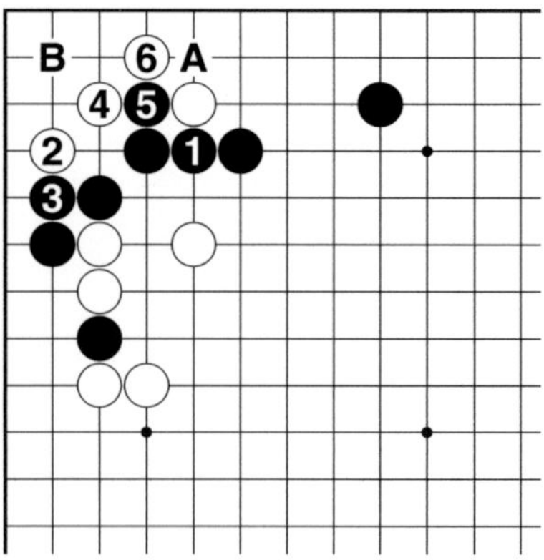

Dia. 9
Leben und Tod

Schwarz muss mit ❶ verbinden, danach schafft sich Weiß Augenraum. Nun kann Schwarz über die Alternativen A und B nachdenken.

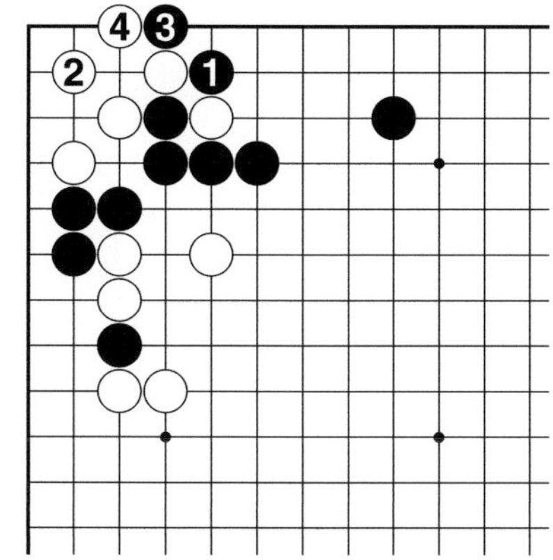

Dia. 10
Ko

② und ④ führen zu einem Ko. Dies ist die beste Variante für beide Spieler.

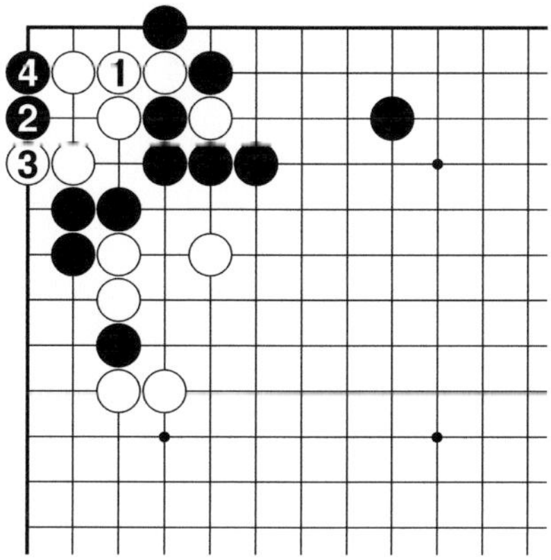

Dia. 11
Weiß ist tot

Verbindet Weiß mit ①, tötet Schwarz die Gruppe mit ❷ und ❹.

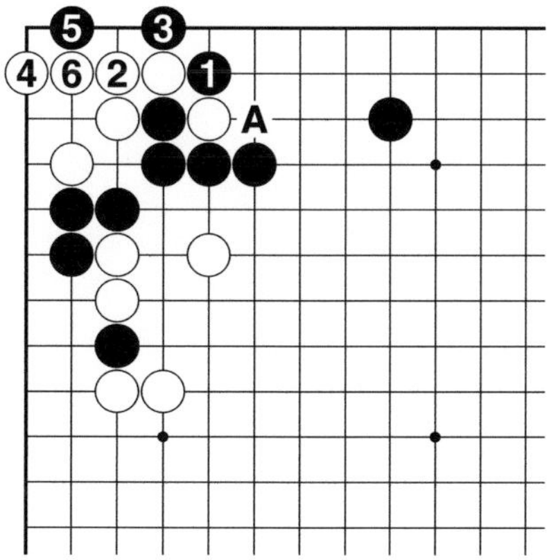

Dia. 12
Weiß lebt

❸ ist ein Fehler, der es Weiß aufgrund der Schwäche auf A ermöglicht zu leben.

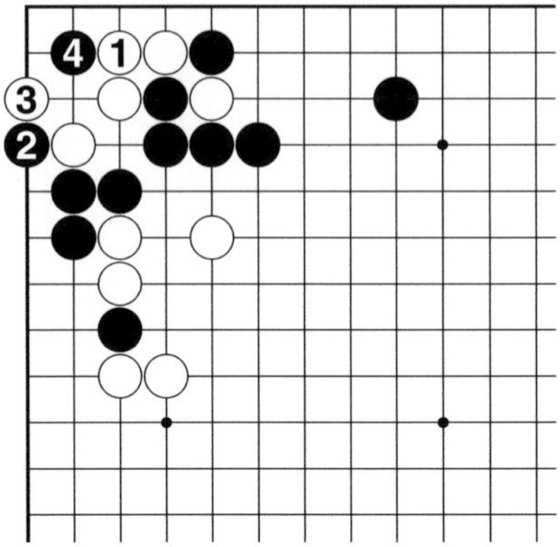

Dia. 13
Weiß ist wiederum tot

❷ und ❹ sind die richtigen Züge, um die weiße Gruppe zu töten.

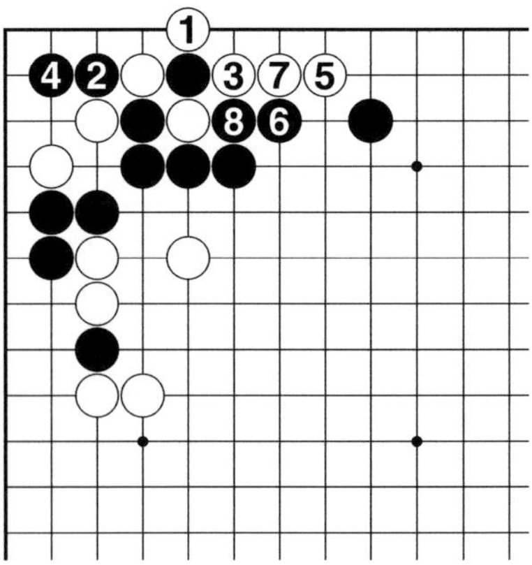

Dia. 14
Notlösung

① vermeidet das Ko, doch Weiß muss nun versuchen durch Züge auf der zweiten Reihe zu leben. Dieser Weg ist schlechter für Weiß als das Ko aus Diagramm 10, denn Schwarz gewinnt Stärke und die weiße Gruppe am linken Rand wird schwach.

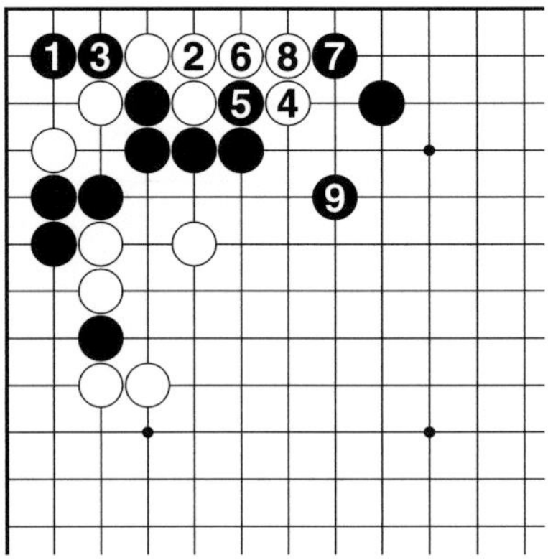

Dia. 15
Starker Zug

Schwarz kann versuchen das Ko zu verhindern, indem er den vitalen Punkt besetzt. ② ist hingegen übertrieben, denn Schwarz fängt die weißen Steine mit der Sequenz bis ❾.

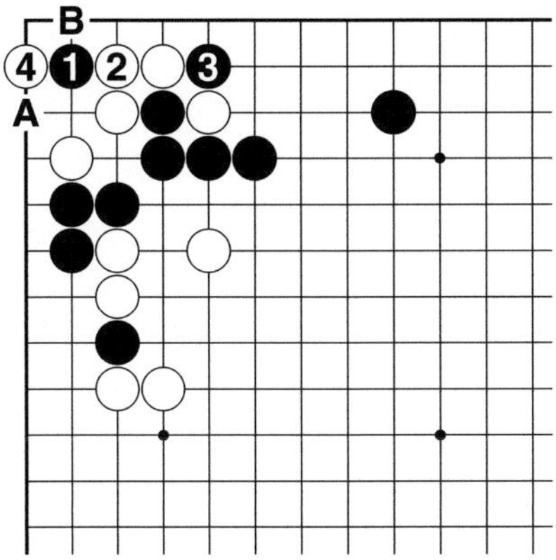

Dia. 16
Antwort für Weiß

Weiß kann ❶ mit ② und ④ beantworten. Schwarz A und Weiß B führen nun erneut zu einem Ko, welches diesmal aber besser für Schwarz ist.

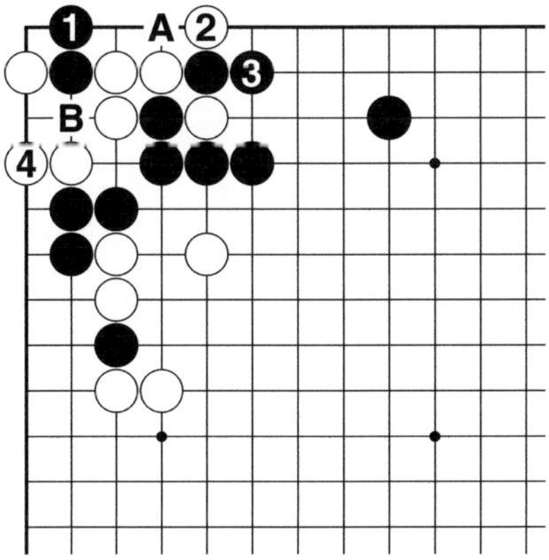

Dia. 17
Gute Züge

Wenn Schwarz erneut versucht das Ko zu verhindern, dann sind ② und ④ gute Züge. Spielt Schwarz nun A, lebt Weiß mit B.

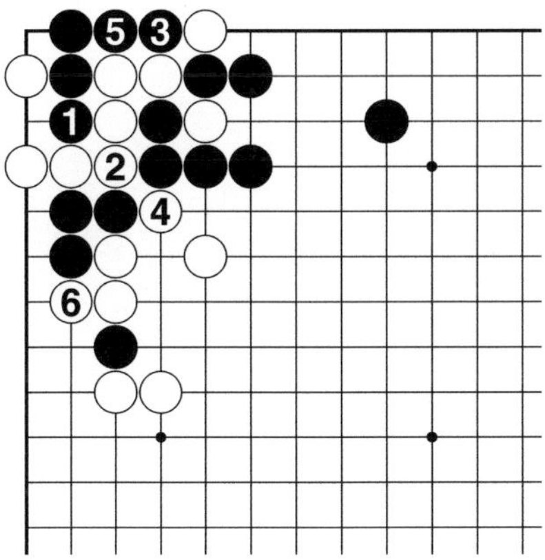

Dia. 18
Doppeltes Damezumari

Zum Töten muss Schwarz ❶ und ❸ spielen, doch nach ⑥ kann er sich von keiner Seite annähern, sodass Weiß drei schwarze Steine fängt.

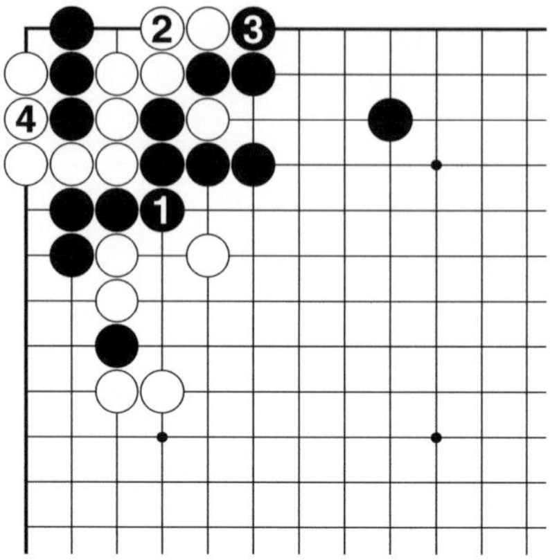

Dia. 19
Seki

Verbindet Schwarz mit ❶, lebt Weiß in Seki.

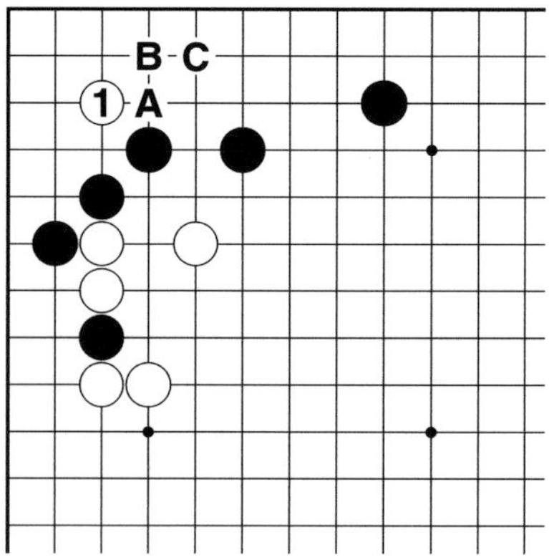

Dia. 20
3-3-Invasion

Direkt auf 3-3 zu invadieren ist nicht einfach. Schwarz kann über die Antworten A, B und C nachdenken.

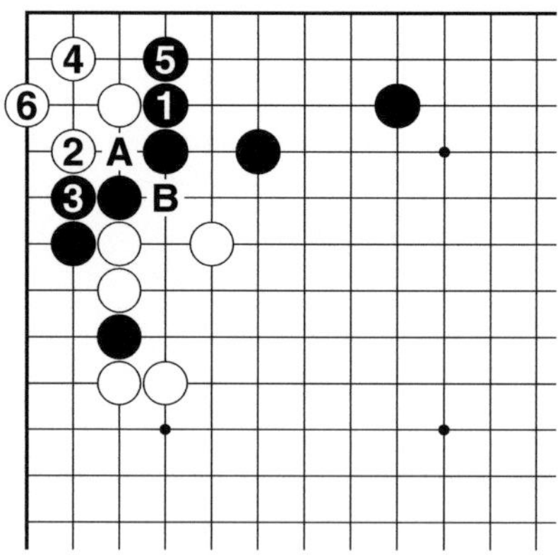

Dia. 21
Schwächung

❶ ist spielbar. Weiß kann versuchen mit der Sequenz bis ⑥ zu leben, da A Vorhand ist. Doch Schwarz bekommt B, wodurch die weiße Gruppe am Rand wiederum geschwächt wird.

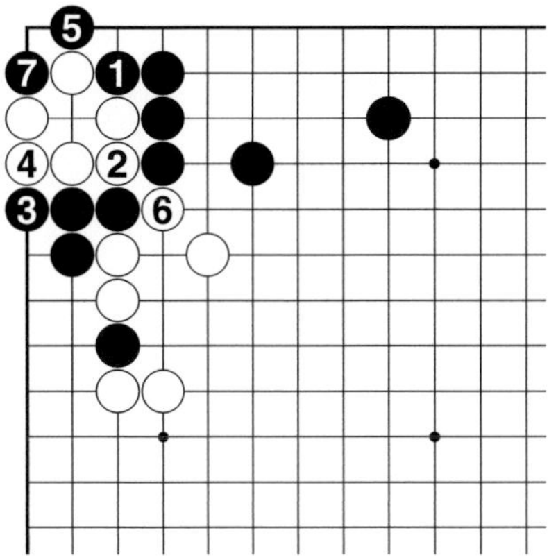

Dia. 22
Ko

Schwarz könnte auch das Ko um die Gruppe mit ❸, ❺ und ❼ spielen, doch das wäre keine gute Idee.

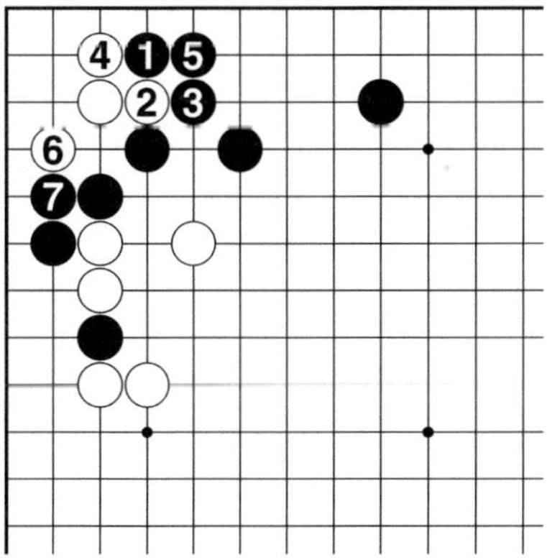

Dia. 23
Tote Form

Nach ❶ ist es Weiß nicht möglich zu leben.

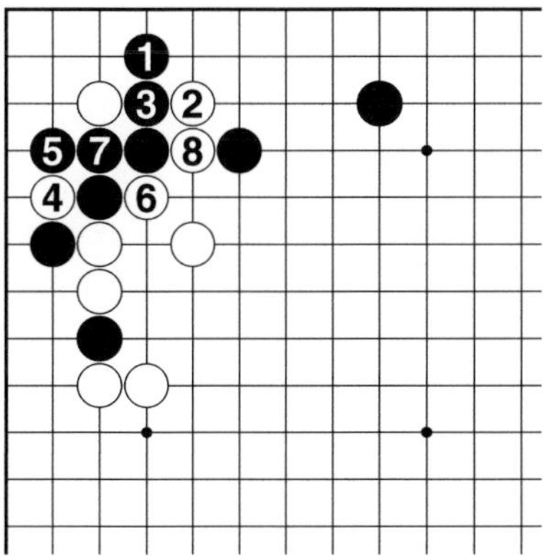

Dia. 24
Antwort für Weiß

Als Antwort auf ❶ sind ② und ④ gute Züge. Weiß gibt die Ecke auf und durchbricht damit die schwarze Stellung. Das Ergebnis ist, verglichen mit Diagramm 8, schlecht für Schwarz.

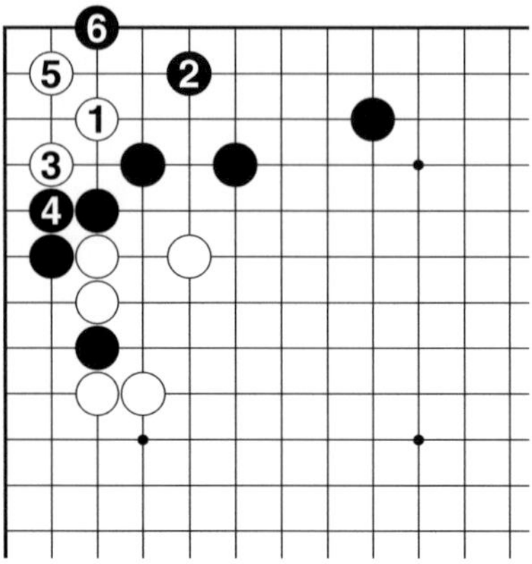

Dia. 25
Weiß ist tot

❷ ist die beste Antwort auf die weiße 3-3-Invasion. ❻ tötet die Ecke einfach und sicher.

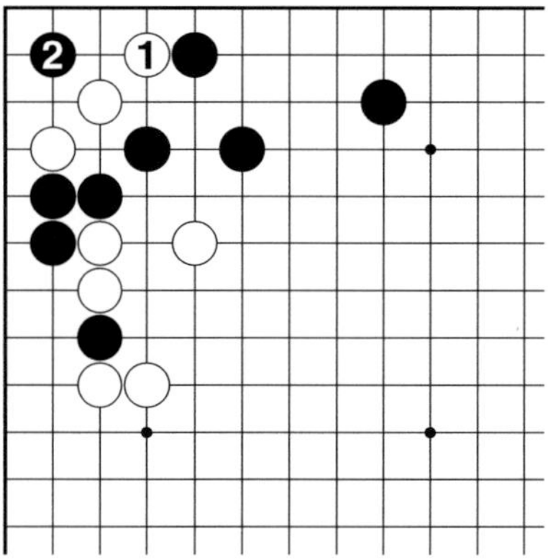

Dia. 26
Gleiches Ergebnis

Der weiße Versuch, mit ① Augenraum zum Leben zu gewinnen, scheitert ebenso, da Schwarz den vitalen Punkt besetzt.

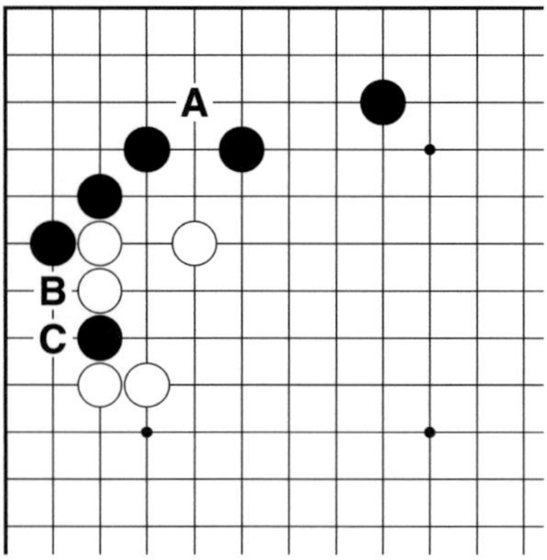

Dia. 27
Zusammenfassung

Die 3-3-Invasion ist nur nach einem Zug auf A möglich. Das beste Ergebnis für beide Spieler ist hierbei ein Ko. B ist ein wichtiger und großer Punkt für beide Seiten, doch je nach Situation kann Schwarz auch C spielen.

Stellung 4

Vorhand mit Schwächen versus Stärke in Nachhand

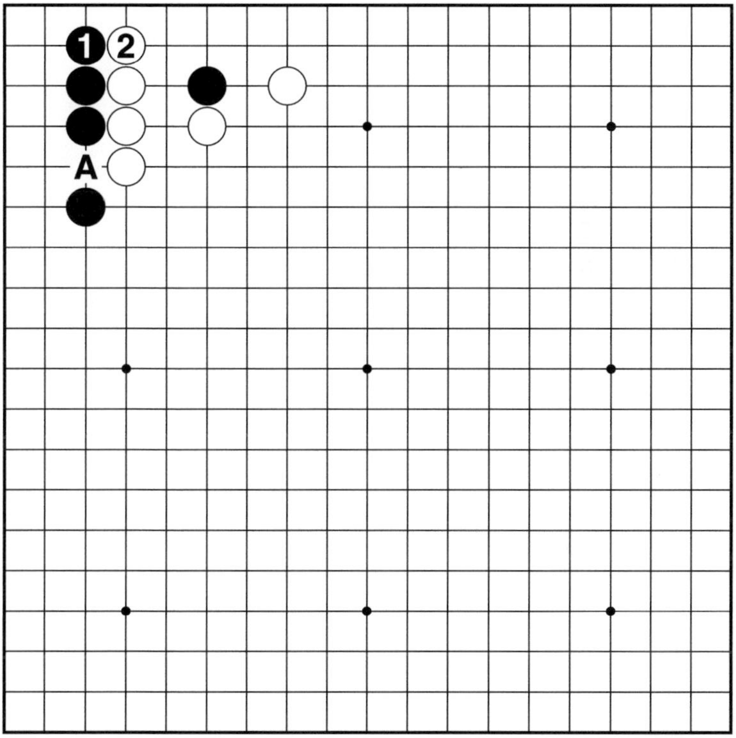

Der Abtausch ❶ und ② ist Joseki. Weiß kann auch fernbleiben, doch ② ist groß. Wenn Schwarz Stärke möchte, sollte er A an Stelle von ❶ spielen. Er endet dann allerdings in Nachhand.

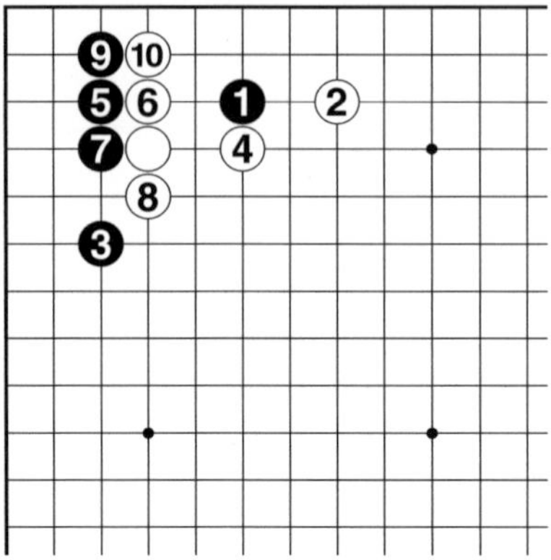

Dia. 1
Das Joseki

Die Abfolge von ❶ bis ⑩ ist Joseki. Schwarz behält die Vorhand.

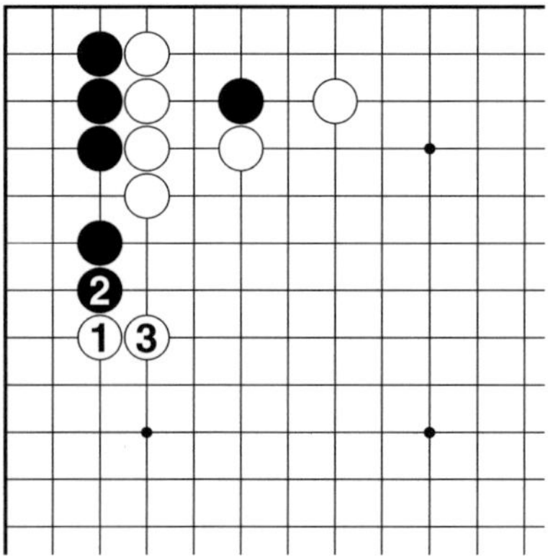

Dia. 2
Fortsetzungen

① ist ein großer Zug, der weitere Fortsetzungsmöglichkeiten mit sich bringt. ❷ ist jedoch eine gewagte Antwort, die einige Probleme birgt.

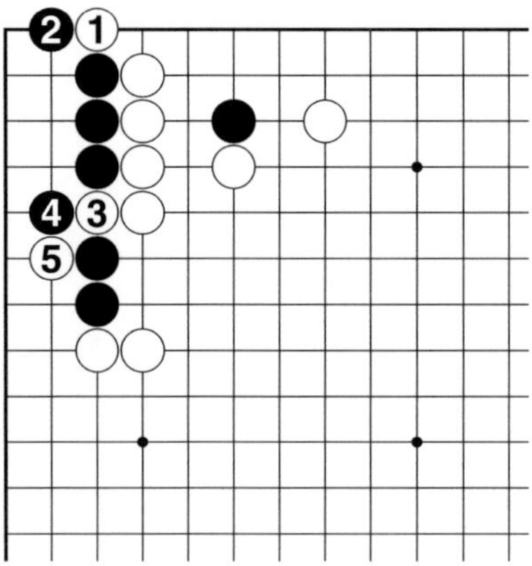

Dia. 3
Schwarz hat Probleme

① ist eine gute Fortsetzung, sollte Schwarz fernbleiben. Blockt er nun mit ❷, ist Schwarz nach ⑤ in Schwierigkeiten.

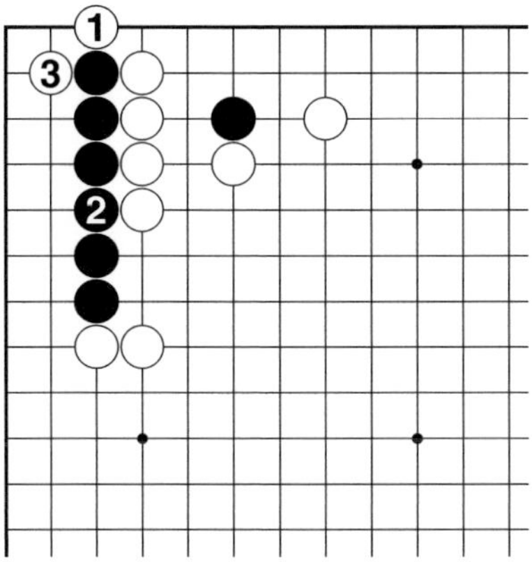

Dia. 4
Schwarz noch immer in Schwierigkeiten

Verbindet Schwarz anstelle von ❷ in Diagramm 3, dann entsteht durch ③ ein Leben-und-Tod-Problem.

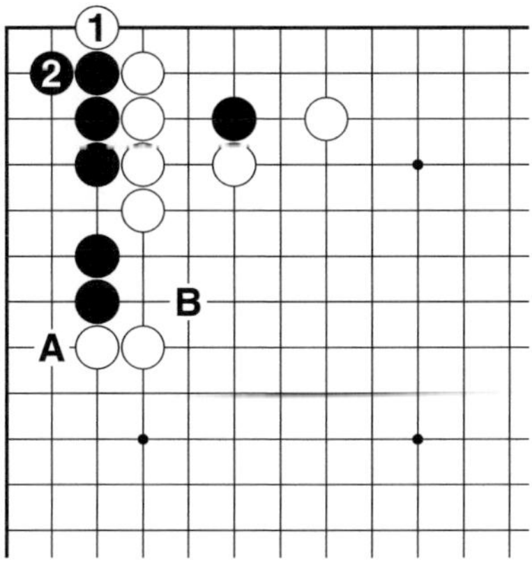

Dia. 5
Stärke

Schwarz kann mit ❷ leben, doch Weiß A ist Vorhand. Zudem ist es schwer für Schwarz, nach Weiß A mit B ins Zentrum zu springen, weshalb die weiße Stellung stark ist.

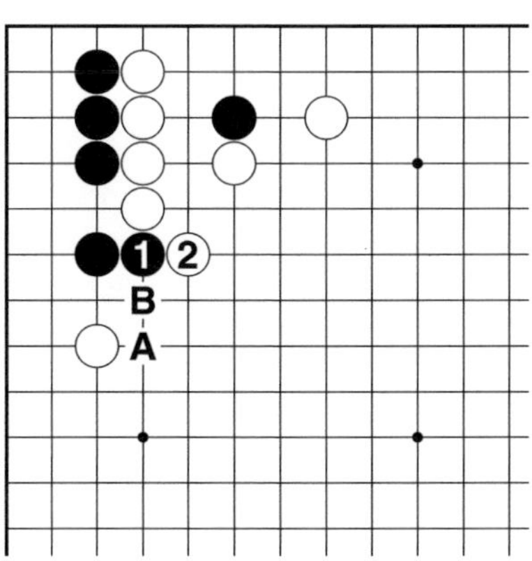

Dia. 6
Schlechte Form

Das weiße Hane auf den Kopf von zwei Steinen ist die normale Antwort auf ❶. Nun ist es schwer für Schwarz, einen guten Zug zu finden. Spielt er A, so verbleibt ein Schnitt auf B, und selbst B zu spielen, ist schlechte Form.

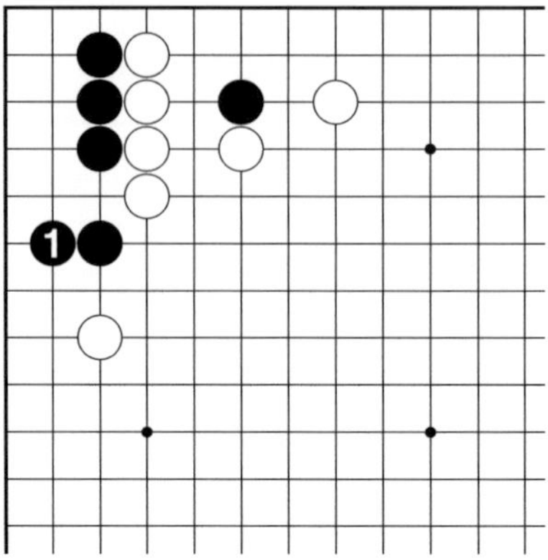

Dia. 7
Einfacher Zug

❶ ist die einfachste Antwort auf die weiße Annäherung.

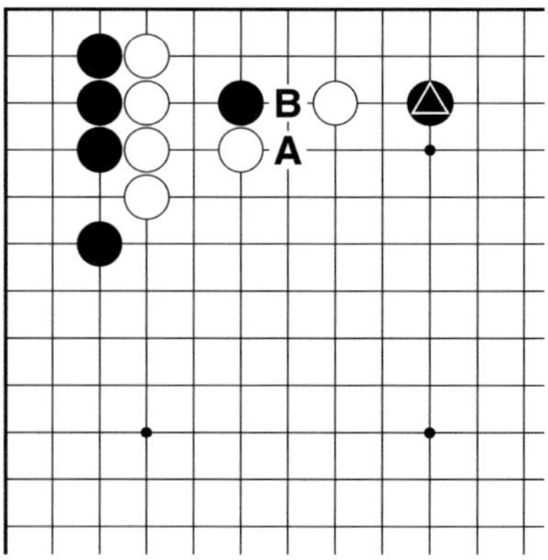

Dia. 8
Die weiße Stellung

Steht der markierte Stein, gibt es beginnend mit A oder B verschiedene Varianten für Schwarz.

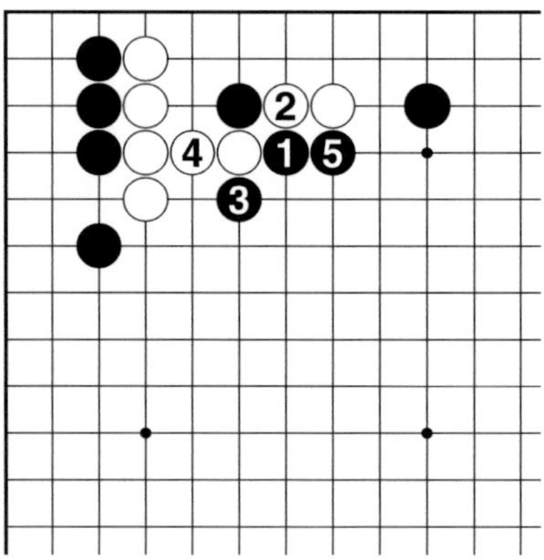

Dia. 9
Weiß ist unzufrieden

② als Antwort auf ❶ ist Pflicht. Spielt Schwarz nun mit ❸ Atari, dann ist es nicht gut zu verbinden, da Schwarz die weiße Gruppe mit ❺ zum Zentrum hin blockiert.

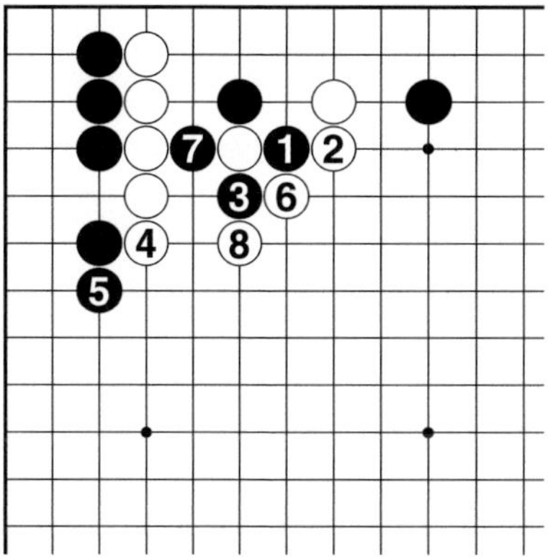

Dia. 10
Gegenmaßnahme von Weiß

④ ist Vorhand und die beste Antwort auf ❶ und ❸. Mit der Sequenz bis ⑧ tötet er anschließend die schwarze Gruppe.

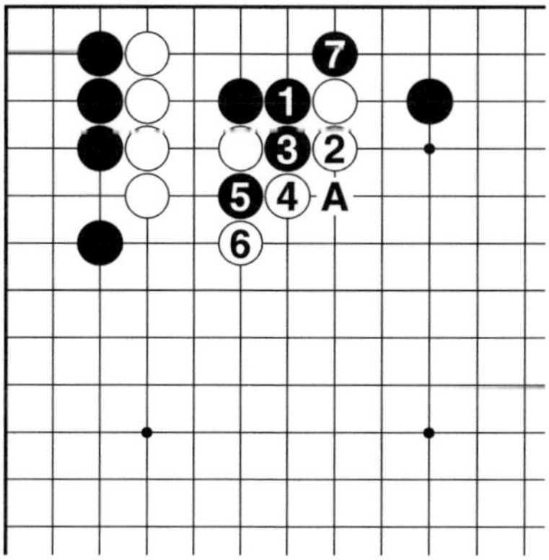

Dia. 11
Nicht gut für Weiß

Weiß sollte ❶ mit ② erwidern. ⑥ ist allerdings nicht gut, denn Schwarz kann aufgrund des Schnitts auf A mit ❼ am Rand verbinden.

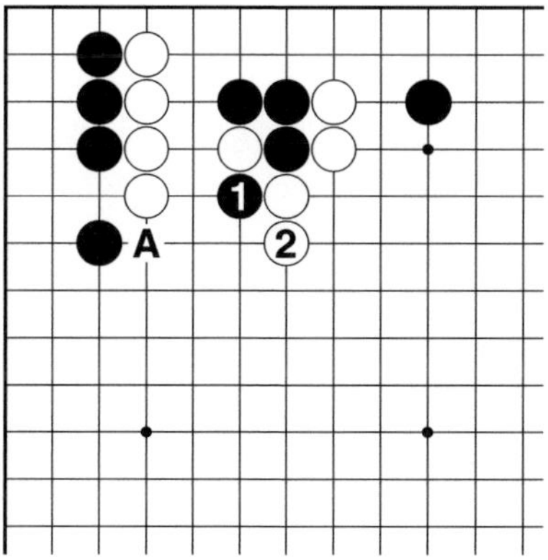

Dia. 12
Richtige Antwort

Mit ② zu strecken ist gut genug für Weiß, da A später Vorhand für ihn ist.

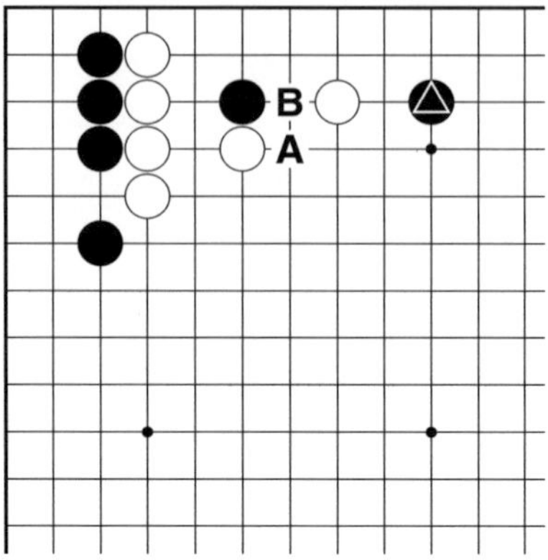

Dia. 13
Stärke

Selbst mit dem markierten schwarzen Stein findet sich kein Aji in der weißen Stellung. A und B sind derzeit nicht möglich, da die weiße Stellung zu stark ist.

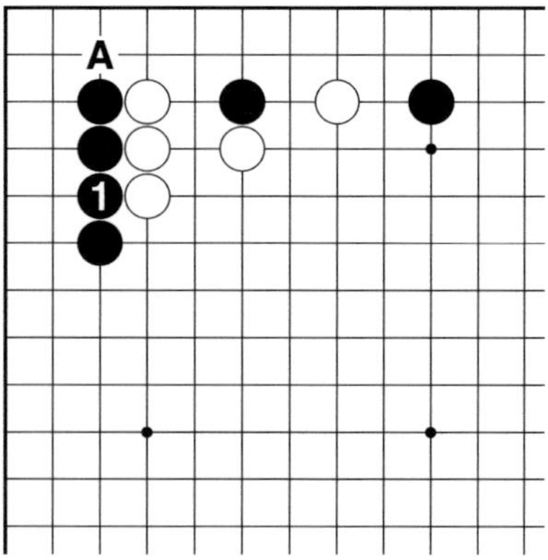

Dia. 14
Stärke in Nachhand

Anstelle von A kann Schwarz auch mit ❶ in Nachhand verbinden. Dadurch wird sein eigene Gruppe stärker und die weiße Formation schwächer.

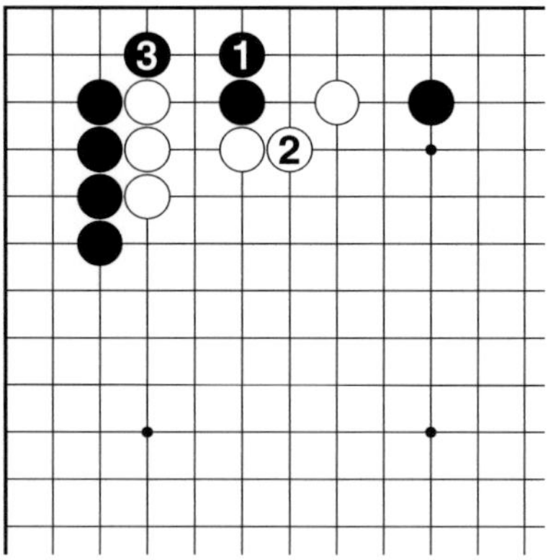

Dia. 15
Gebiet

Mit ❶ und ❸ bekommt Schwarz einfach Gebiet unter der weißen Gruppe.

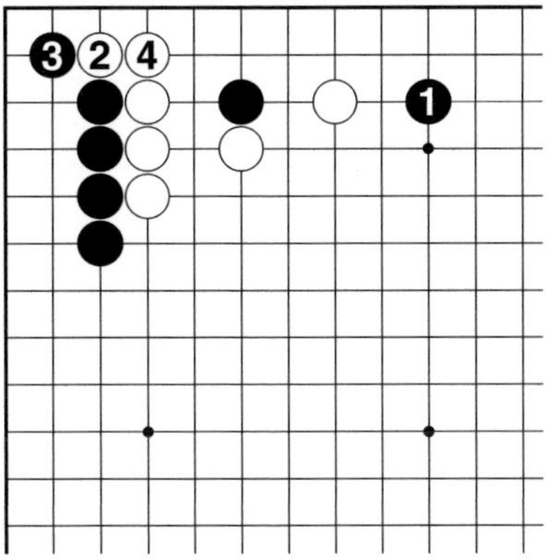

Dia. 16
Verteidigung

Daher ist es üblich nach der Annäherung auf ❶ den Austausch ② bis ④ zu spielen.

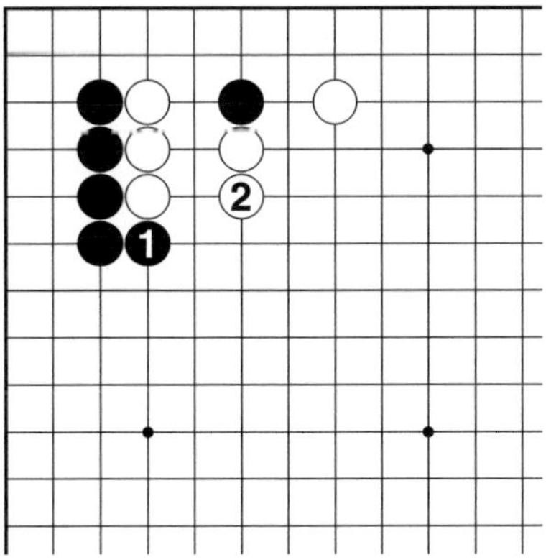

Dia. 17
Austausch von Stärke

Je nach Situation kann Schwarz auch umbiegen, Weiß antwortet dann gewöhnlich mit ②.

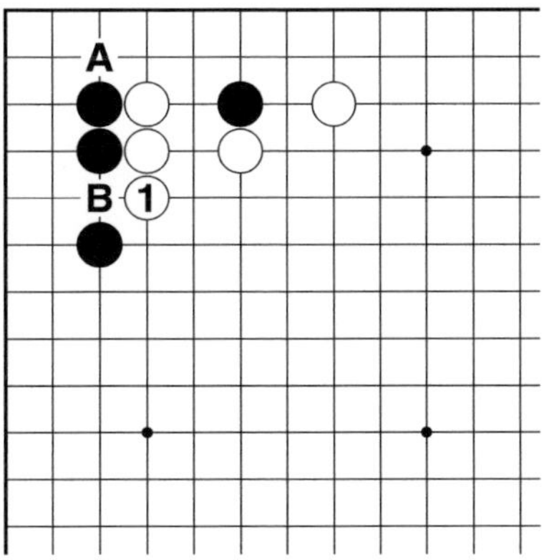

Dia. 18
Zusammenfassung

Schwarz sollte je nach Situation zwischen A und B wählen, wobei A Schnelligkeit zum Preis von Schwächen bedeutet und B Stärke bei langsamerer Entwicklung.

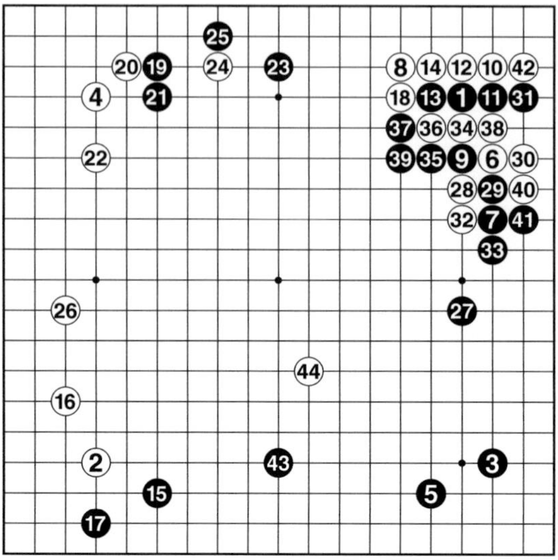

Profipartie 1

Schwarz gewinnt durch Aufgabe

● Heo Young-ho
○ Yoon Chan-hee

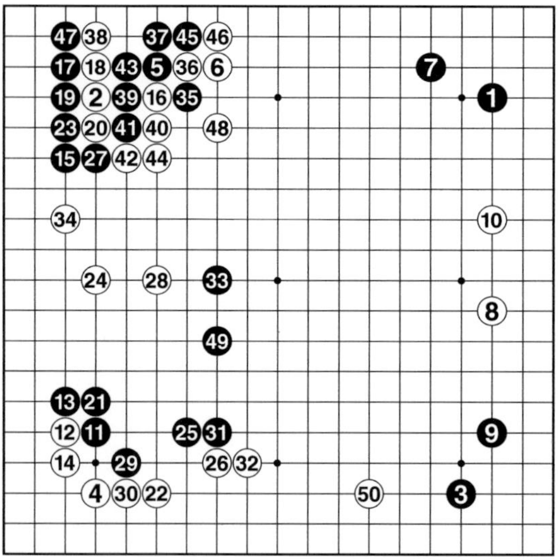

Profipartie 2

Schwarz gewinnt durch Aufgabe

● Choi Cheol-han
○ Lee Chang-ho

Stellung 5

Großer Rösselsprung

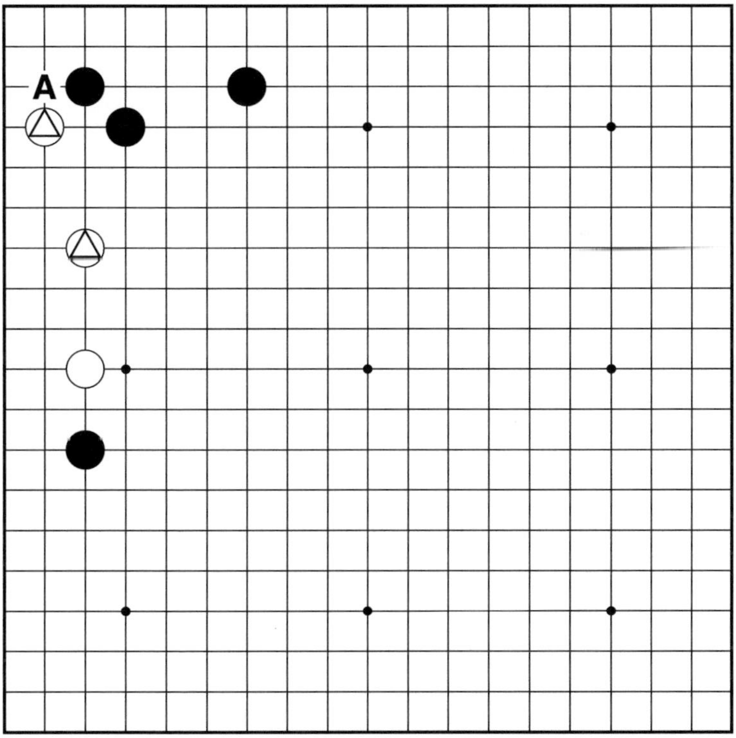

A ist ein großer Punkt für beide Seiten, doch zu passiv für Schwarz. In diesem Kapitel werden wir betrachten, wie Schwarz die Schwächen des großen Rösselsprungs ausnutzen kann und was die besten Antwortmöglichkeiten für Weiß sind.

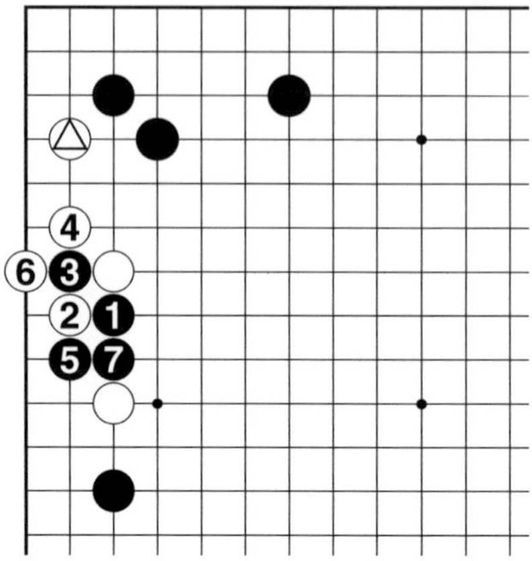

Dia. 1
Anleger mit Kreuzschnitt

Schwarz kann über ❶ und ❸ nachdenken. Zwar ist die weiße Stellung nach ❼ entzwei geteilt, doch der markierte weiße Stein ist gut platziert, weshalb diese Sequenz spielbar für Weiß ist.

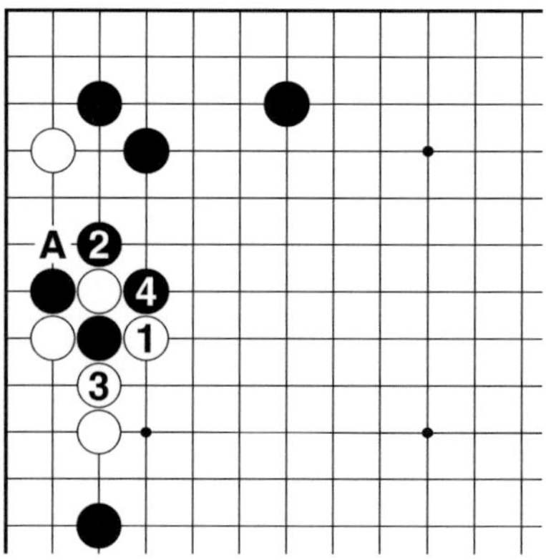

Dia. 2
Ko

Nach dem Atari kann Schwarz mit ❷ und ❹ ein Ko initiieren. Das Ergebnis hängt hierbei von den Ko-Drohungen beider Spieler ab. Anstelle von ❹ mit A zu verbinden, ist dagegen nicht zufriedenstellend für Schwarz.

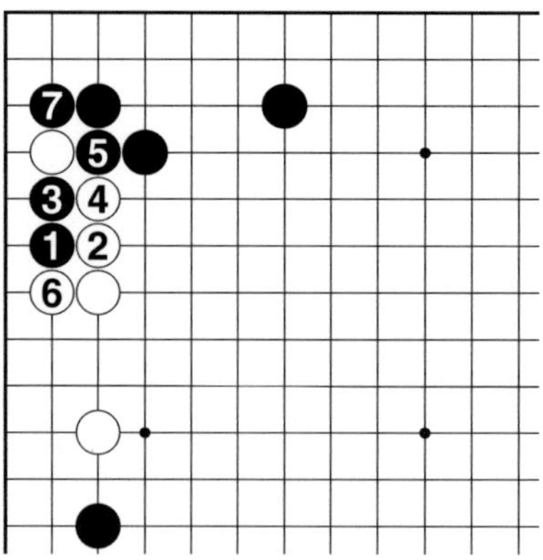

Dia. 3
Üblicher Zug

❶ ist der normale Invasionszug und mit der Sequenz bis ❼ nimmt Schwarz Gebiet. Dieses Ergebnis ist gut genug für ihn, da Weiß noch nicht lebt.

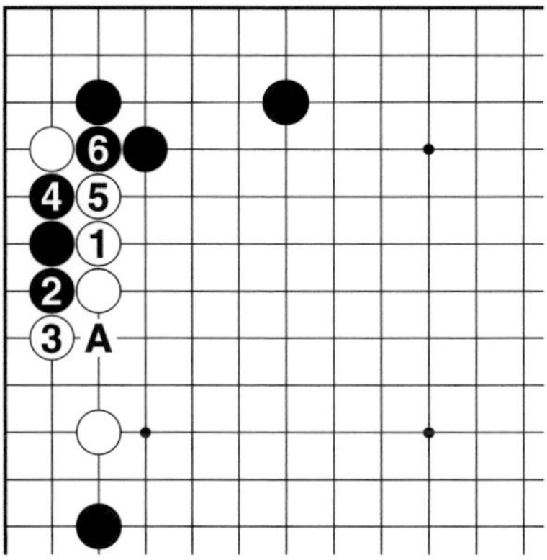

Dia. 4
Variante für Schwarz

Schwarz kann ① auch mit ❷ beantworten. Nach ③ hat Schwarz einen größeren Gewinn als in Diagramm 3 und es verbleibt ein Schwachpunkt bei A.

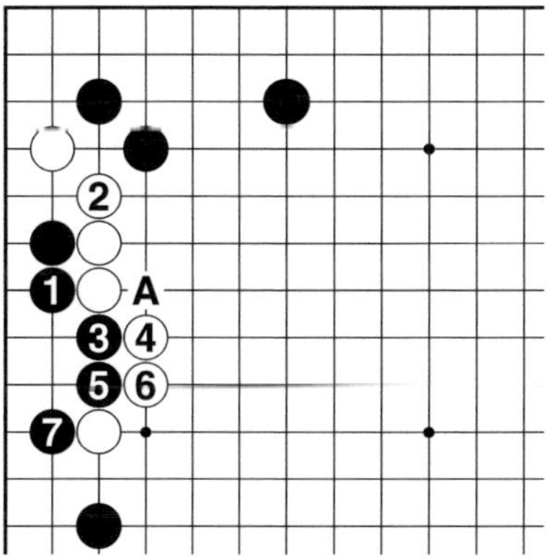

Dia. 5
Weiß unzufrieden

② als Antwort auf ❶ ist nicht gut, da nach ❼ ein Schnitt auf A verbleibt.

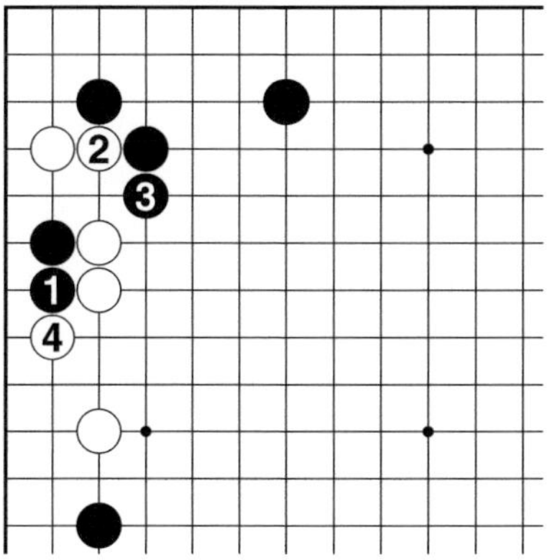

Dia. 6
Gegenmaßnahme von Weiß

② ist die richtige Antwort auf ❶. Danach ❸ zu spielen, ist allerdings nicht gut für Schwarz, da Weiß die beiden schwarzen Steine mit ④ fangen kann.

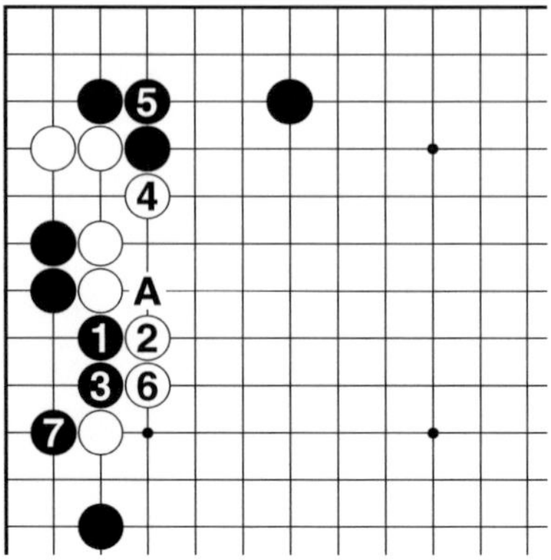

Dia. 7
Gute Form

❶ ist Pflicht und nach der Sequenz bis ❼ ist der Schnitt auf A durch ④ gedeckt.

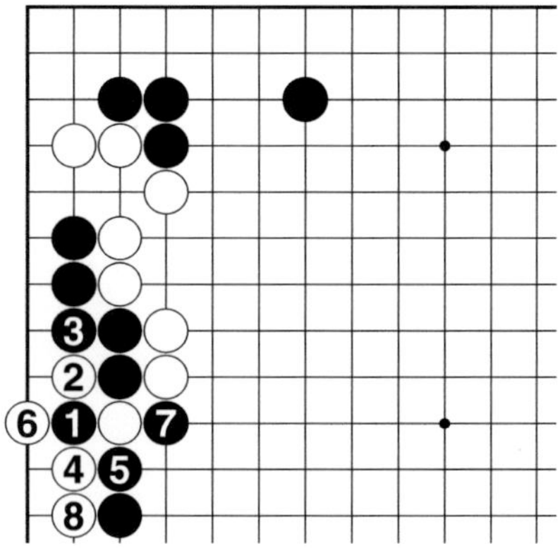

Dia. 8
Ko

Sollte Weiß über mehr Ko-Drohungen als Schwarz verfügen, so kann er auch ② und ④ spielen.

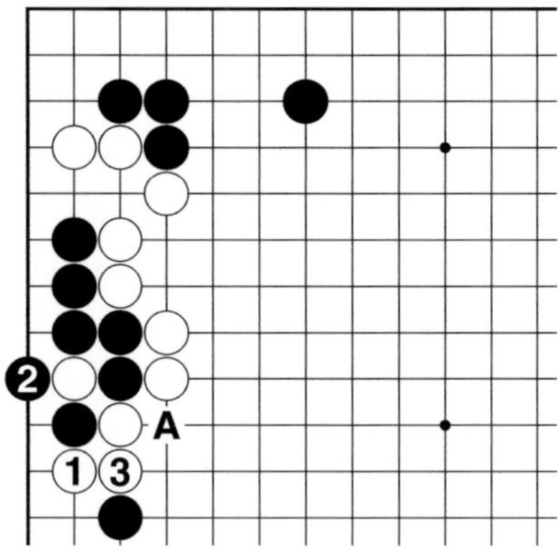

Dia. 9
Schwarz eingeschlossen

Schwarz kann das Ko umgehen, indem er mit ❷ fängt. Nachdem ③ die schwarze Stellung trennt, sollte Schwarz auf A schneiden und kämpfen.

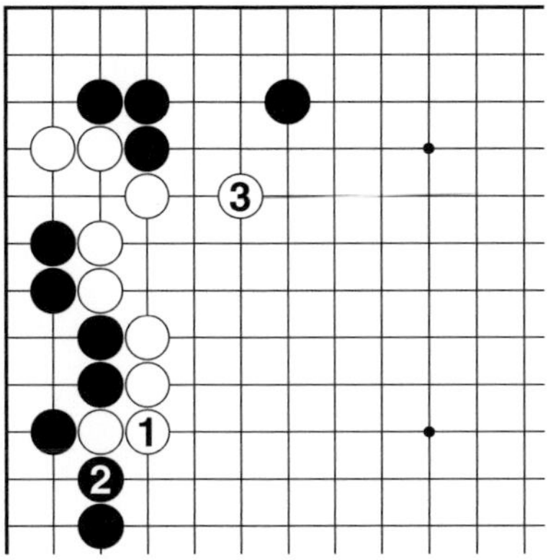

Dia. 10
Gute Form

Wenn Weiß über zu wenige Ko-Drohungen verfügt, sollte er einfach mit ① verbinden und mit ③ gute Form spielen.

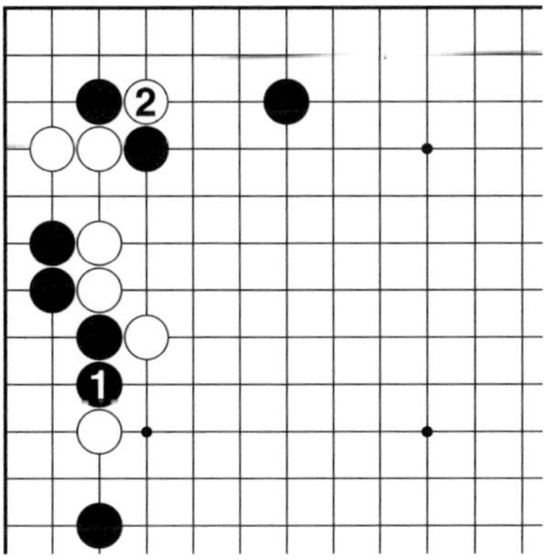

Dia. 11
Überzogen

Mit ② zu schneiden, ist übertrieben.

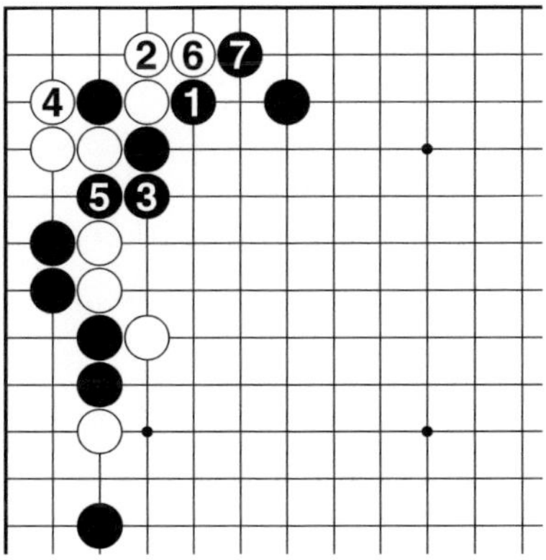

Dia. 12
Stärke

Schwarz kann mit der Sequenz bis ❼ Stärke aufbauen, die wertvoller als das weiße Gebiet ist.

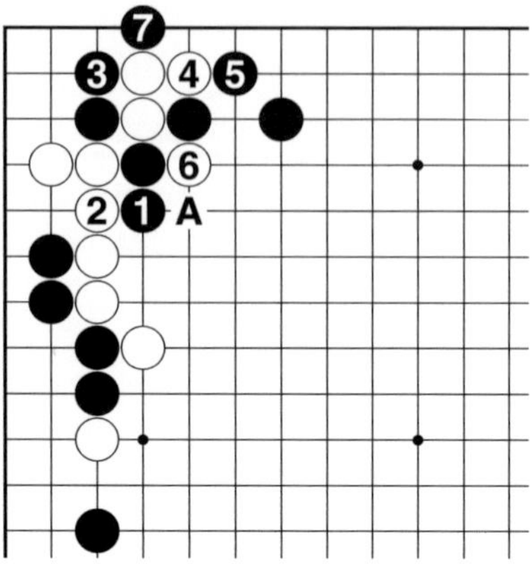

Dia. 13
Abhängig von der Treppe

Ist die Treppe, welche später auf A beginnt, gut für Weiß, kann er nach ❶ mit ② verbinden.

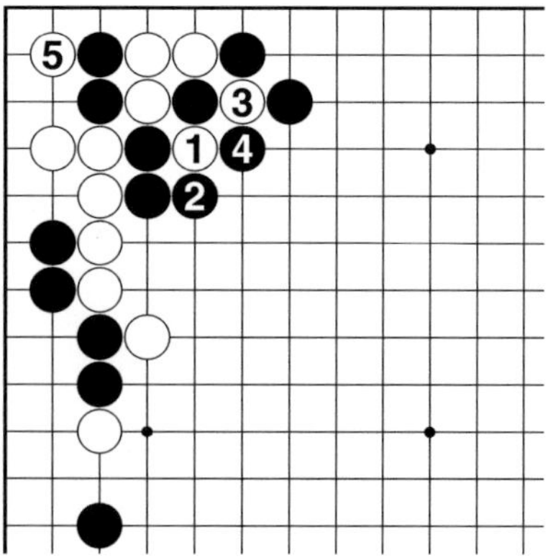

Dia. 14
Gegenmaßnahme von Schwarz

Wenn die Treppe nicht für Schwarz läuft, sollte er ❷ und ❹ spielen. Das Ergebnis ist nicht gut für Weiß, da Schwarz eine sehr starke Form erhält.

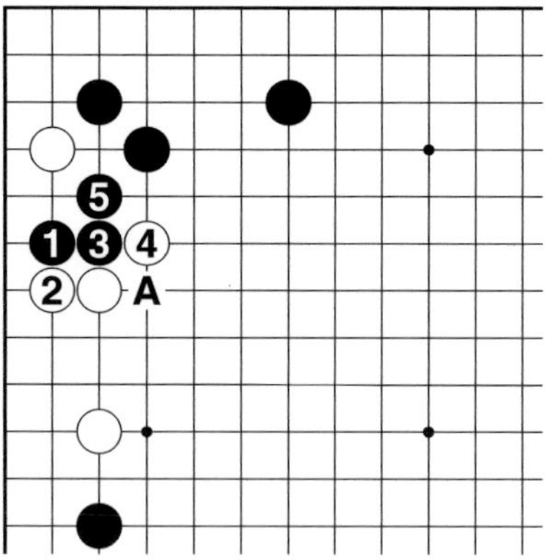

Dia. 15
Weiß ist unzufrieden

Weiß kann über das Strecken zum Rand mit ② nachdenken, doch nach ❺ verbleibt eine Schwäche bei A.

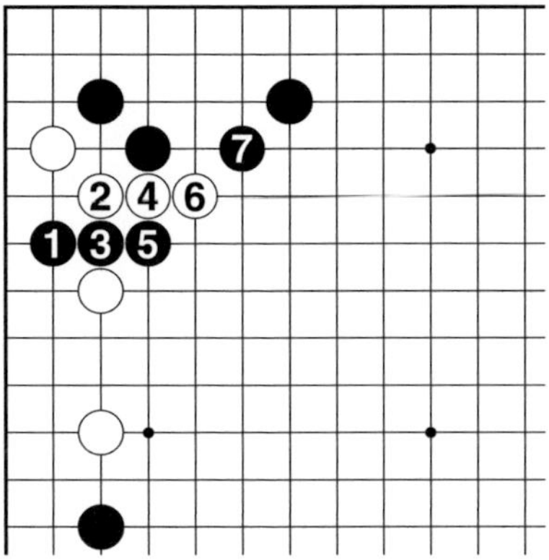

Dia. 16
Schlechter Kampf für Weiß

Der Diagonalzug ② ist nicht gut, da bis ❼ ein für Weiß unvorteilhafter Kampf entsteht.

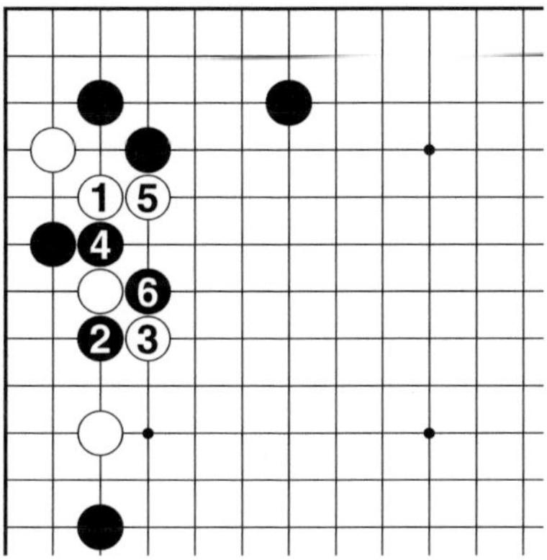

Dia. 17
Alternative für Schwarz

Schwarz kann auch mit ❷ anlegen. Wenn Weiß auf ⑤ streckt, fängt Schwarz mit ❻ einen weißen Stein.

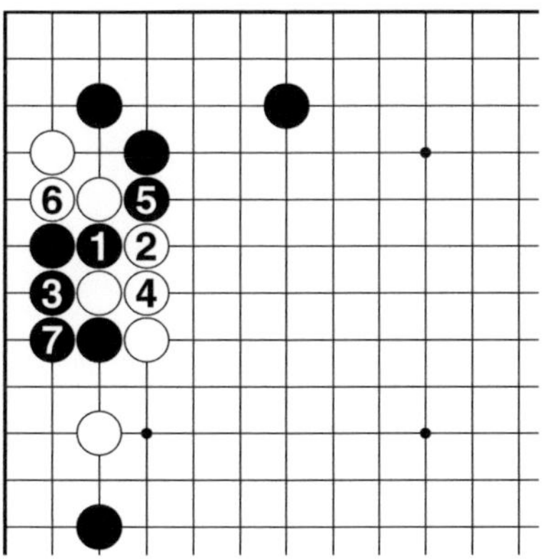

Dia. 18
Semeai

Auf ② zu blockieren ist keine gute Idee für Weiß, da er das entstehende Semeai verliert.

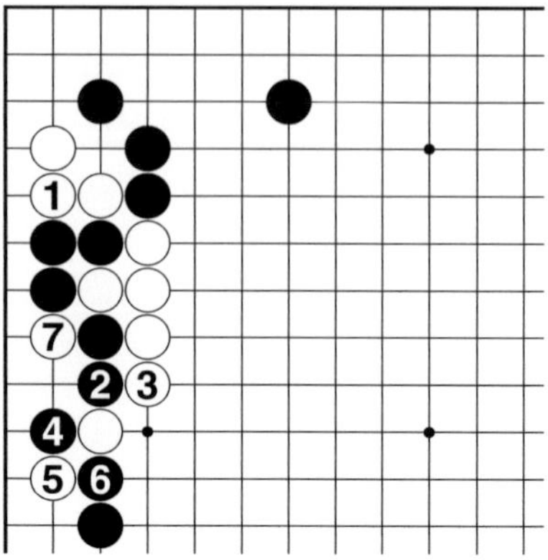

Dia. 19
Übertrieben von Schwarz

❷ und ❹ sind übertrieben. Weiß kann mit Hilfe der Tesuji-Züge ⑤ und ⑦ die drei schwarzen Steine fangen und leben.

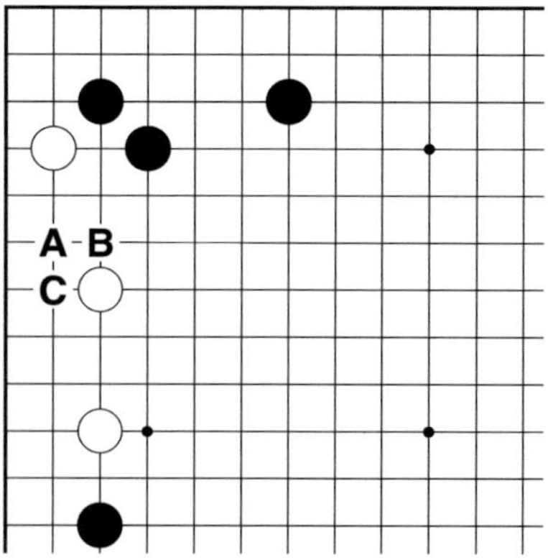

Dia. 20
Zusammenfassung

A ist der normale Invasionspunkt für Schwarz. Wenn Weiß auf B antwortet, kann Schwarz mit C Gebiet machen, doch dies ist nicht ausreichend für ihn. Diagramm 3 zeigt das beste Ergebnis für beide Seiten.

Stellung 6-1

Nach einem grundlegenden 3-4-Punkt-Joseki

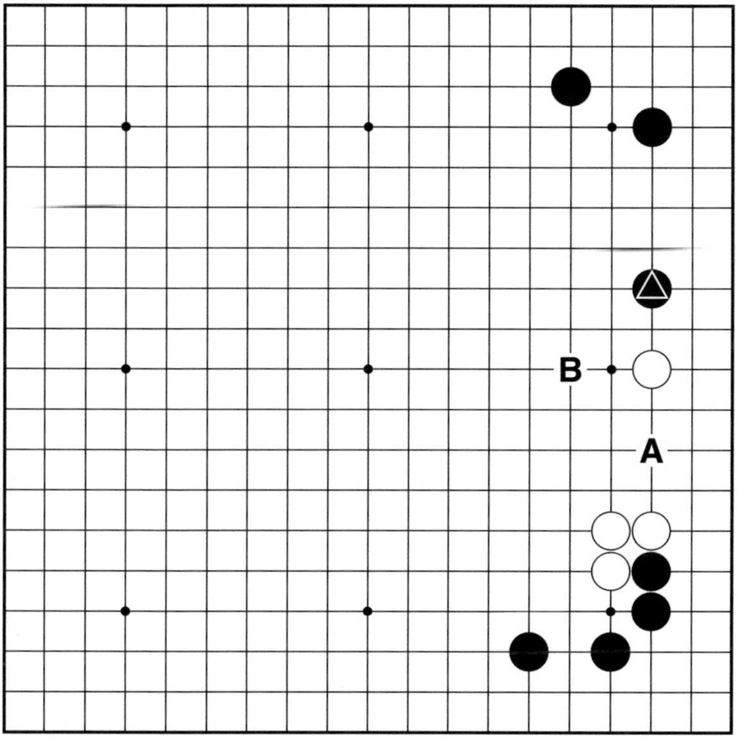

Das Joseki in der unteren rechten Ecke wird sehr oft gespielt. Nachdem sich Schwarz mit dem markierten Stein angenähert hat, ist A der übliche Invasionspunkt. Zur Verteidigung dieser Schwäche kann Weiß B spielen, doch dann wäre die weiße Stellung überkonzentriert.

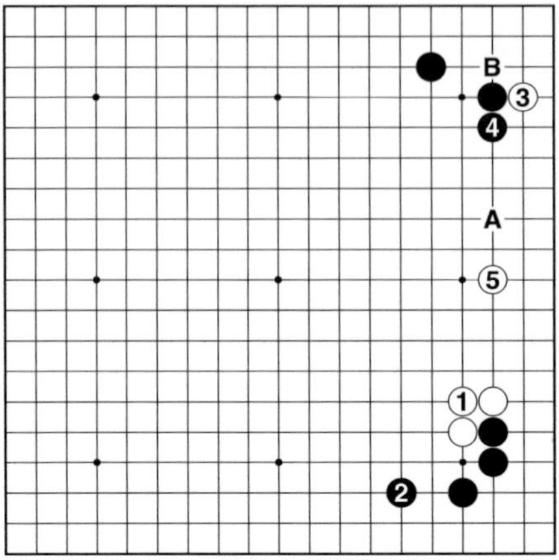

Dia. 1
Neuer Zug

Sollte Weiß die Variante von Seite 105 nicht mögen, kann er den Fragezug ③ spielen. Antwortet Schwarz mit ❹, dann spielt Weiß die Ausdehnung auf ⑤. Nähert sich Schwarz nun mit A an, kann Weiß mit B in der Ecke leben.

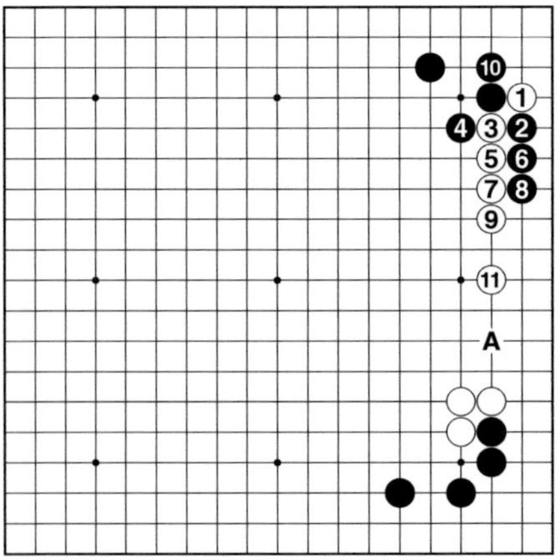

Dia. 2
Ausgeglichenes Ergebnis

❷ ist die normale Antwort auf ①. Bis ⑪ verteidigt Weiß die Schwäche auf A und Schwarz sichert sein Gebiet.

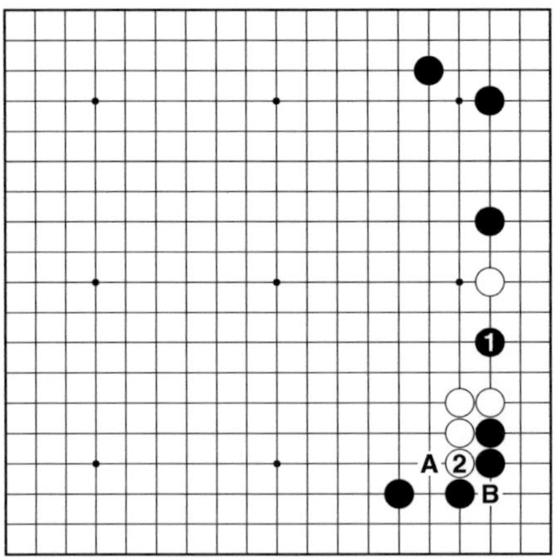

Dia. 3
Invasion

Da Weiß Schwarz nicht fangen kann, wenn dieser mit ❶ invadiert, ist ② ein guter Zug. Schwarz hat nun die Wahl zwischen A und B.

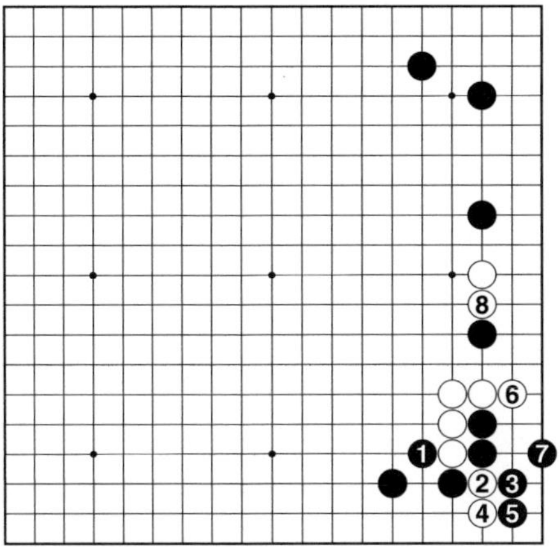

Dia. 4
Weiß ist zufrieden

Antwortet Schwarz mit ❶, dann ist ⑥ Vorhand und Weiß kann mit ⑧ verbinden.

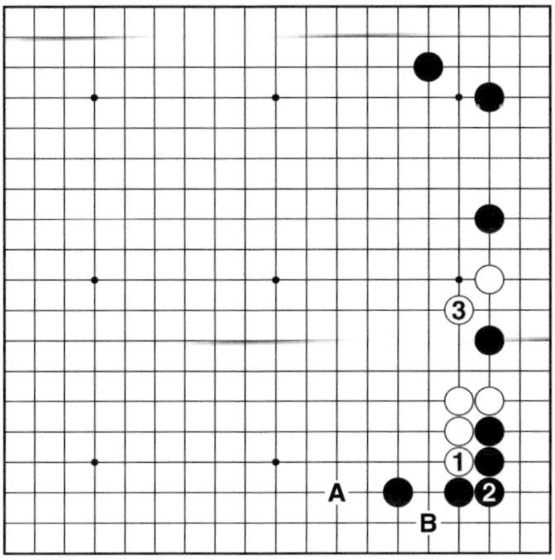

Dia. 5
Guter Abtausch

Schwarz sollte einfach verbinden. Der Abtausch ① für ❷ ist gut für Weiß. Hat er später einen Stein auf A, gibt es in Abhängigkeit von einer Treppe Aji bei B. ③ ist jedoch überzogen.

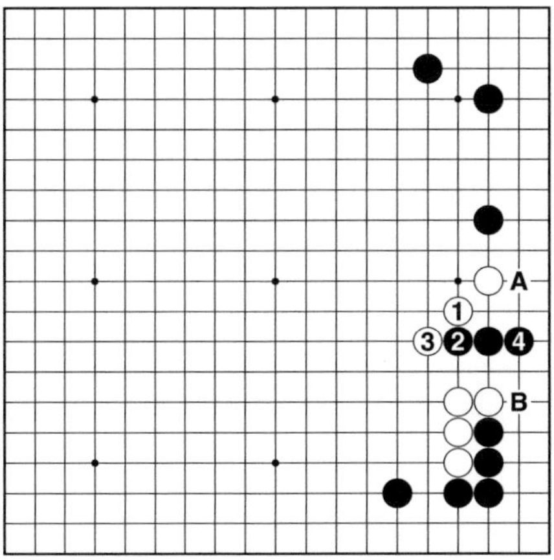

Dia. 6
Weiß übertreibt

Nach ❷ und ❹ sind A und B Miai, sodass Weiß Schwarz nicht fangen kann. Demnach ist der Diagonalzug ① schlecht, da er viele Schwächen verursacht.

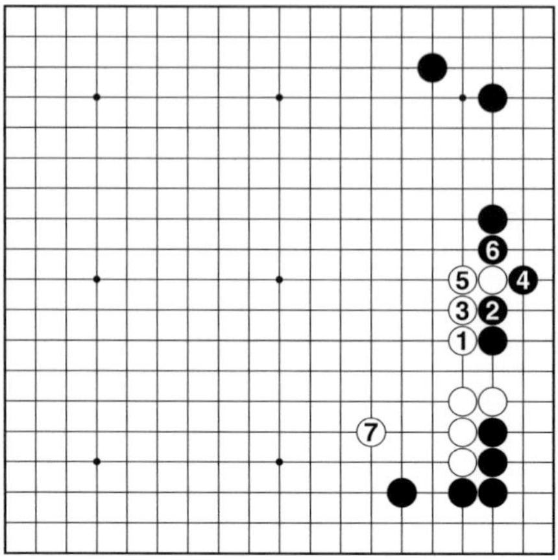

Dia. 7
Gute Variante

Mit der Sequenz bis ⑦ nimmt Weiß Einfluss während Schwarz Gebiet erhält. In dieser Situation ist dies ein guter Weg für Weiß. Das Ergebnis ist ausgeglichen.

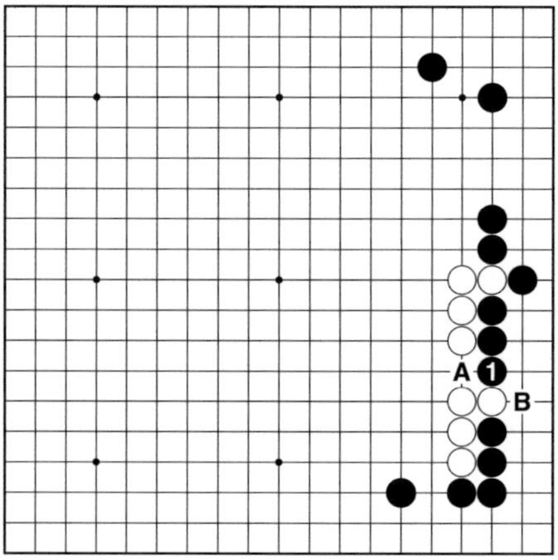

Dia. 8
Aji

Hat Weiß nur schwachen Einfluss zum Brettzentrum hin, dann ist der auf den ersten Blick etwas seltsam anmutende Zug ❶ möglich, da A und B Miai sind.

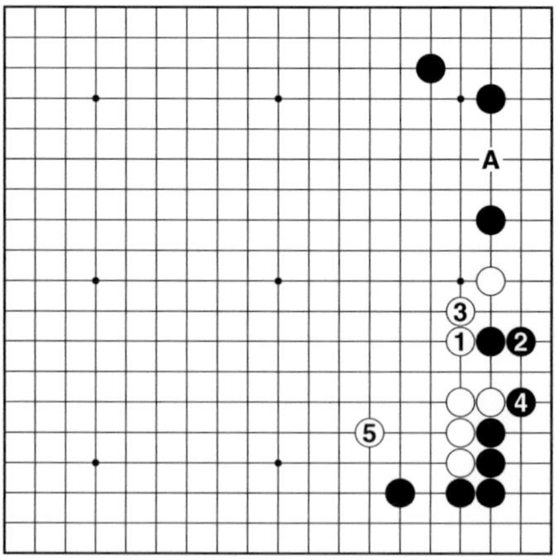

Dia. 9
Variante

❷ und ❹ sind eine weitere Möglichkeit, ① zu beantworten. Nach ⑤ ist das Ergebnis vergleichbar mit dem aus Diagramm 8, wobei diesmal Aji auf A zurückbleibt.

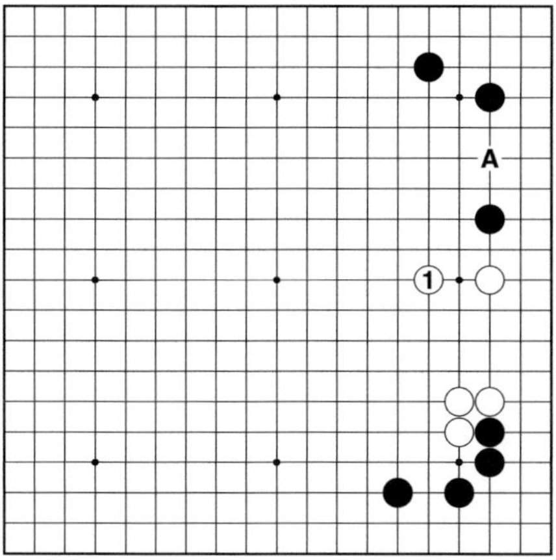

Dia. 10
Nicht genug

Der Zug auf ① verteidigt gegen eine Invasion und schafft Aji bei A, doch er ist zu langsam und Weiß wirkt nun etwas überkonzentriert.

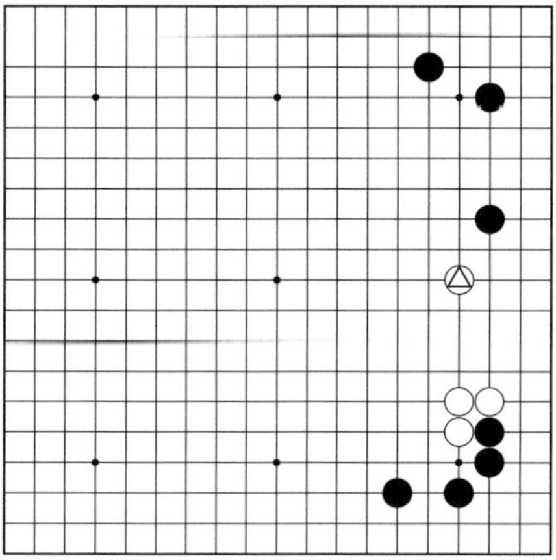

Dia. 11
Veränderte Ausgangs-situation

Steht der markierte Stein auf der vierten Reihe, verändern sich auch die möglichen Fortsetzungen.

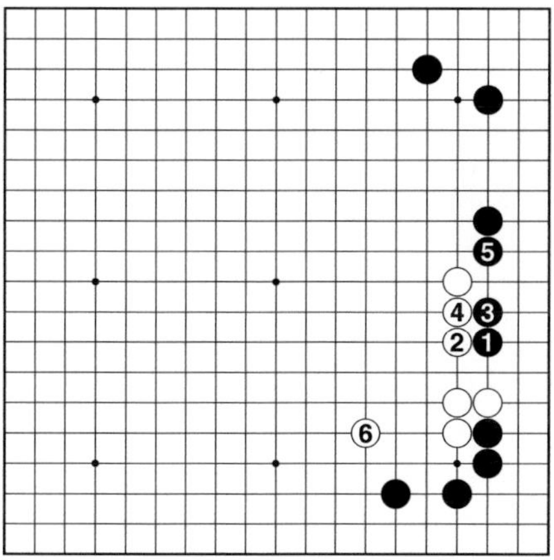

Dia. 12
Ähnliche Variante

Aus der schwarzen Invasion mit ❶ resultiert eine ähnliche Sequenz wie in Diagramm 7.

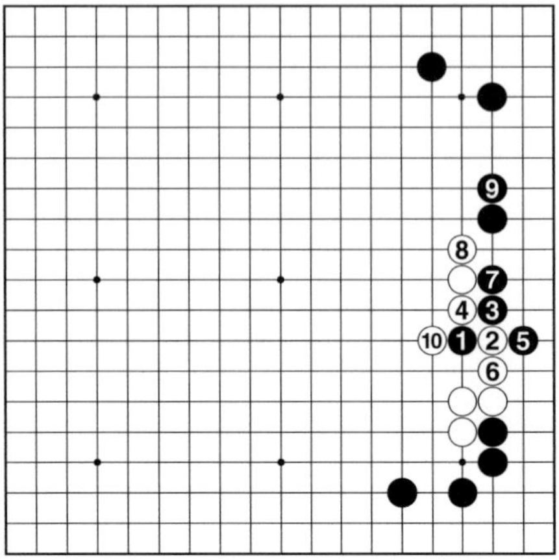

Dia. 13
Variante

Schwarz kann auch über einen Zug auf ❶ nachdenken, doch nach ⑩ ist die weiße Stellung sehr stark.

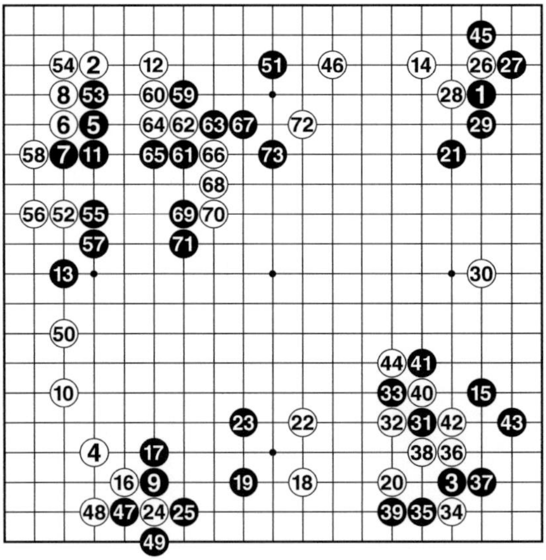

Profipartie 1

Schwarz gewinnt mit 0,5 Punkten

● Park Young-hoon
○ Lee Se-dol

Stellung 6-2

Nach einem grundlegenden 3-4-Punkt-Joseki 2

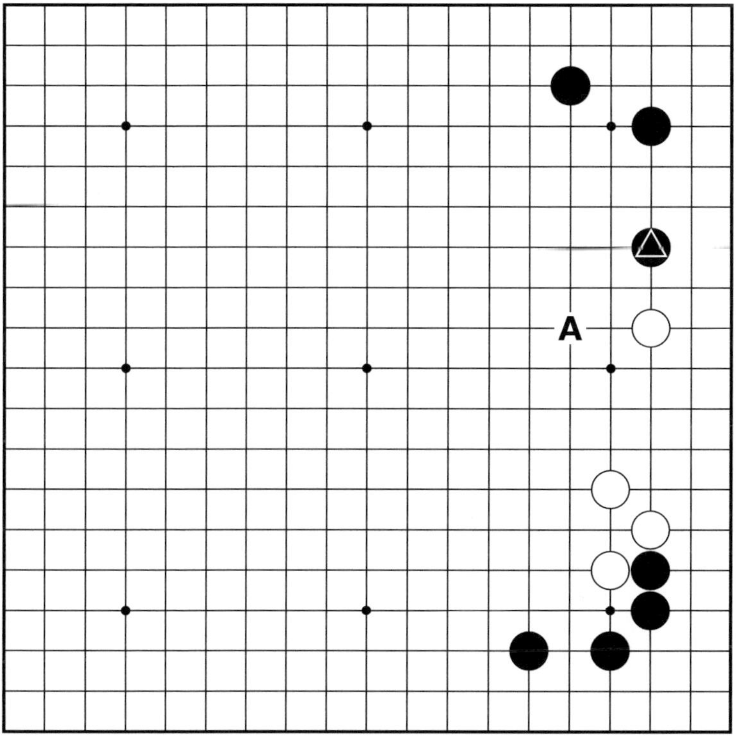

Auch diese Joseki-Variante wurde sehr oft gespielt. In der weißen Stellung befinden sich noch Schwächen, selbst wenn Weiß nach der schwarzen Annäherung auf A verteidigt. Deshalb wird dieses Joseki immer seltener von Profis gespielt. Wir werden die besagten Schwächen jetzt genauer untersuchen.

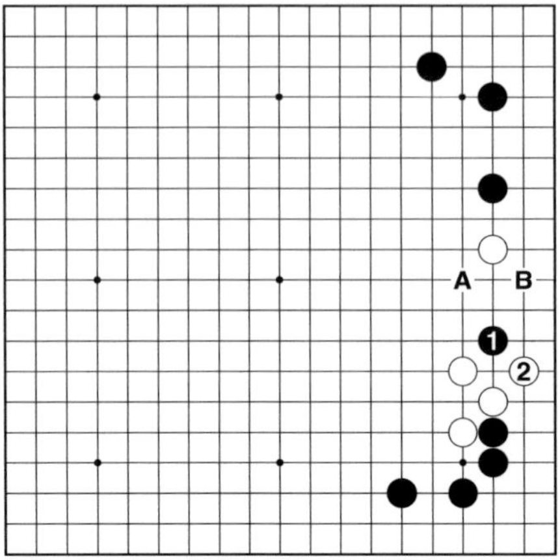

Dia. 1
Invasion

❶ ist der übliche Invasionszug. Nachdem ② das Anbinden verhindert, kann Schwarz über A und B nachdenken.

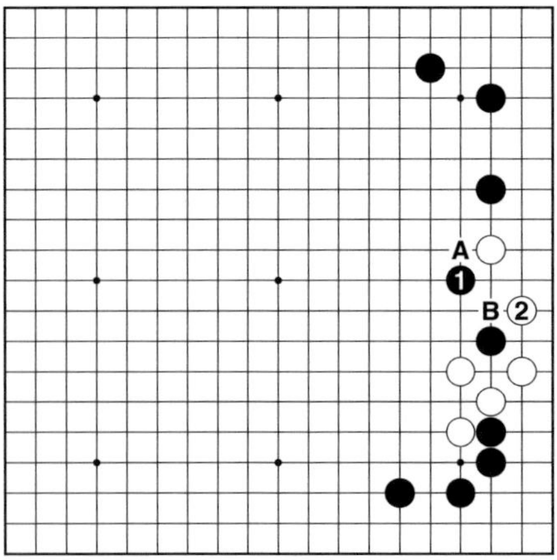

Dia. 2
Einfluss

❶ ist ein einflussorientierter Zug. Nachdem Weiß mit ② verbindet, wäre Schwarz A zu nachgiebig, da Weiß einfach B spielt.

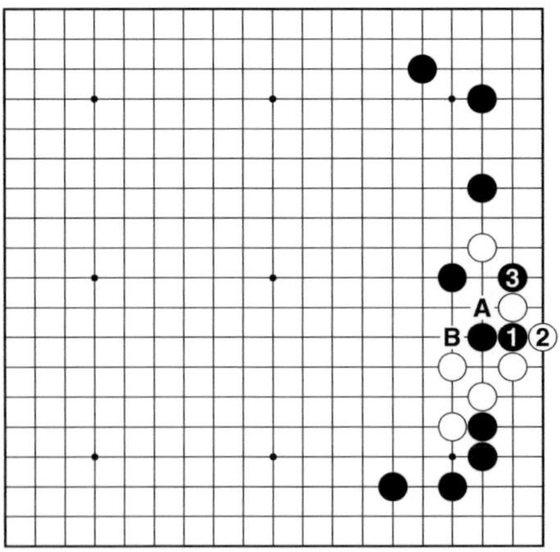

Dia. 3
Stärke

❶ und ❸ führen zu einer starken Position für Schwarz. Spielt Weiß anstelle von ② auf A, dann streckt Schwarz mit B und Weiß hat nichts durch diesen Abtausch gewonnen.

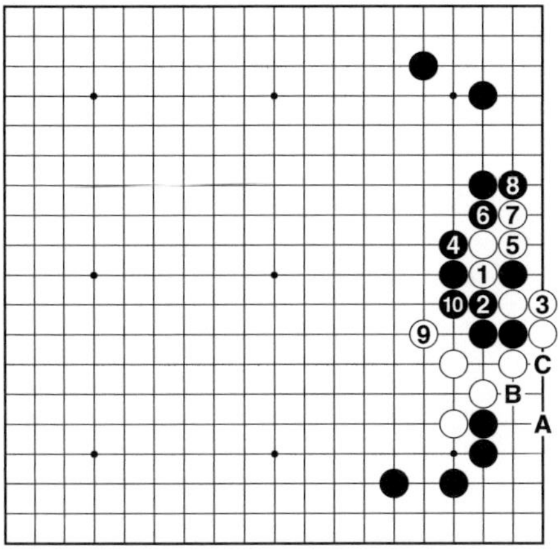

Dia. 4
Einziger Weg

Nach ① ist die Sequenz bis ❽ der einzige Weg. ⑨ besetzt den vitalen Punkt dieser Form und Schwarz kann nun statt zu verbinden auch fernbleiben. Verbindet Schwarz auf ❿, dann ist A später Vorhand für ihn, sofern Weiß das durch Schwarz B und C auftretende Ko verhindern möchte.

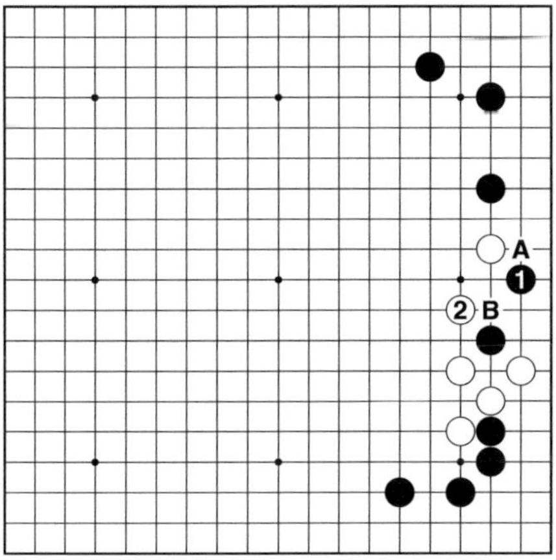

Dia. 5
Wahl von Schwarz

Wenn Schwarz Gebiet nehmen möchte, dann sollte er ❶ spielen. Nachdem Weiß mit ② anzubinden versucht, wäre Schwarz A zu friedlich, denn Weiß wird einfach auf B antworten.

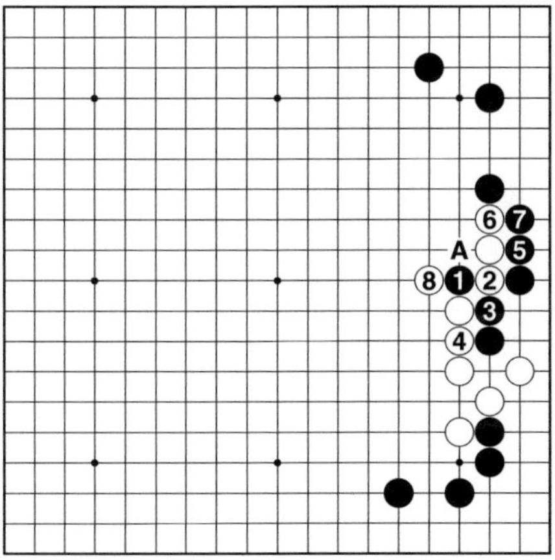

Dia. 6
Anleger

Mit ❶ anzulegen ist üblich. Danach ist die Sequenz bis ⑧ zu erwarten, jedoch verbleibt bei A ein unangenehmes Aji in der weißen Stellung.

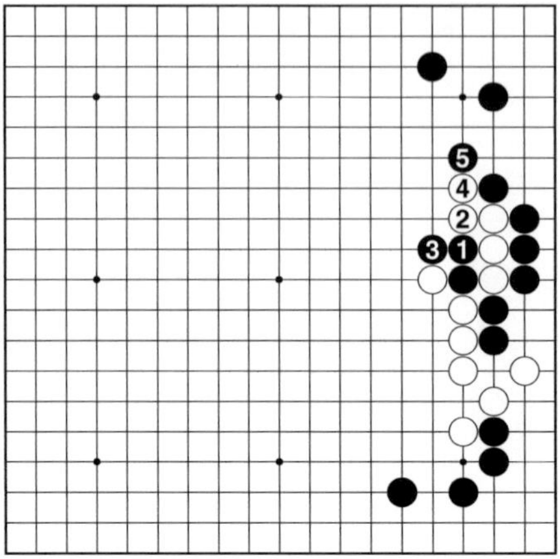

Dia. 7
Kampf im Zentrum

Nachdem Schwarz mit ❶ und ❸ ins Zentrum läuft, entsteht ein Kampf, der für Schwarz vorteilhaft ist.

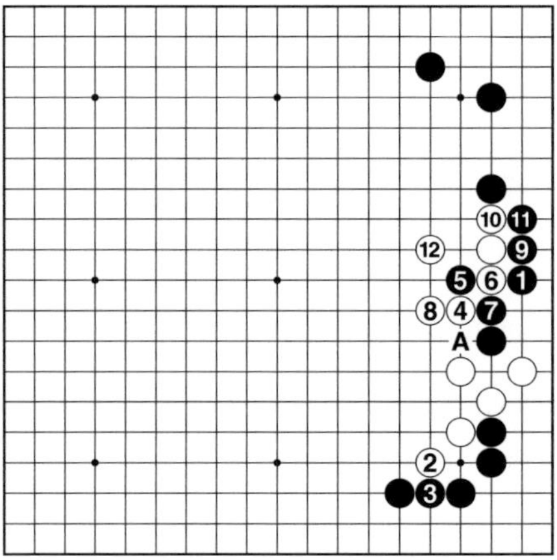

Dia. 8
Sicher

Um den Schnitt auf A zu decken, spielt Weiß erst den Abtausch ② für ❸ als Antwort auf ❶. Nun kann Weiß ❼ mit ⑧ beantworten und die Sequenz bis ⑫ ist für beide Seiten spielbar.

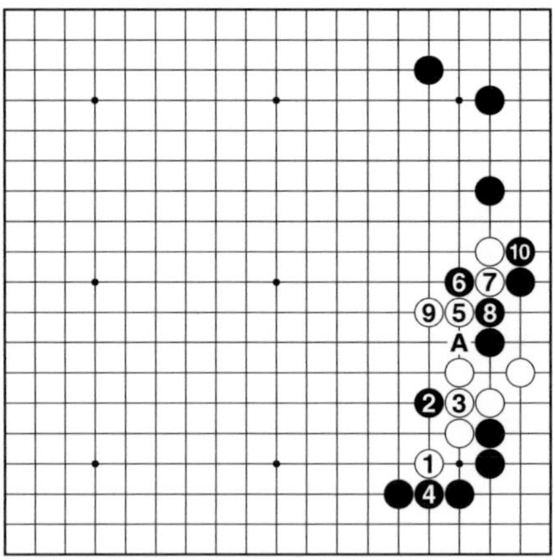

Dia. 9
Erwiderung von Schwarz

❷ ist ein starker Zug. Verbindet Weiß, ist der Schnitt auf A nach ❹ wieder möglich und ① somit bedeutungslos.

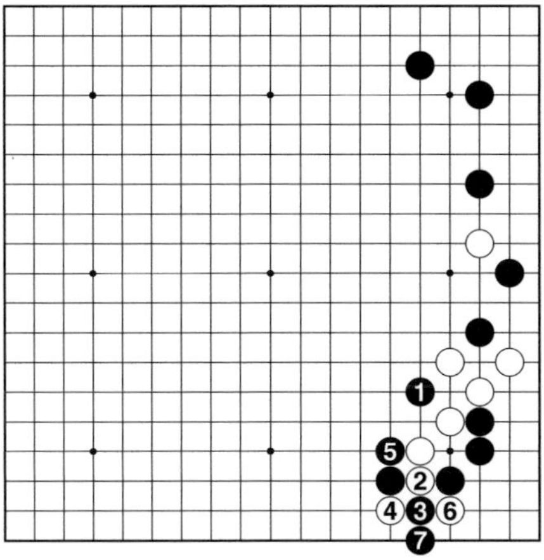

Dia. 10
Komplizierter Kampf

Schneidet Weiß mit ② und ④, dann startet Schwarz einen Gegenangriff mit ❺ und ❼. Nun können viele verschiedene Varianten folgen, doch alle sind spielbar für Schwarz.

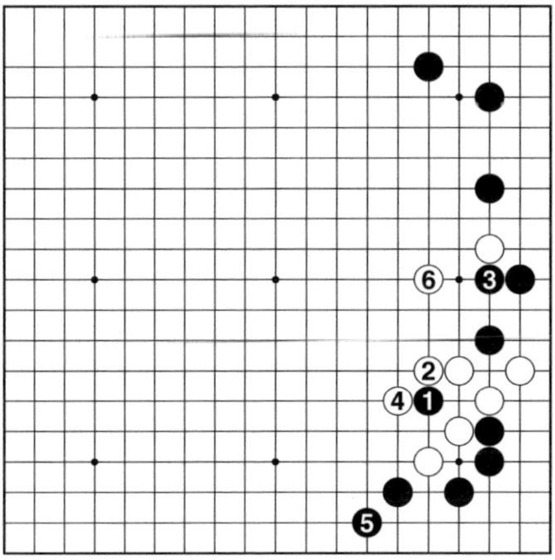

Dia. 11
Gegenmaßnahme 1

② und ④ sind einfache Züge und das Ergebnis ist für beide Seiten spielbar.

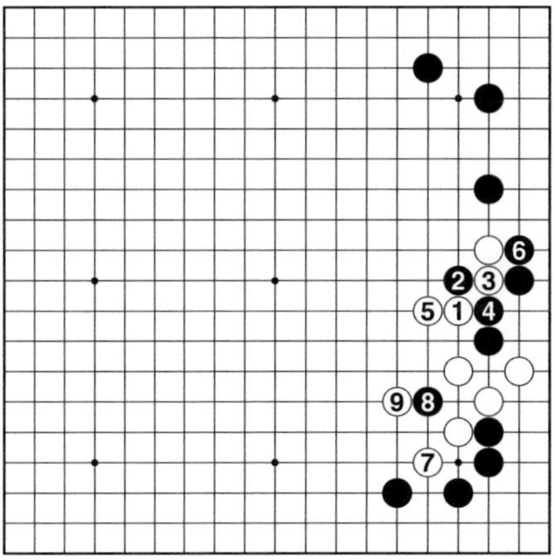

Dia. 12
Gegenmaßnahme 2

Weiß kann ❽ auch mit ⑨ beantworten. Das Ergebnis ist ebenfalls ausgeglichen.

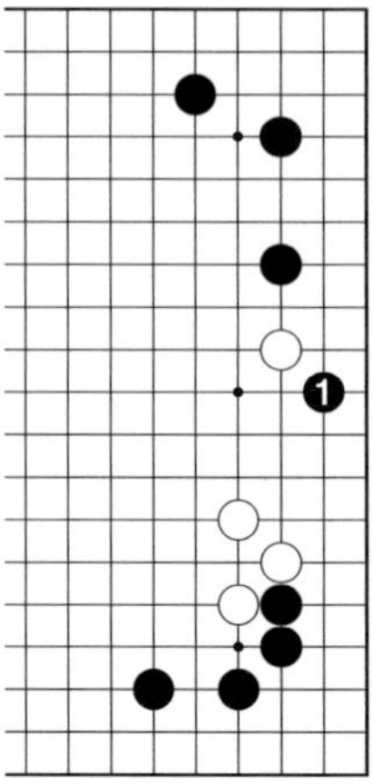 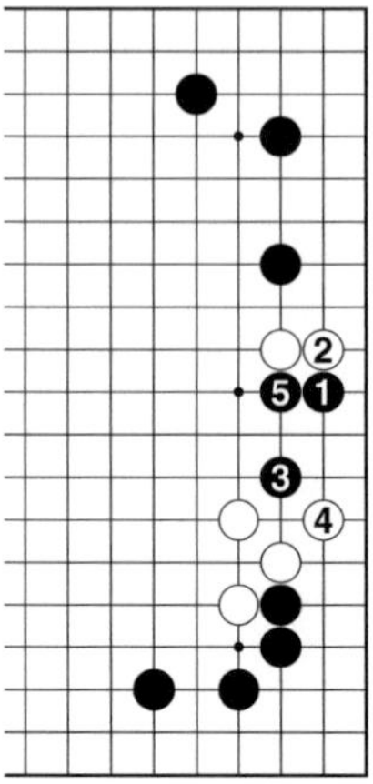

Dia. 13 (links)
Antwort von Schwarz

❶ ist ein unerwarteter Invasionszug.

Dia. 14 (rechts)
Problematisch für Weiß

Beantwortet Weiß ❶ mit ②, ist er nach ❺ getrennt.

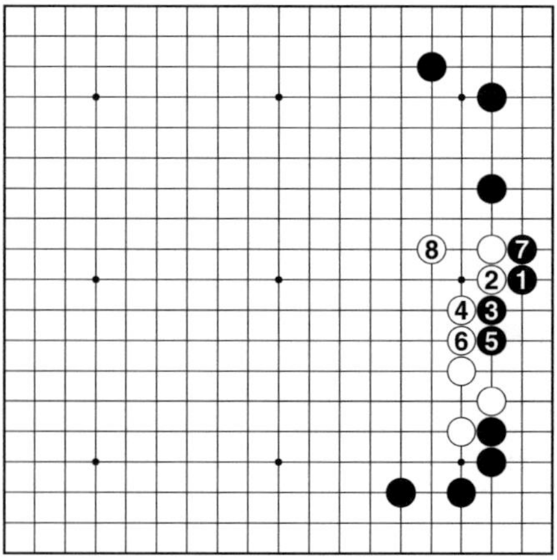

Dia. 15
Gebiet versus Stärke

Nach ❶ nimmt Schwarz Gebiet, während Weiß Stärke im Zentrum erhält. Die Sequenz bis ⑧ ist für beide Seiten spielbar.

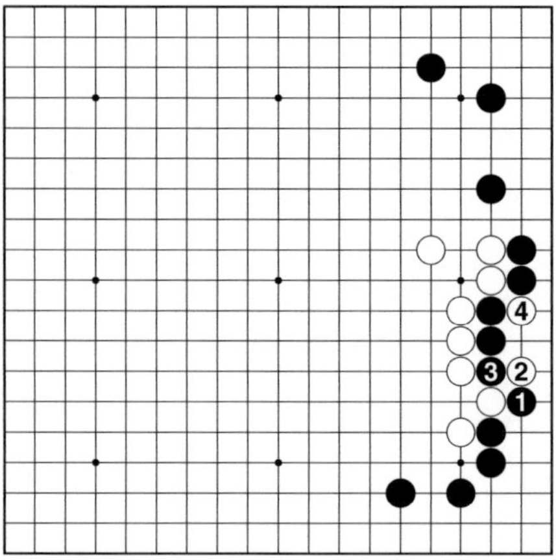

Dia. 16
Übertrieben von Schwarz

Der Versuch, von Schwarz mit ❶ zu verbinden, ist übertrieben, denn Weiß trennt einfach mit ② und ④.

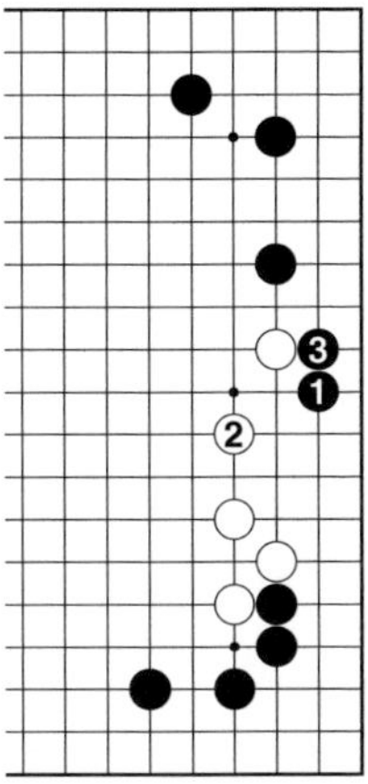

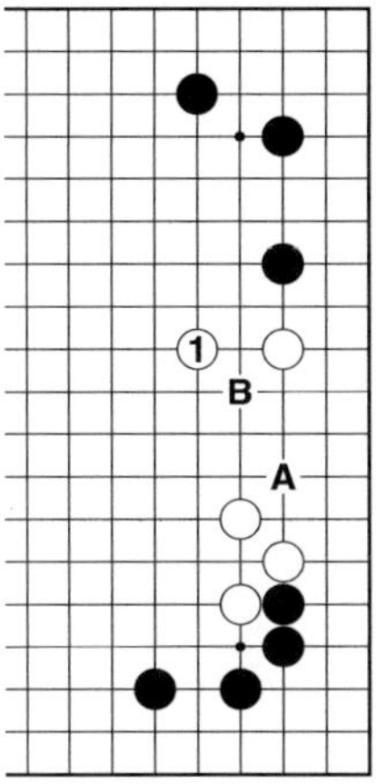

Dia. 17 (links)
Vorhand

Benötigt Weiß Vorhand, dann kann er ❶ auch mit ② beantworten. Schwarz sollte nun verbinden.

Dia. 18 (rechts)
Verteidigung

Es ist üblich, mit ① zu verteidigen, doch danach verbleibt noch immer Aji auf A und auch das Nozoki auf B ist nicht einfach zu beantworten, wie wir im nächsten Kapitel sehen werden.

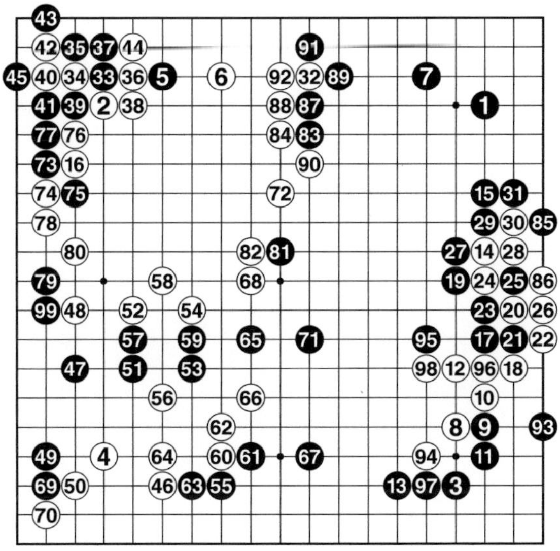

Profipartie 1

Schwarz gewinnt durch Aufgabe

● Kim Dong-yeop
○ Jang Soo-young

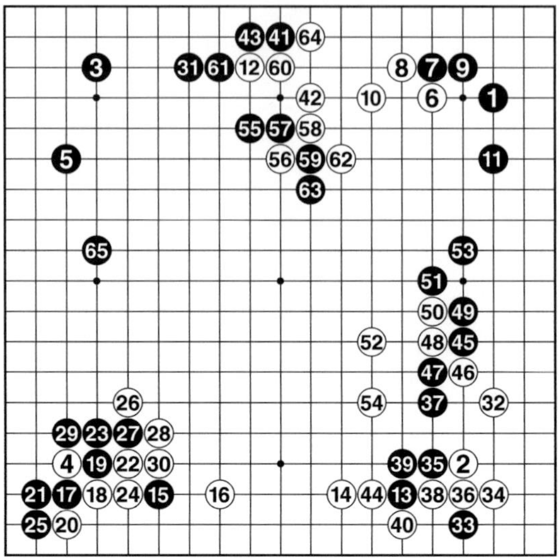

Profipartie 2

Schwarz gewinnt durch Aufgabe

● Song Tae-kon

○ Park Jung-sang

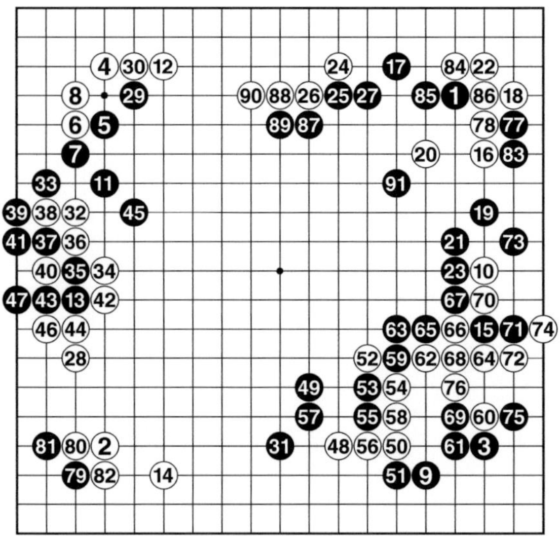

Profipartie 3

Weiß gewinnt durch Aufgabe

● Ahn Jo-young

○ Choi Cheol-han

Stellung 6-3

Nach einem grundlegenden 3-4-Punkt-Joseki 3

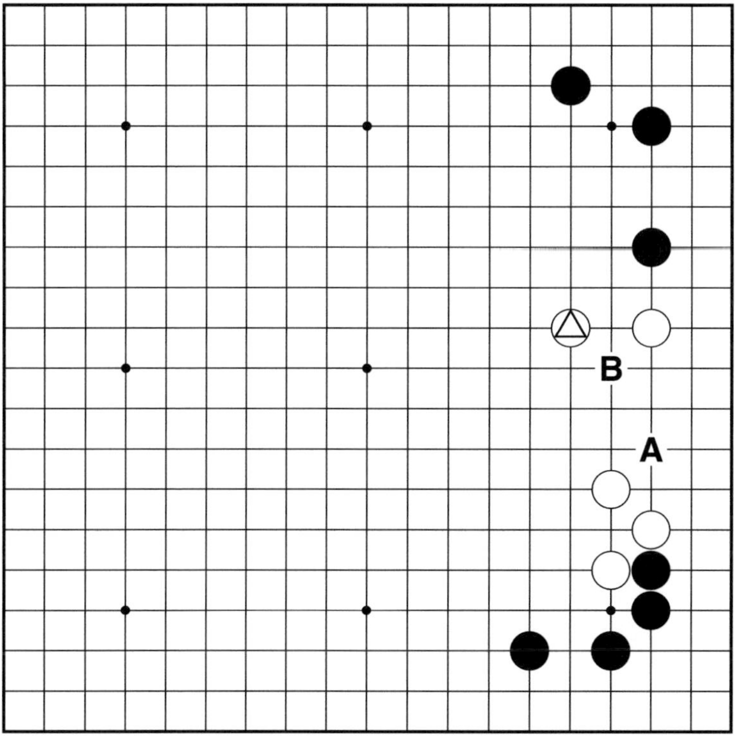

Nachdem Weiß mit dem markierten Stein verteidigt hat, sieht seine Form stark aus, doch es gibt noch immer Aji auf den Punkten A und B. Wir wollen nun die möglichen Varianten näher untersuchen.

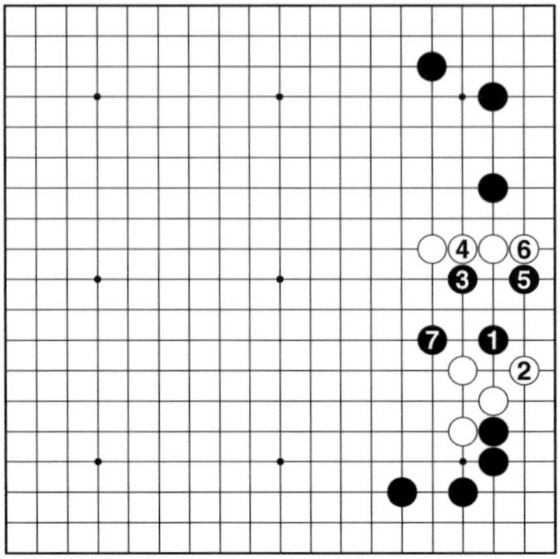

Dia. 1
Schwarz entkommt

② ist die übliche Antwort auf ❶. Danach spielt Schwarz das Nozoki ❸ und sollte Weiß daraufhin verbinden, dann sind ❺ und ❼ exzellente Züge, um Weiß zu trennen und ins Zentrum zu gelangen.

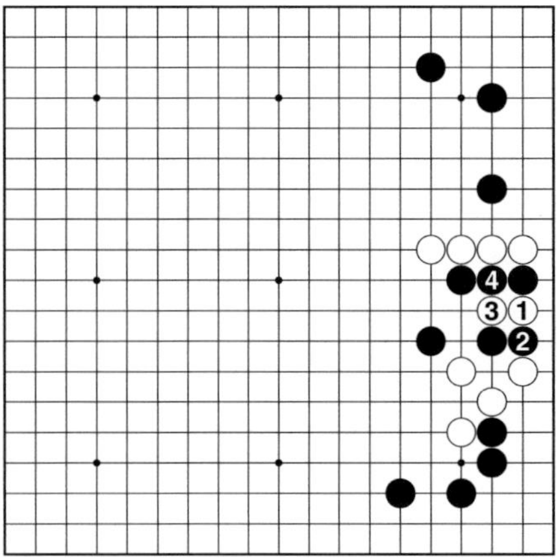

Dia. 2
Weiß getrennt

Der Versuch, mit ① und ③ zu verbinden, scheitert, da ❹ die weißen Gruppen getrennt hält.

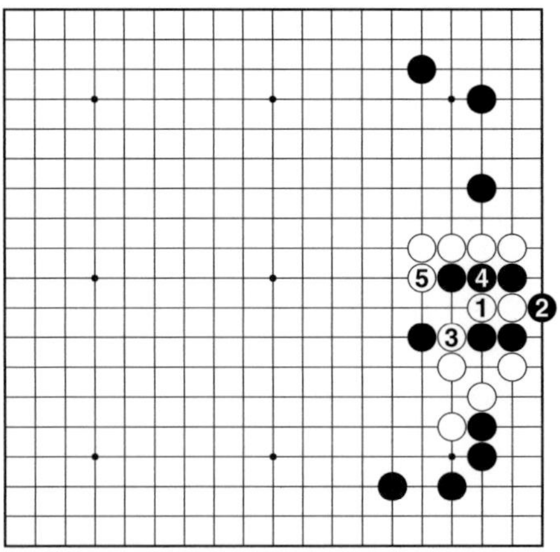

Dia. 3
Falsche Antwort

❷ als Erwiderung auf ① ist sehr schlecht. Weiß fängt die schwarzen Steine mit ③ und ⑤.

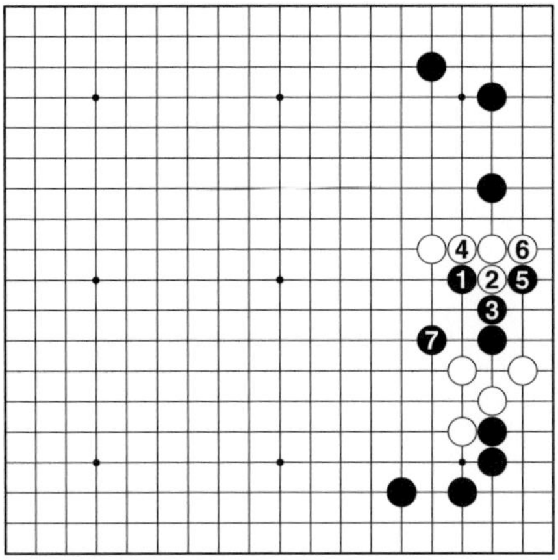

Dia. 4
Ähnliches Ergebnis

Die richtige Antwort auf das schwarze Nozoki ist ②. Mit ④ zu verbinden, führt jedoch zum gleichen Resultat wie in Diagramm 1.

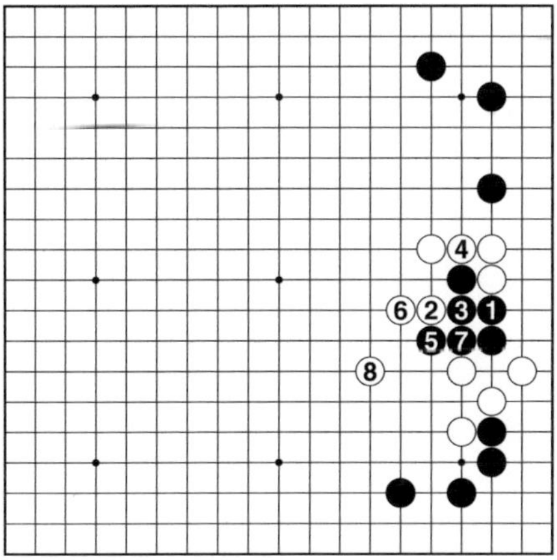

Dia. 5
Schlecht für Schwarz

Weiß sollte, bevor er verbindet, Schwarz mit dem Abtausch ② und ❸ in schlechte Form zwingen. Mit ⑧ fängt Weiß Schwarz in einem Netz, sodass er nicht mehr entkommen kann.

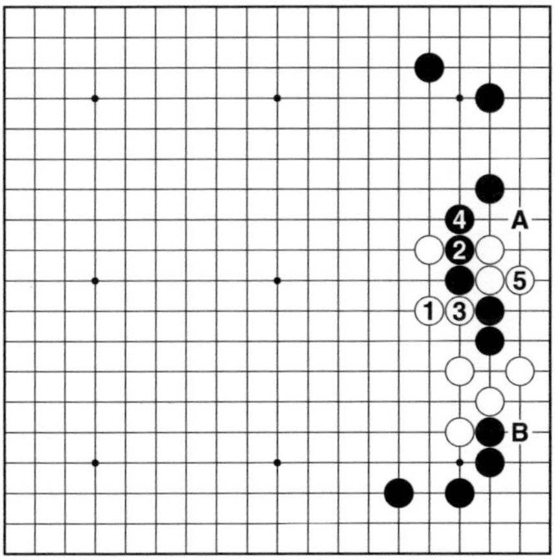

Dia. 6
Nicht genug

Mit ❷ und ❹ durchzustoßen ist möglich, Schwarz macht dadurch Gewinn im Zentrum. A und B sind allerdings große Endspielzüge für Weiß, sodass das Ergebnis nicht zufriedenstellend für Schwarz ist.

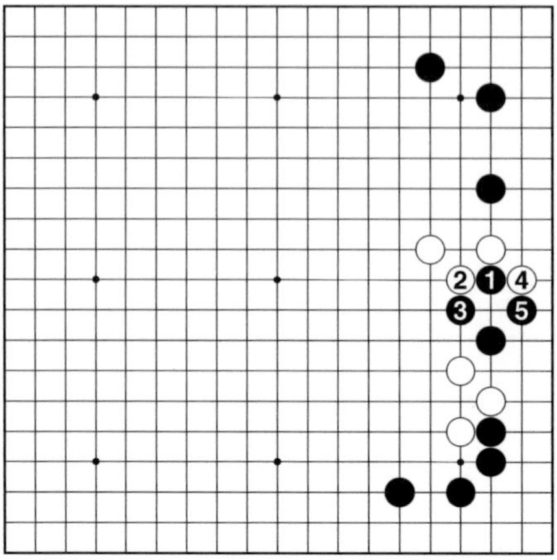

Dia. 7
Ko

Schwarz hat außerdem das Ko-Aji mit ❶, ❸ und ❺, um die Stellung anzugreifen. Hierfür ist aufgrund der Ko-Drohungen das richtige Timing entscheidend.

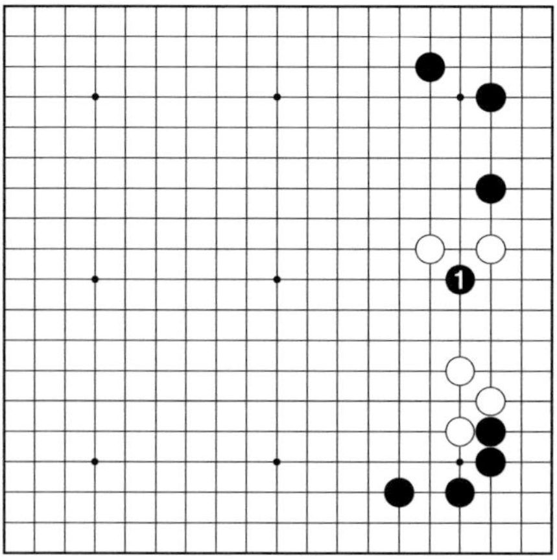

Dia. 8
Interessanter Zug

❶ verleitet dazu, einfach zu verbinden, was allerdings sehr schlecht für Weiß enden würde.

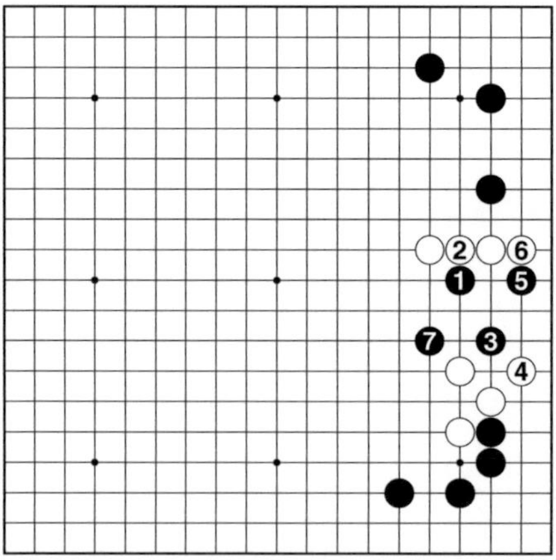

Dia. 9
Weiß in Schwierigkeiten

Sollte Weiß überstürzt verbinden, dann endet er in der gleichen misslichen Lage wie zuvor in Diagramm 1.

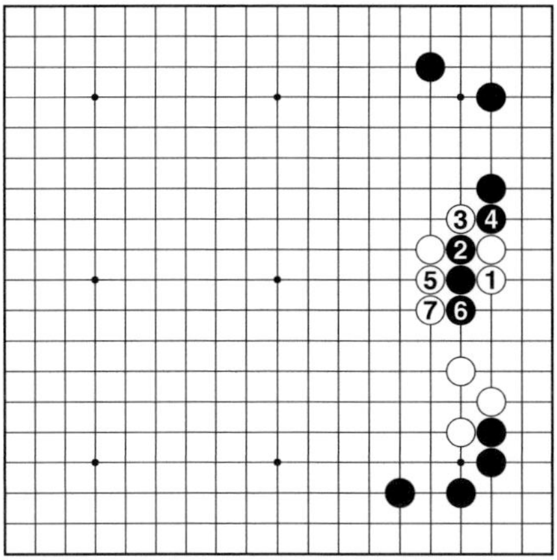

Dia. 10
Antwort für Weiß

① ist die korrekte Antwort für Weiß. Selbst wenn die Treppe für Schwarz läuft, sind ❷ und ❹ übertrieben – Schwarz ist nach ⑦ gefangen oder hat Weiß zumindest Stärke zum Zentrum geschenkt.

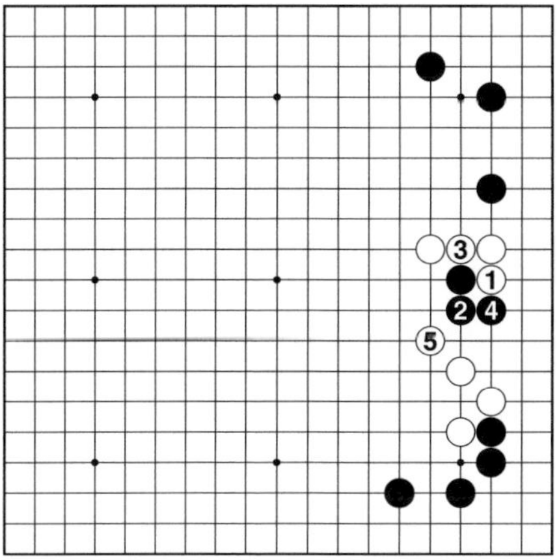

Dia. 11
Übertrieben

Der Versuch, mit ❷ und ❹ zu trennen, ist ebenfalls überzogen, da Weiß die schwarzen Steine in einem Netz fangen kann.

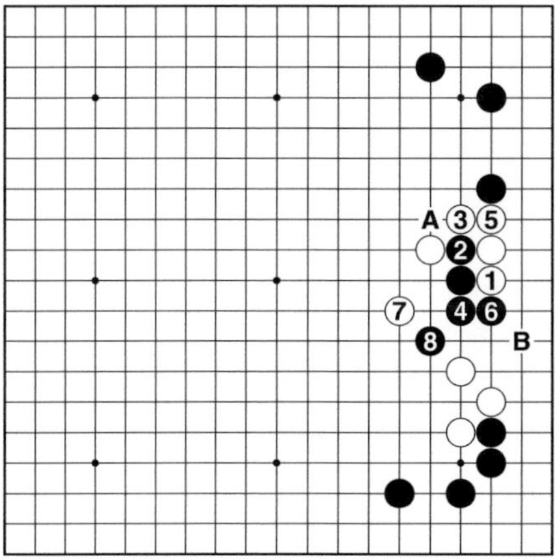

Dia. 12
Schwarz bleibt hartnäckig

❷ und ❹ sind hartnäckige Züge. Wenn Weiß mit ⑦ verbindet, dann entkommt Schwarz mit der Sequenz bis ❽. Zudem sind A und B nun Vorhand für Schwarz.

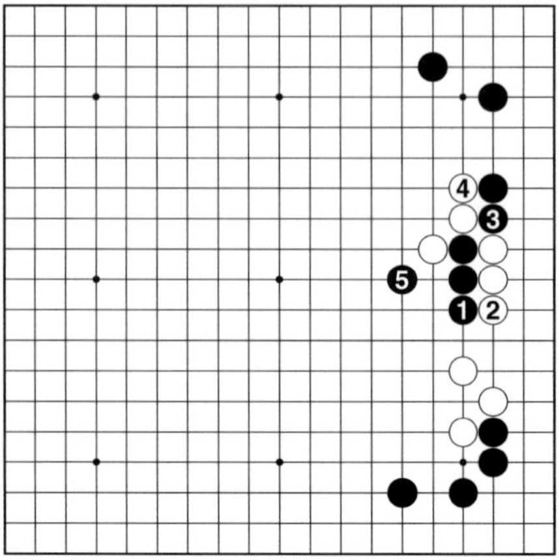

Dia. 13
Kampf

Antwortet Weiß mit dem Strecken auf ②, kommt es nach ❺ zu einem Kampf im Zentrum.

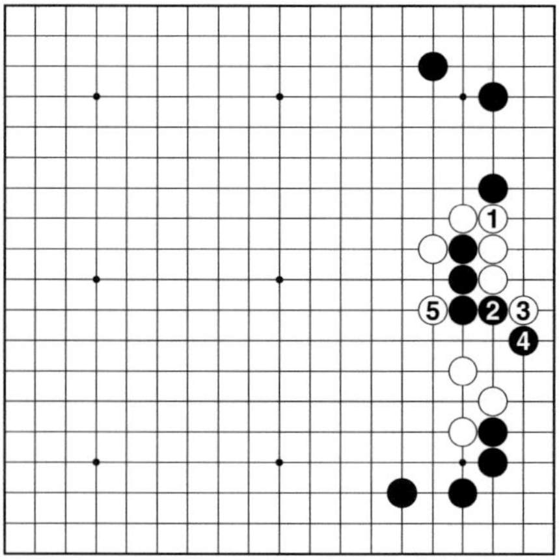

Dia. 14
Weiß in Schwierigkeiten

Verbindet Weiß mit ①, dann sind nach ❷ die Züge ③ und ⑤ eine gute Kombination.

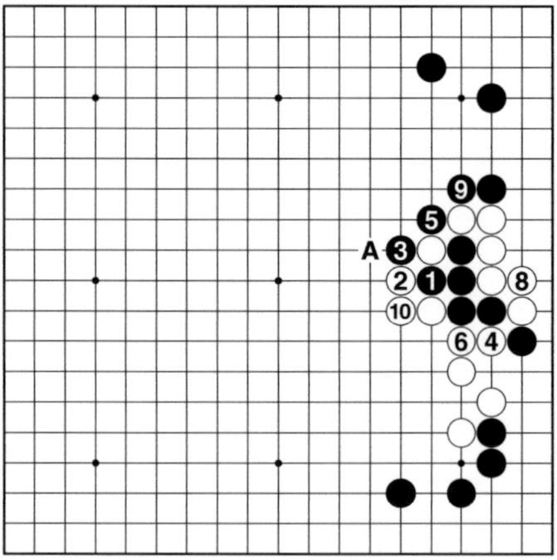

Dia. 15
Kampf

Nach ❶ und ❸ ist die Sequenz bis ⑩ zu erwarten. Schwarz sollte nun seine Form mit einem Zug auf A stabilisieren, woraufhin Weiß fernbleibt.

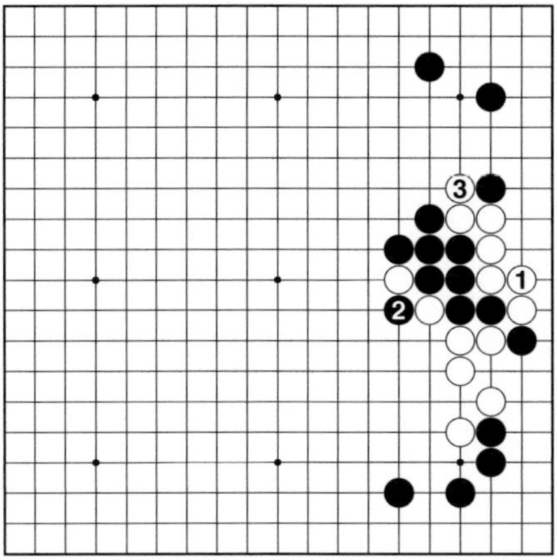

Dia. 16
Schwarz ist unzufrieden

Das Doppelatari auf ❷ zu spielen, ist nicht gut, da Weiß mit ③ einen sehr großen Zug bekommt.

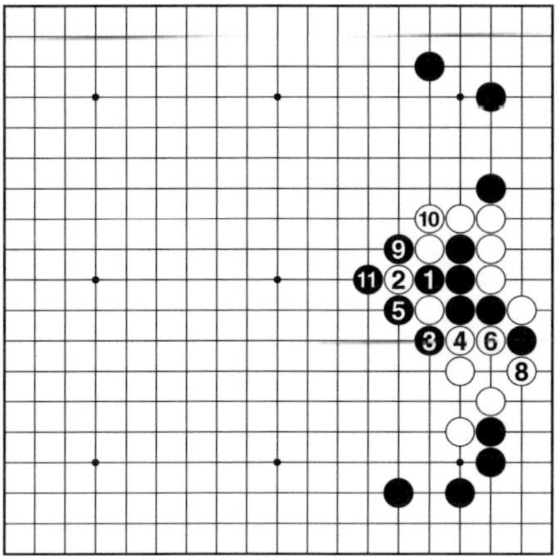

Dia. 17
Ebenfalls unzureichend

Spielt Schwarz ❶ und ❸, dann ist die Sequenz bis ⓫ zu erwarten. Weiß nimmt Gebiet und Schwarz erhält im Ausgleich dafür weniger, als es den Anschein hat.

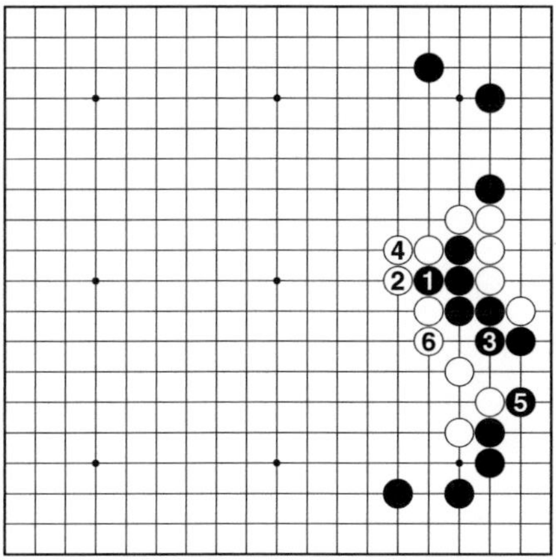

Dia. 18
Stärke

❶ und ❸ ermöglichen es Schwarz, auf der zweiten Linie zu verbinden. Weiß ist jedoch glücklich über die gewonnene Stärke im Zentrum.

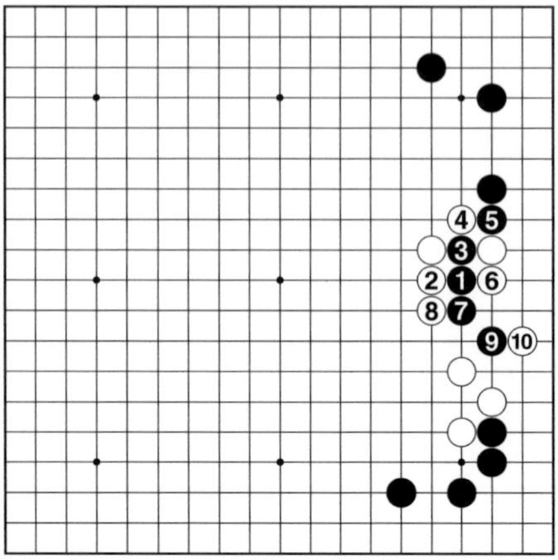

Dia. 19
Eine weitere Variante

Weiß kann über ② als Antwort auf ❶ nachdenken. ❸ und ❺ sind übertrieben von Schwarz, wie Weiß mit der Sequenz bis ⑩ beweist.

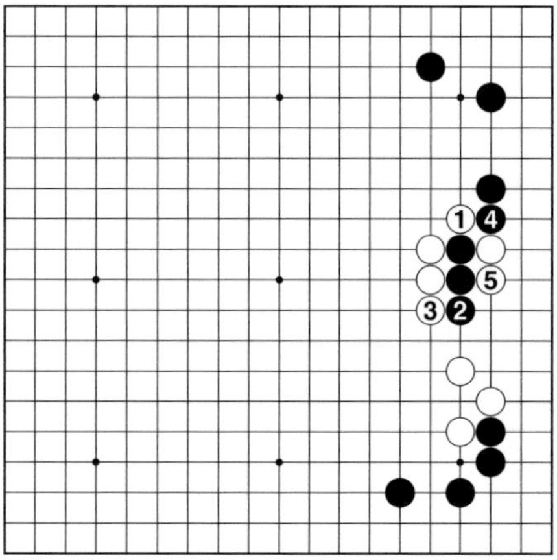

Dia. 20
Gleiches Ergebnis

Die Sequenz bis ⑤ ergibt das gleiche Ergebnis, wie schon im letzten Diagramm und in Diagramm 10 gezeigt.

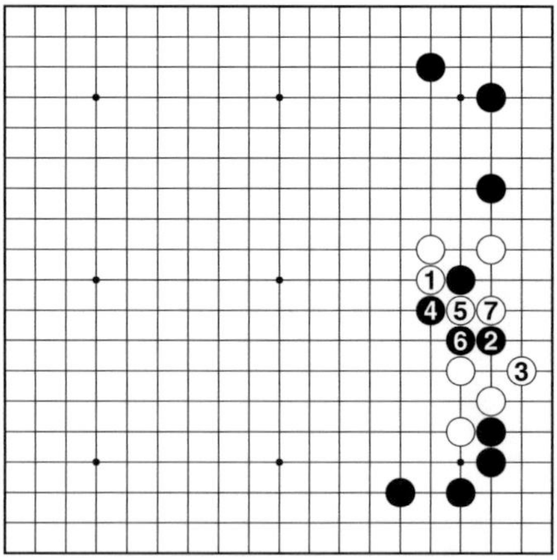

Dia. 21
Übertrieben von Schwarz

❷ ist Vorhand, doch der Versuch, mit ❹ zu entkommen, ist überzogen. Schwarz ist nach ⑦ in Schwierigkeiten.

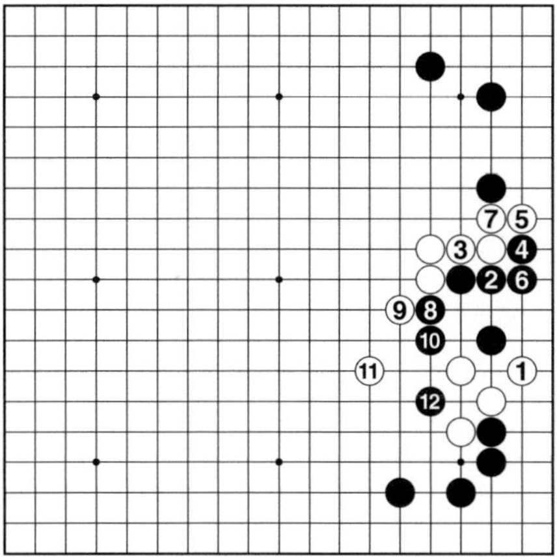

Dia. 22
Antwort für Schwarz

Schwarz sollte das Abspiel bis ⑦ spielen, bevor er mit ❽ und ❿ flieht. ⑪ funktioniert nun aufgrund von ⓬ nicht mehr.

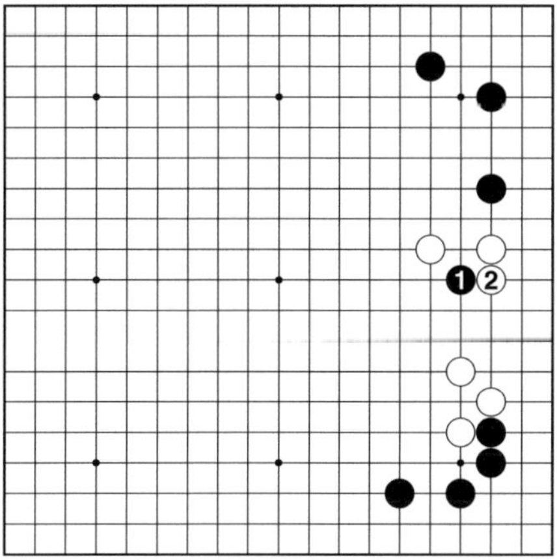

Dia. 23
Zusammenfassung

Nach ② sollte Schwarz fernbleiben und auf den richtigen Moment zum Starten des Kampfes warten. Allerdings hat Schwarz mit dem Abtausch von ❶ und ② auch das Ko-Aji zerstört, weshalb hier das richtige Timing für den Abtausch wichtig ist. Außerdem ist es für Weiß aufgrund der Schwächen in der eigenen Stellung schwer, in das schwarze Moyo zu invadieren.

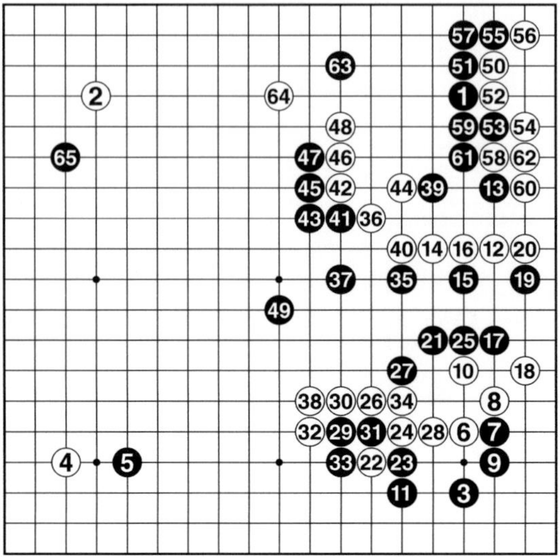

Profipartie 1

Schwarz gewinnt durch Aufgabe

● Lee Chang-ho

○ Yoo Chang-hyuk

Stellung 6-4

Nach einem grundlegenden 3-4-Punkt-Joseki 4

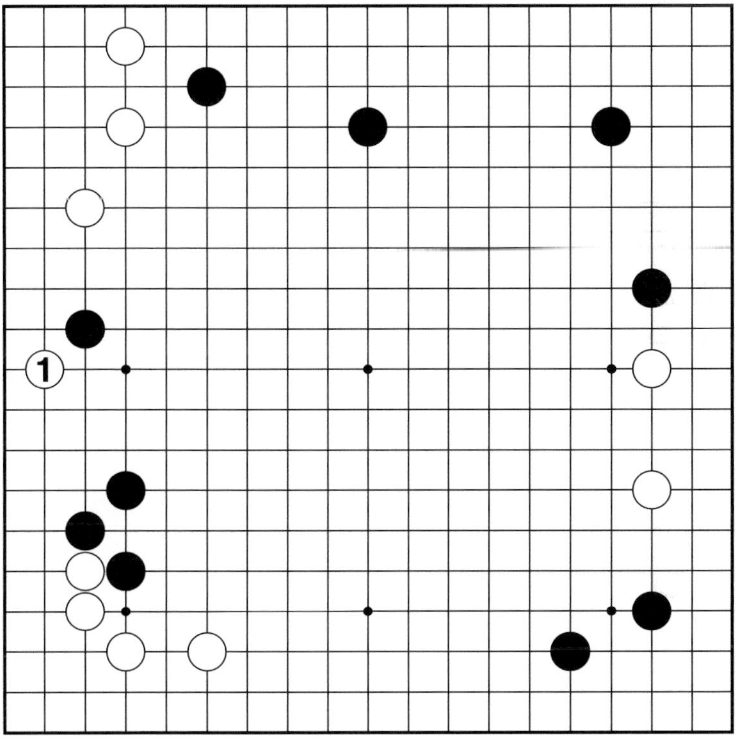

① ist ein unerwarteter Zug, der allerdings oft in Profipartien gespielt wird. Wichtig hierbei ist, dass der weiße Stein in der oberen Ecke eine Linie weiter entfernt ist. Wir wollen nun die Varianten dieser Konstellation betrachten.

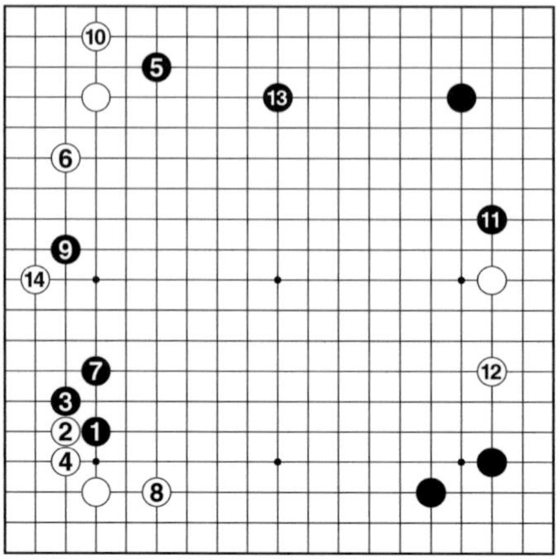

Dia. 1
Das Fuseki

Diese Eröffnung wird oft von Profis gespielt.

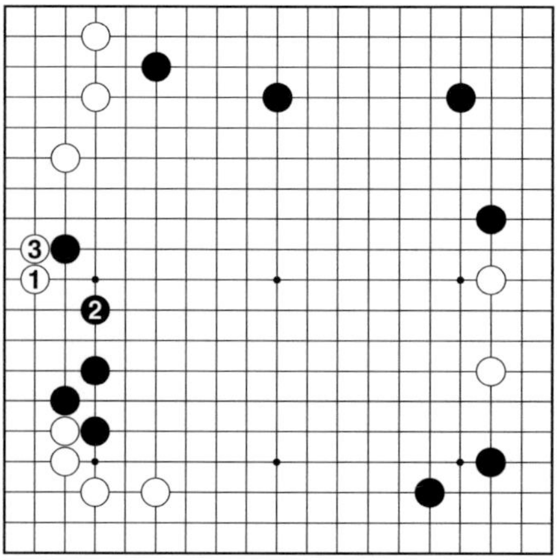

Dia. 2
Weiß ist zufrieden

Wenn Schwarz, um Vorhand zu bekommen, ① mit ❷ beantwortet, bindet Weiß seinen Stein einfach mit ③ an.

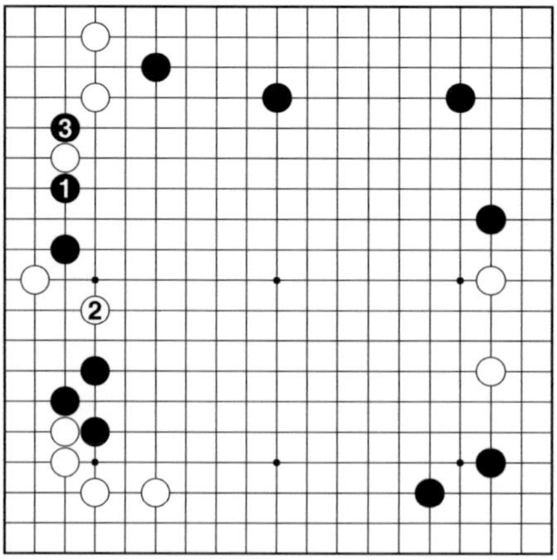

Dia. 3
Gegenmaßnahme

Schwarz kann über den Anleger auf ❶ nachdenken. Wenn Weiß mit ② herausspringt, ist das Ergebnis nach ❸ besser für Schwarz.

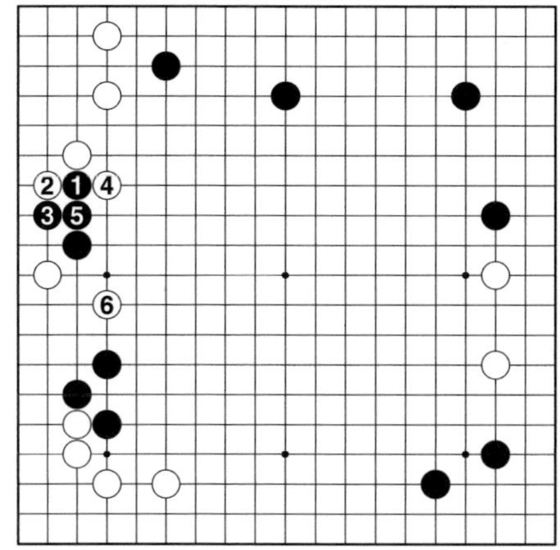

Dia. 4
Schlecht für Schwarz

Weiß sollte mit dem Hane auf ② antworten. Daraufhin mit ❸ zu blocken ist nicht gut für Schwarz. Weiß hat nach ⑥ die bessere Position.

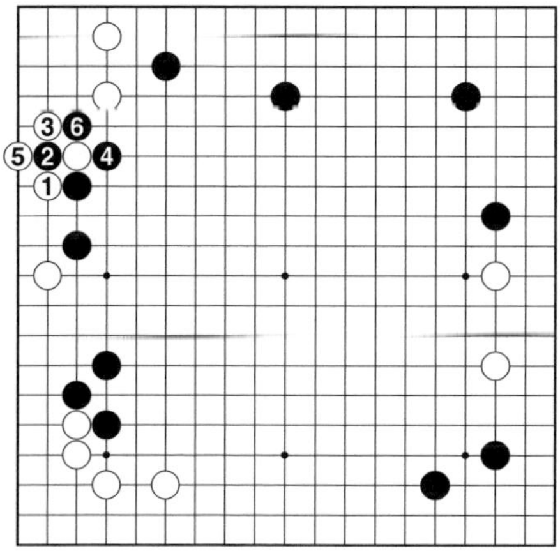

Dia. 5
Variante

Schwarz kann als Antwort auf ① den Kreuzschnitt spielen. Die Sequenz bis ❻ ist eine sehr aktive Spielweise für Schwarz.

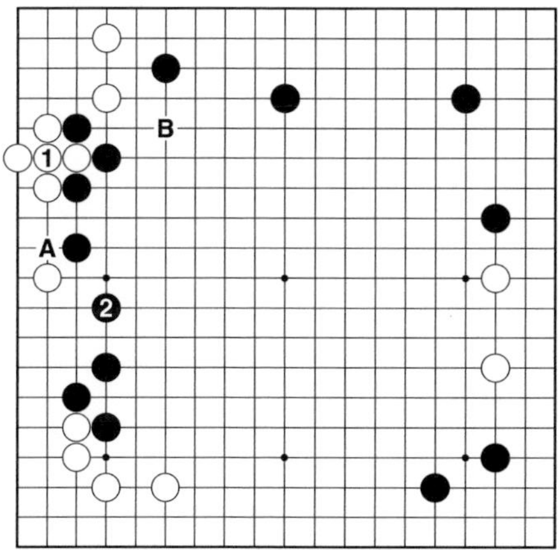

Dia. 6
Miai

Verbindet Weiß auf ①, dann sind nach ❷ A und B Miai. Diese Variante ist spielbar für Schwarz.

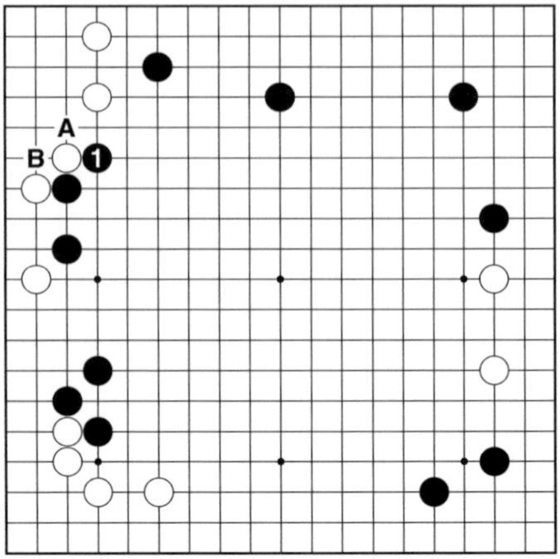

Dia. 7
Guter Zug

Das schwarze Hane ❶ ist ein guter Zug. Weiß kann nun über A und B als Fortsetzung nachdenken.

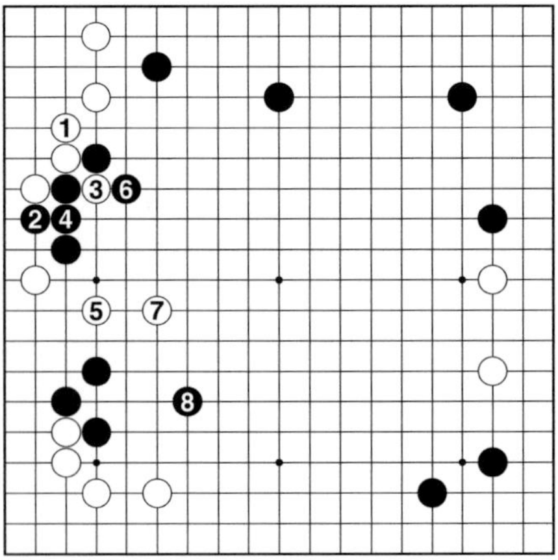

Dia. 8
Kampf

Wenn Weiß streckt, spielt Schwarz das Doppelhane auf ❷. Die Sequenz bis ❽ führt nun zu einem ausgeglichenen Ergebnis.

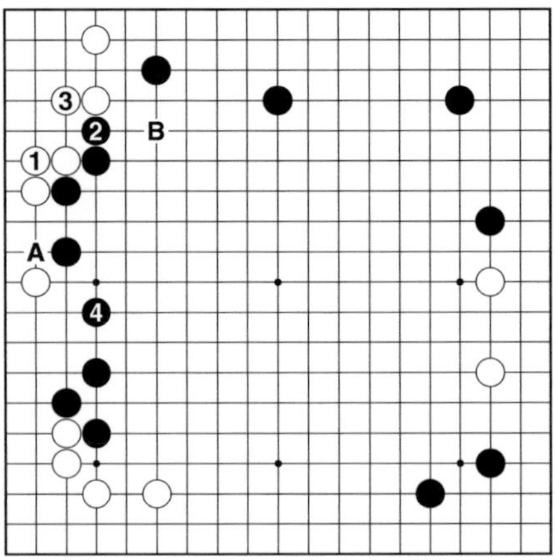

Dia. 9
Besser für Schwarz

① ist zu nachgiebig. Nach ❹ sind A und B Miai, sodass Schwarz zufrieden sein kann.

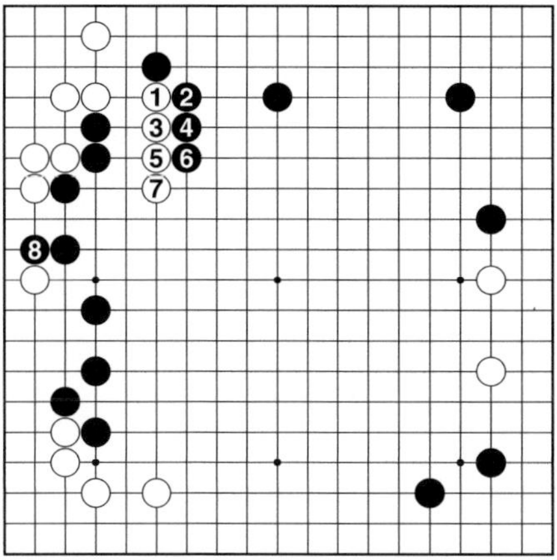

Dia. 10
Schwarz ist zufrieden

Versucht Weiß mit der Sequenz bis ⑦ auszubrechen, dann ist Schwarz mit einem Zug auf ❽ zufrieden.

⑥② auf ❺❼

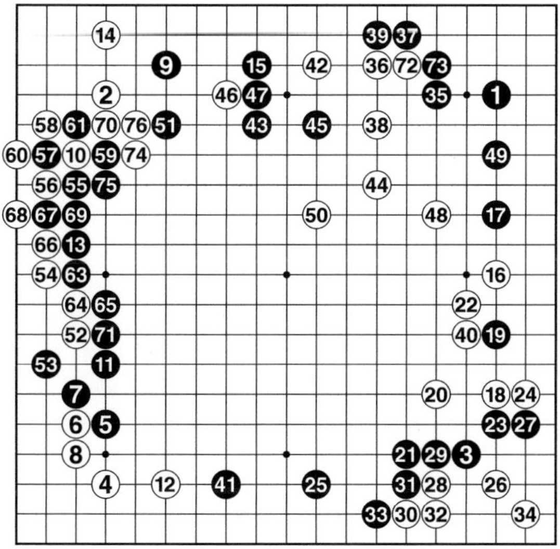

Profipartie 1

Schwarz gewinnt durch Aufgabe

● Jo Hye-yeon
○ Park Ji-eun

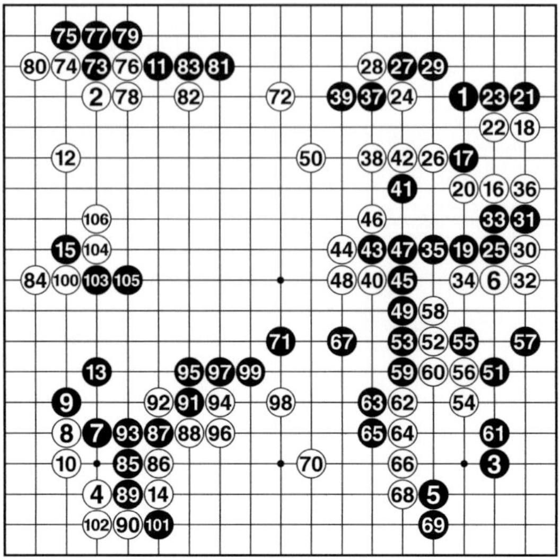

Profipartie 2

Weiß gewinnt durch Aufgabe

● Lee Chang-ho

○ Park Young-hun

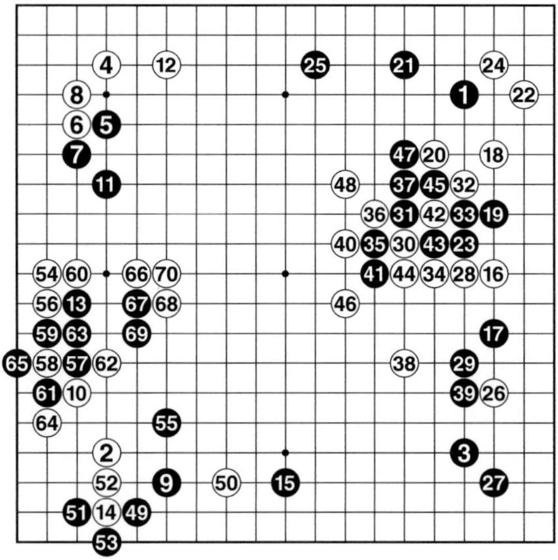

Profipartie 3

Weiß gewinnt durch Aufgabe

● Lee Chang-ho

○ Choi Cheol-han

Stellung 6-5

Nach einem grundlegenden 3-4-Punkt-Joseki 5

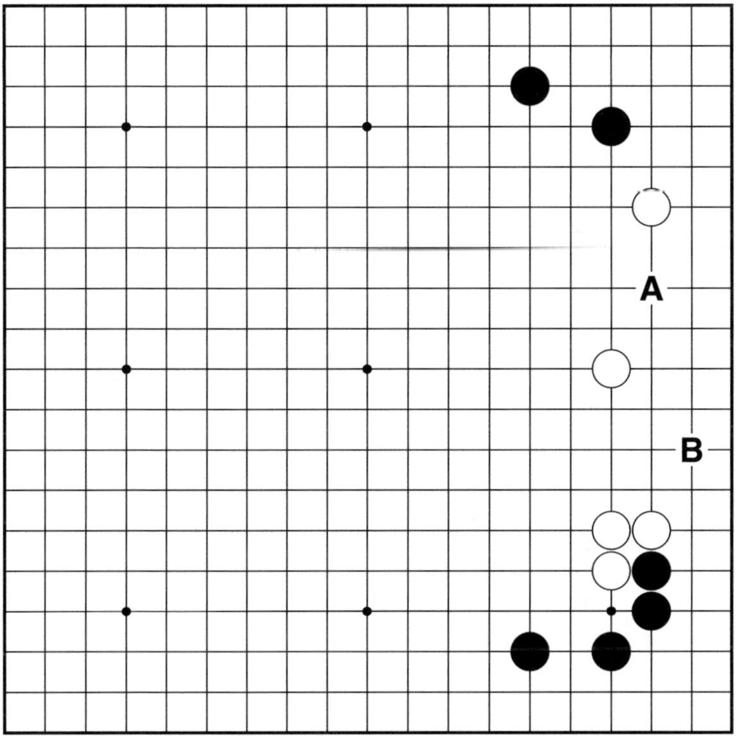

Die weiße Stellung ist noch nicht perfekt und hat Invasionspunkte bei A und B, wobei wir B nun genauer untersuchen werden.

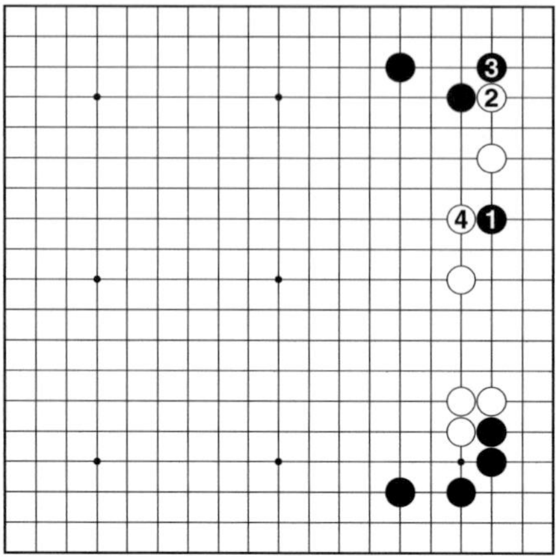

Dia. 1
Kompliziert

Auf die Invasion mit ❶ folgen nach ② und ④ komplizierte Varianten, die unter anderem von Treppen abhängig sind.

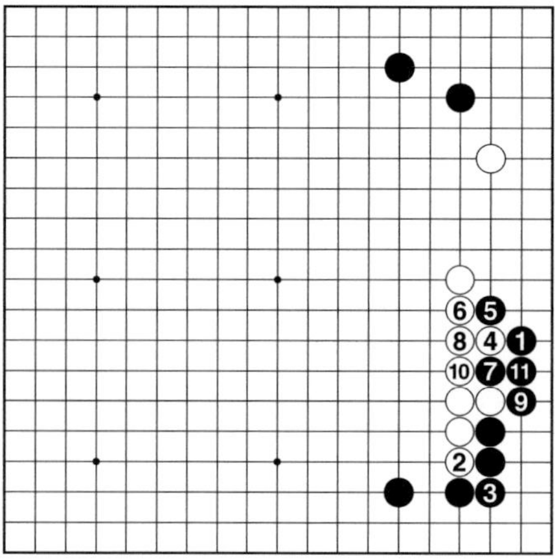

Dia. 2
Normale Variante

Nach der Invasion mit ❶ kann Weiß ② gegen ❸ abtauschen. Bis ⓫ bekommt Weiß Einfluss und Schwarz Gebiet. Das Ergebnis ist ausgeglichen.

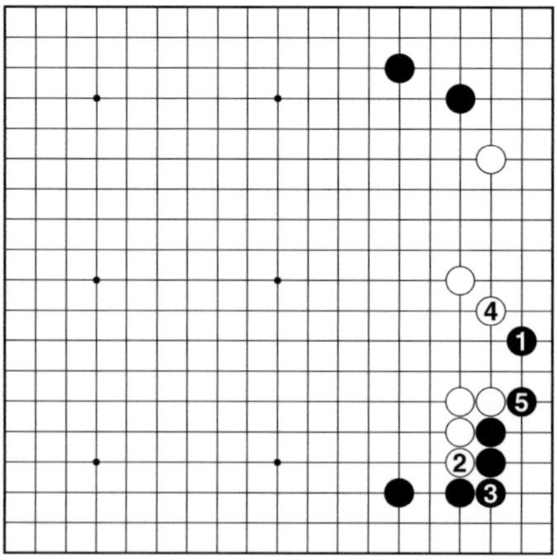

Dia. 3
Lose

② und ④ als Antwort auf ❶ führen zu einer losen Stellung für Weiß. Dieses Ergebnis ist schlechter für ihn als das im Diagramm 2.

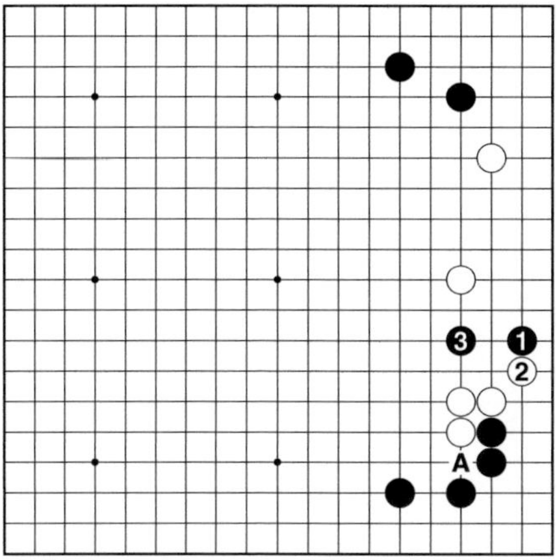

Dia. 4
Trennen

Weiß kann Schwarz auch mit ② trennen, hierbei sollte er vorher allerdings nicht den Abtausch auf A spielen.

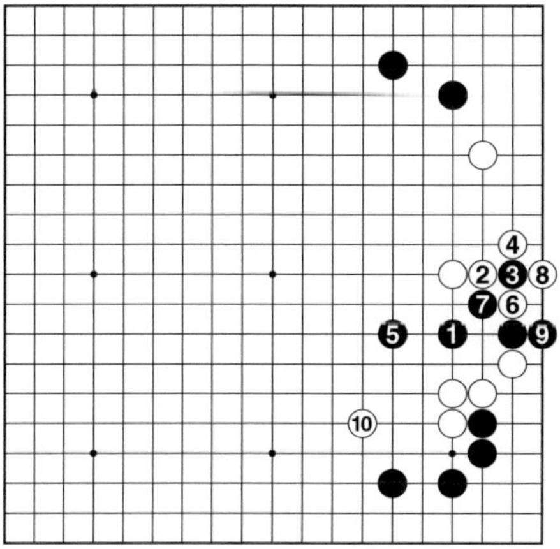

Dia. 5
Schwarz ist schwach

Weiß kann mit ② fortsetzen und einen Kampf im Zentrum beginnen. Es ist nicht ratsam für Schwarz, mit der Sequenz bis ❾ zu trennen, da Weiß durch das Fangen des Steins stark wird.

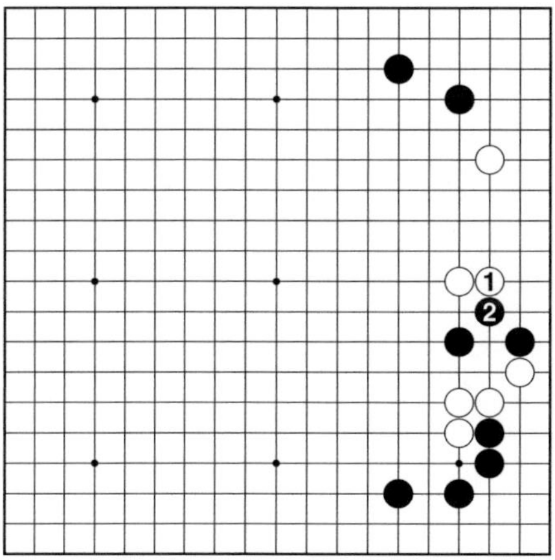

Dia. 6
Richtige Antwort

❷ ist die richtige Antwort auf ①. Weiß kann die schwarze Gruppe nicht direkt fangen, weshalb ein Kampf entsteht.

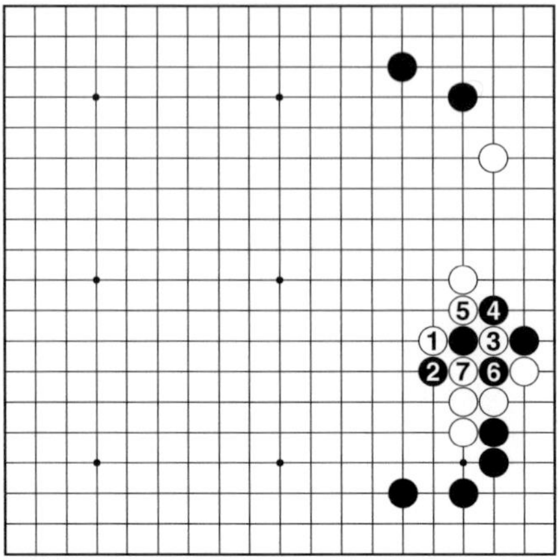

Dia. 7
Blockade

Weiß kann auch ① spielen, sodass Schwarz nach der Sequenz bis ⑦ eingeschlossen ist.

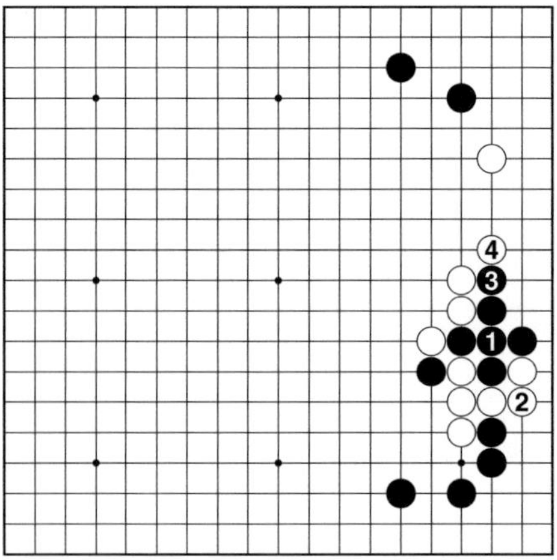

Dia. 8
Schlecht für Schwarz

❸ ist sehr schlecht, da Weiß die schwarze Gruppe mit ④ fangen kann.

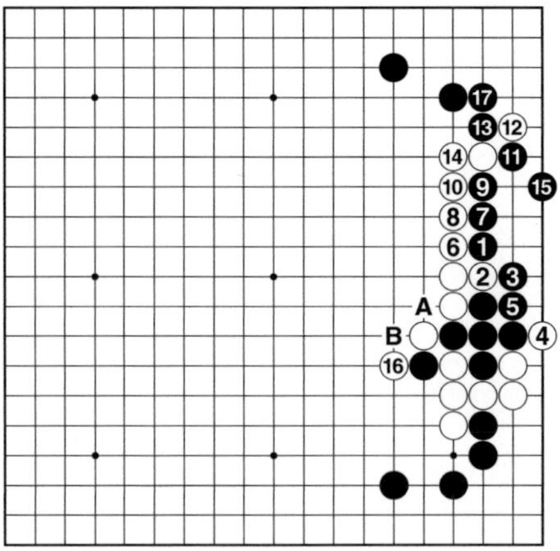

Dia. 9
Gebiet

Schwarz muss den Ein-Punkt-Sprung auf ❶ spielen. Danach ist die Sequenz bis ⓱ zu erwarten. Da es in der weißen Stellung noch Schwächen bei A und B gibt, steht Schwarz nun etwas besser.

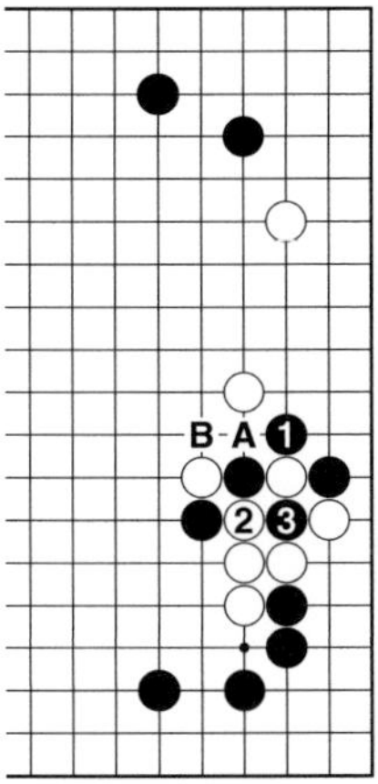

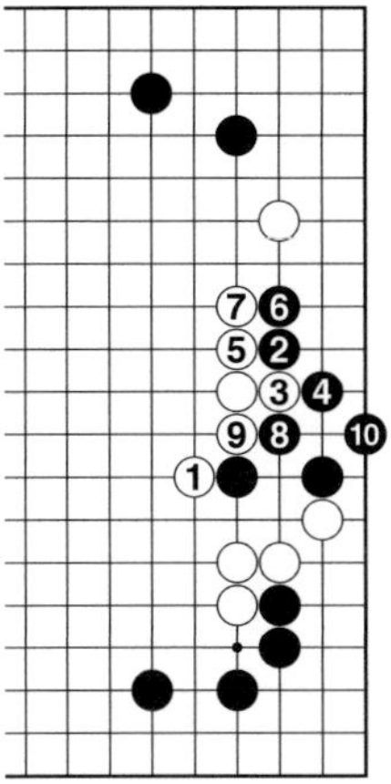

Dia. 10
Ko

Wenn Weiß das Ergebnis aus Diagramm 9 nicht wünscht, dann sollte er direkt das Ko mit ② spielen. Erst A gegen B abzutauschen wäre in diesem Falle nicht gut für ihn.

Dia. 11
Schwarz lebt

Wenn Schwarz das Ko vermeiden möchte, dann kann er mit der Sequenz bis ❿ leben. Jetzt ist Weiß allerdings stark, weshalb das Ergebnis diesmal besser für ihn ist.

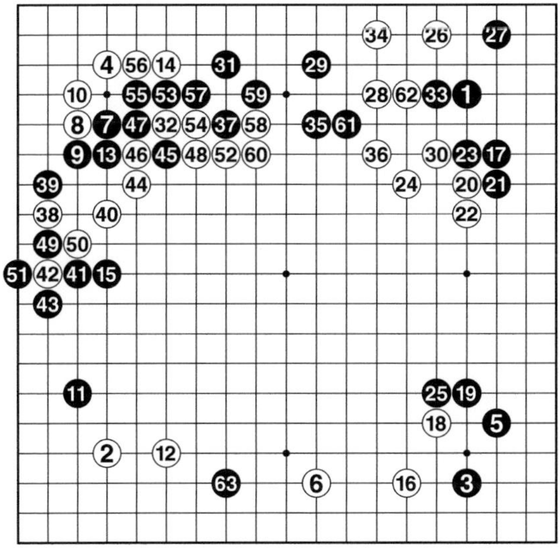

Profipartie 1

Weiß gewinnt mit 2,5 Punkten

● Huang Yizhong
○ Lee Se-dol

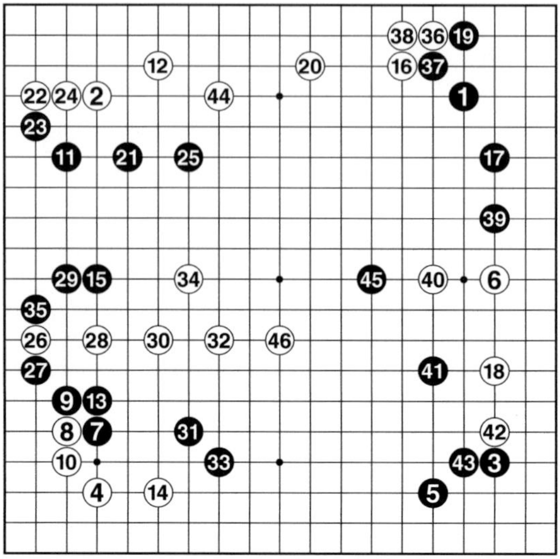

Profipartie 2

Schwarz gewinnt durch Aufgabe

● Lee Se-dol
○ Mok Jin-seok

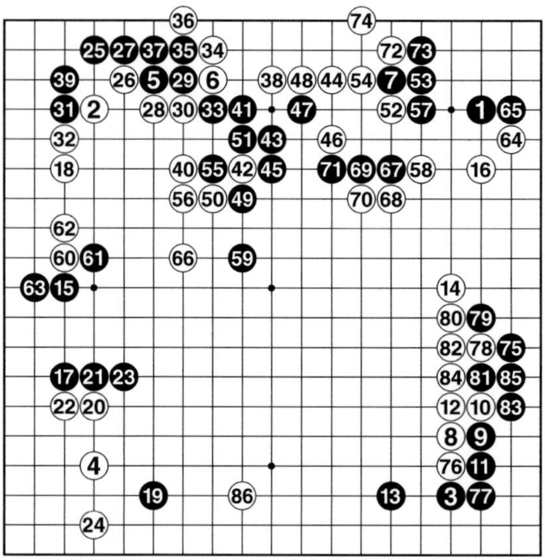

Profipartie 3

Schwarz gewinnt mit 2,5 Punkten

● Lee Chang-ho
○ Ok Deuk-jin

Stellung 6-6

Tiefe Invasion nach doppeltem 3-4-Punkt-Joseki

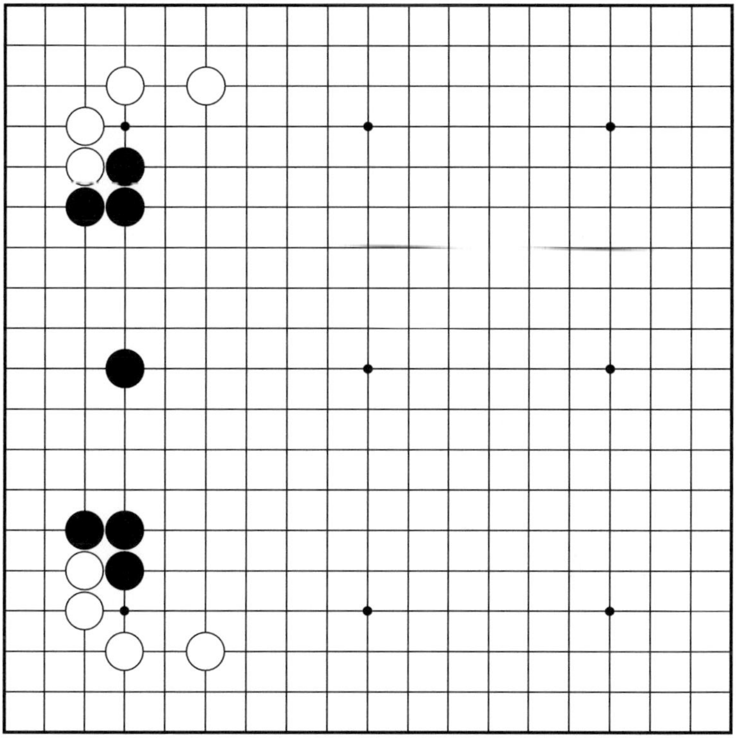

Schwarz hat am linken Rand weniger als 20 Punkte. Weiß kann invadieren und leben, doch Schwarz erhält enorme Stärke im Zentrum, sodass eine solche Invasion bei falschem Timing nicht gewinnbringend für Weiß wäre. Wir wollen nun den besten Invasionsweg für Weiß herausfinden.

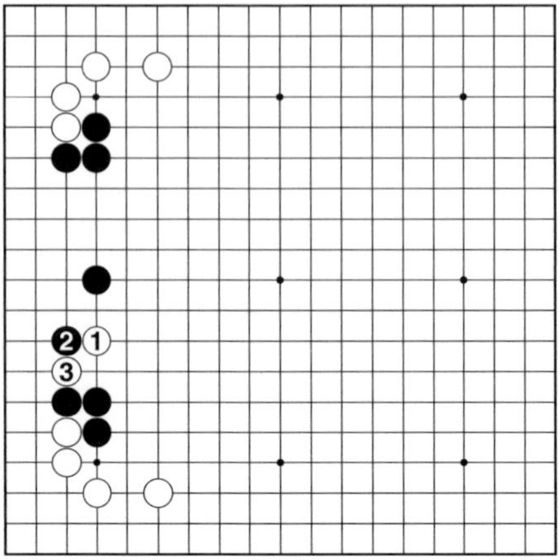

Dia. 1
Ungewöhnliche Invasion

Weiß kann mit Zügen wie ① und ③ kein gutes Ergebnis erwarten.

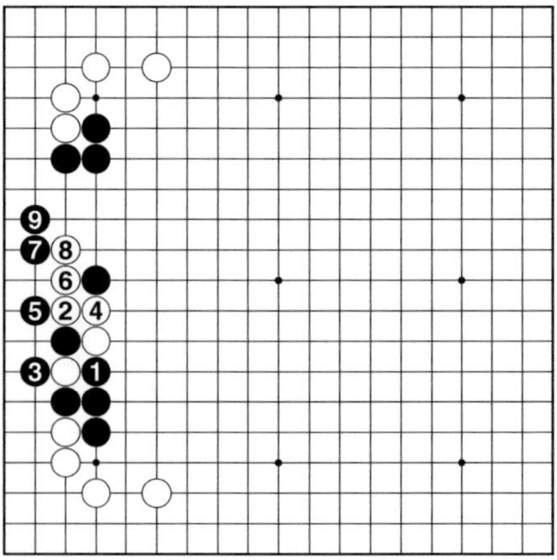

Dia. 2
Durchbrechen

Sollte Schwarz mit ❶ Atari geben, so drückt Weiß das schwarze Gebiet mit der Sequenz bis ❾ flach, sofern Schwarz immer nur nachgibt.

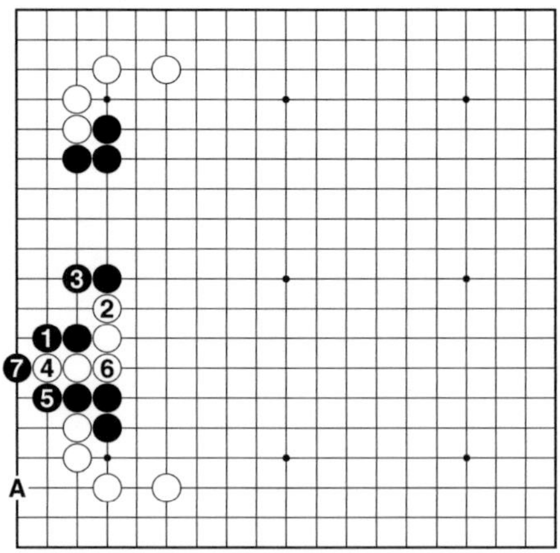

Dia. 3
Guter Zug

❶ ist korrekt. Bis ❼ ist Schwarz verbunden und hat nur wenig Gebiet verloren, während die weiße Gruppe nun angreifbar ist. Zudem hat Schwarz einen guten Endspielzug auf A.

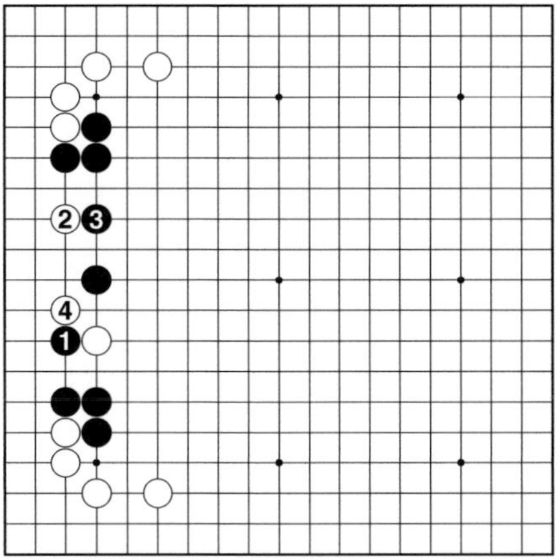

Dia. 4
Antwort von Weiß

Weiß kann als Antwort auf ❶ auch über die Kombination ② und ④ nachdenken.

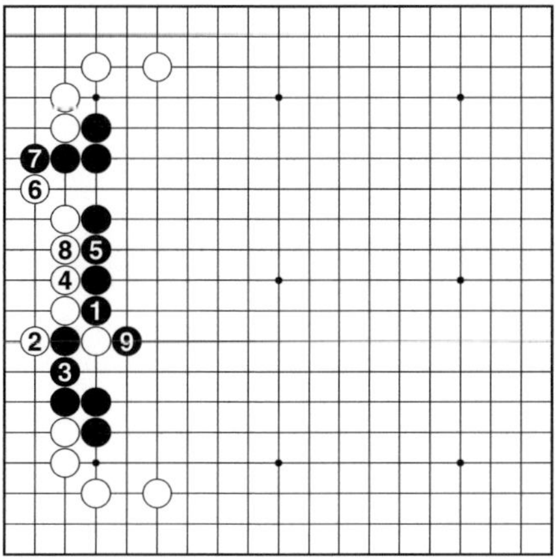

Dia. 5
Stärke

Nachdem Schwar mit ❶ schneidet, kann Weiß mit der Sequenz bis ⑧ leben. Schwarz verhaftet den Schnittstein mit ❾, sodass seine Stärke überwältigend ist.

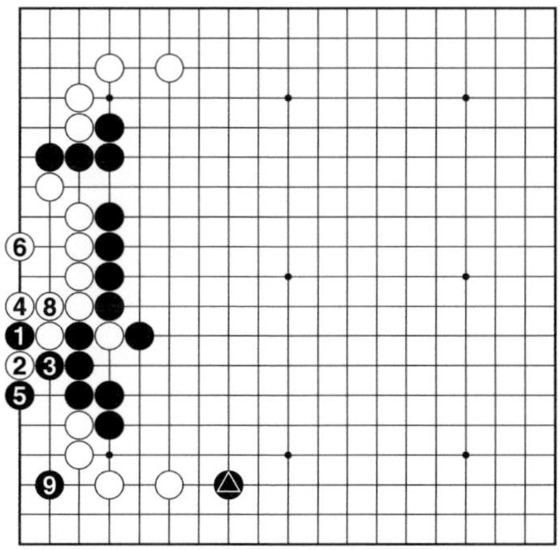

Dia. 6
Aji

Wenn sich Schwarz später mit dem markierten Stein angenähert hat, ist die Sequenz bis ❾ sehr schmerzhaft für Weiß.

❼ auf ❶

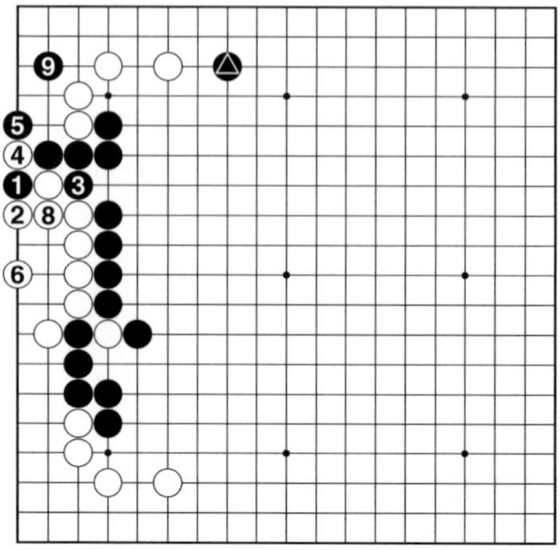

Dia. 7
Aji 2

Nähert sich Schwarz der anderen Ecke mit dem markierten Stein an, kann er mit einer ähnlichen Sequenz wie im vorhergehenden Diagramm angreifen.

❼ auf ❶

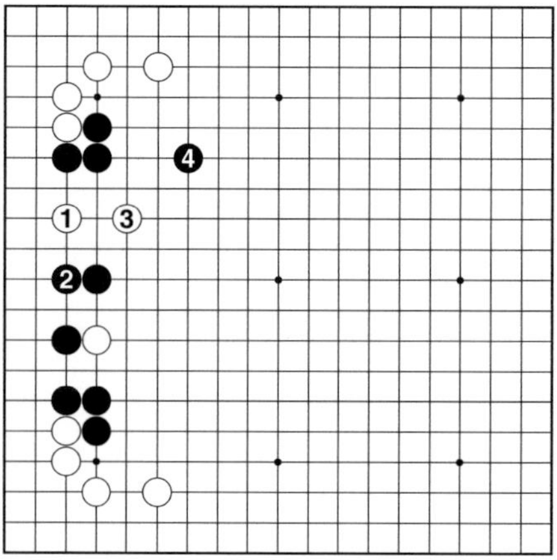

Dia. 8
Wahl für Schwarz

Schwarz kann auch ❷ und ❹ spielen, um zu kämpfen, was ebenfalls unvorteilhaft für Weiß wäre.

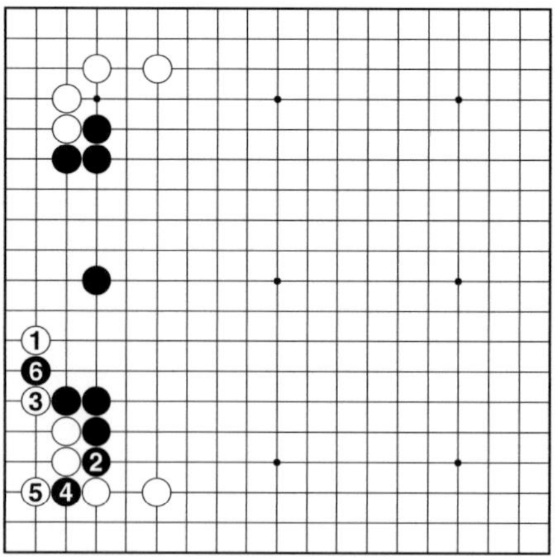

Dia. 9
Invasion auf der 2. Linie

Die übliche Invasion startet mit ①. Schwarz initiiert mit ❷ den bekannten Abtausch und sollte sich Weiß mit ③ widersetzen, so endet er bis ❻ in einer schlechten Position.

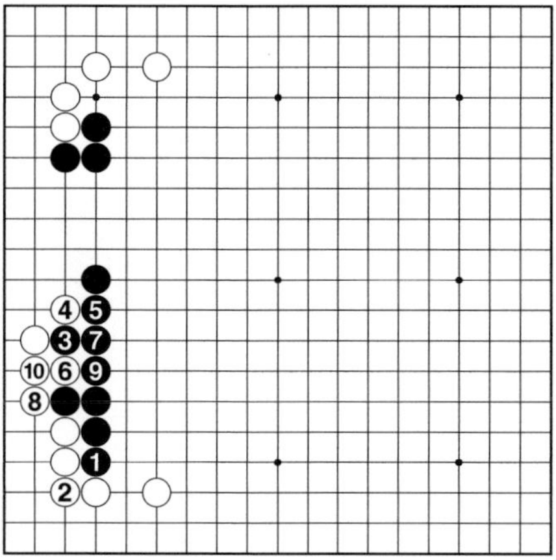

Dia. 10
Gebiet versus Einfluss

Weiß sollte daher mit ② verbinden und mit der Sequenz bis ⑩ Gebiet nehmen, während Schwarz Einfluss erhält.

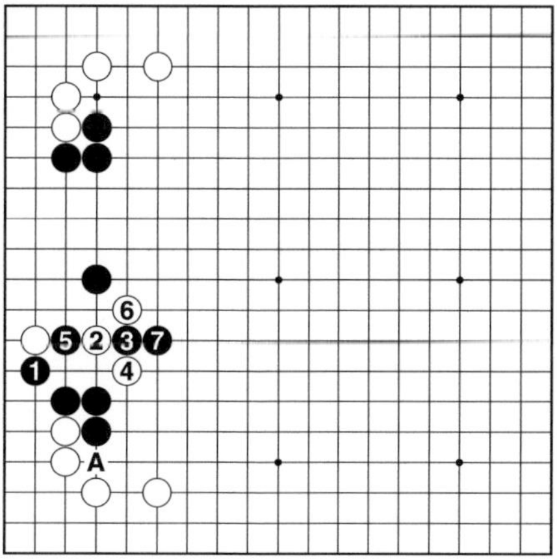

Dia. 11
Besser für Schwarz

Schwarz kann Weiß auch mit ❶ trennen, jedoch sollte er A in diesem Falle nicht abtauschen. Springt Weiß nun mit ② heraus, dann blockt ❸ den Weg zum Zentrum. Das Hane auf ④ ist allerdings nicht gut für Weiß – nach ❼ ist er in Schwierigkeiten.

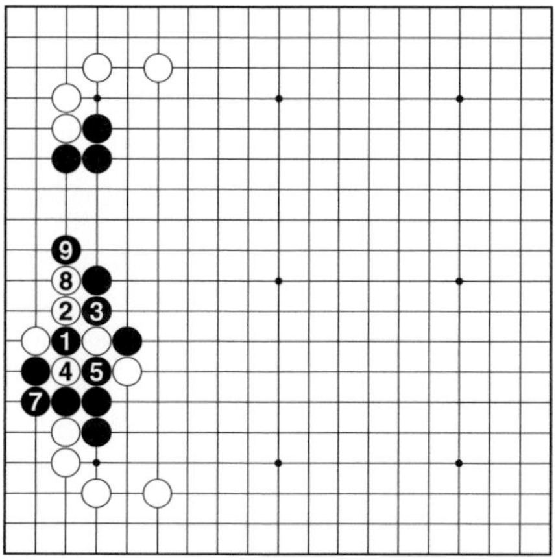

Dia. 12
Schlecht für Weiß

Mit ② fortzusetzen ist überzogen, denn nach ❾ ist Weiß gefangen.

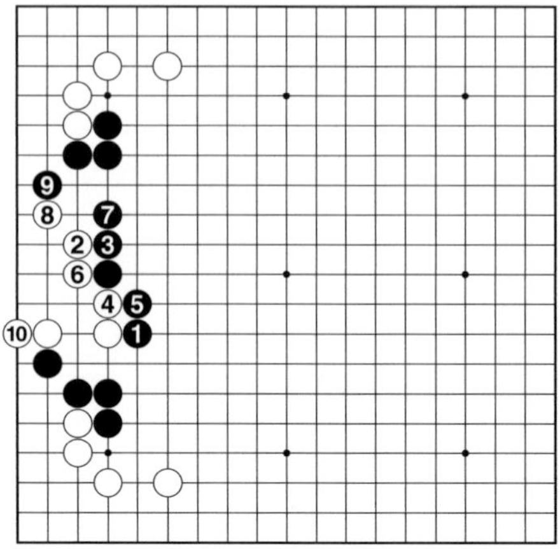

Dia. 13
Unbefriedigend

② ist die normale Antwort auf ❶, doch ④ und ⑥ sind nicht gut, da Schwarz nach ⑩ stark ist und Weiß hingegen noch nicht sicher lebt.

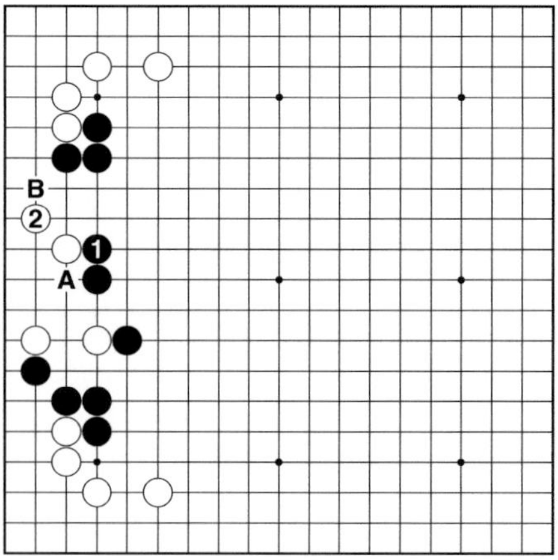

Dia. 14
Erneut die 2. Linie

② ist ein interessanter Zug. Schwarz kann nun über A und B nachdenken.

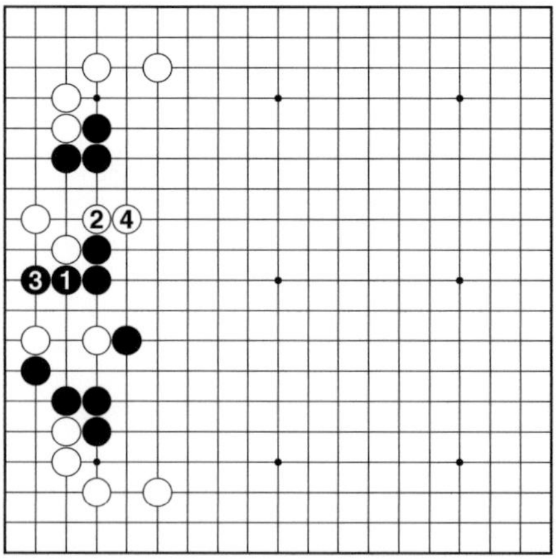

Dia. 15
Schwarz ist unzufrieden

Die zwei weißen Steine mit ❶ und ❸ fangen zu wollen ist nicht gut, da Weiß die schwarzen Gruppen mit ② und ④ trennt.

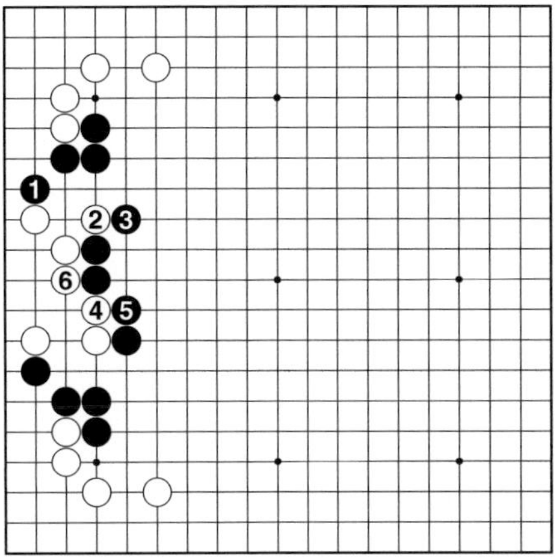

Dia. 16
Lebendig

Schwarz sollte mit ❶ anlegen und so verhindern, dass Weiß verbindet. Weiß verschafft sich mit der Sequenz bis ⑥ Augenraum, um zu leben.

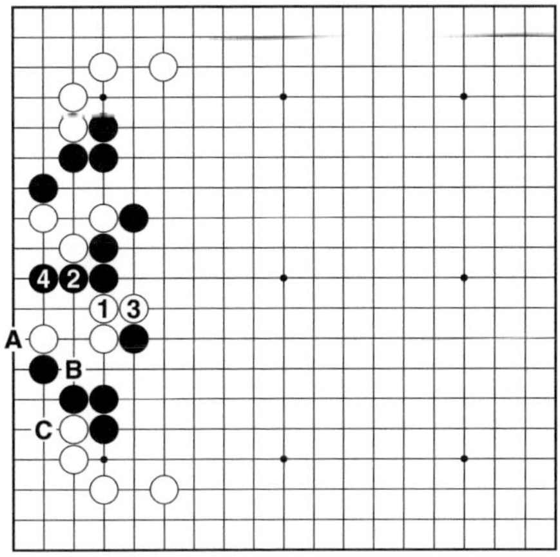

Dia. 17
Gegenmaßnahme

Auf ① kann Schwarz mit ❷ und ❹ antworten, da dies das Anbinden auf A ermöglicht. Wenn Weiß Schwarz mit einem Zug auf B getrennt halten möchte, ist Schwarz C eine natürliche Antwort. Nun verliert Weiß womöglich etwas Gebiet in der Ecke.

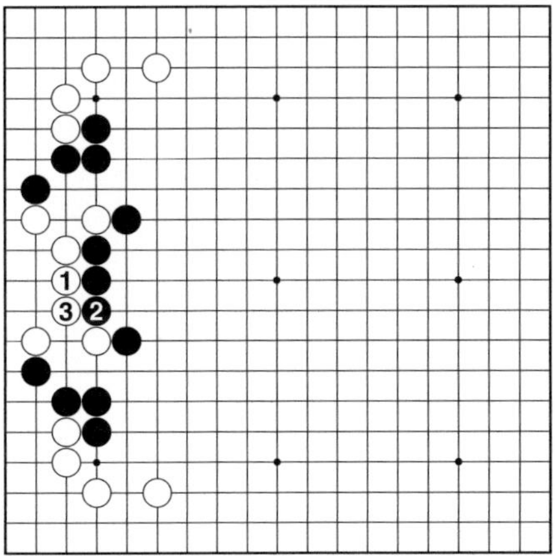

Dia. 18
Leben und Tod

① und ③ sind einfache Züge. Die weiße Stellung lebt noch nicht, doch Schwarz hat einige Schwachpunkte außen, sodass der Status der weißen Gruppe nicht eindeutig ist.

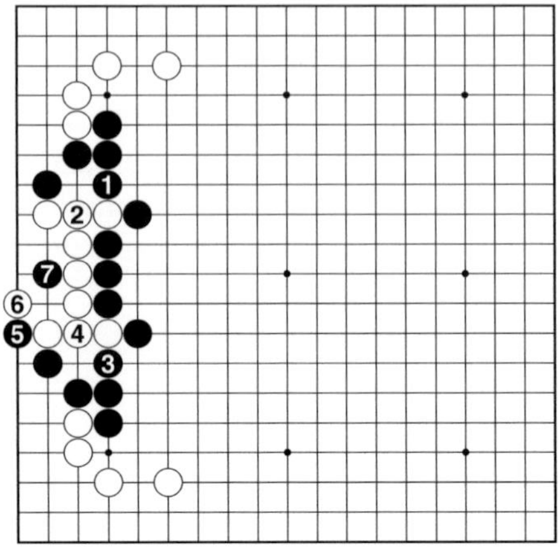

Dia. 19
Überzogen

❶ und ❸ sind Vorhand. Danach ❺ und ❼ zu spielen ist jedoch übertrieben.

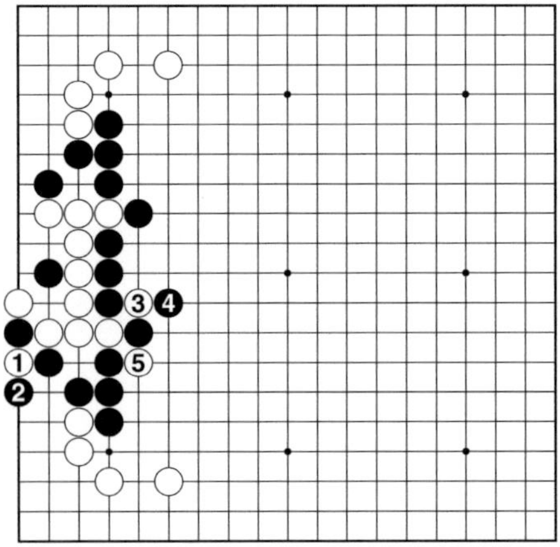

Dia. 20
Schwarz in Schwierigkeiten

Weiß kann mit ① seine Freiheiten vermehren und anschließend mit ③ und ⑤ schneiden. Aufgrund der vielen Schwächen in der eigenen Stellung wird es schwer für Schwarz, Weiß sicher einzuschließen.

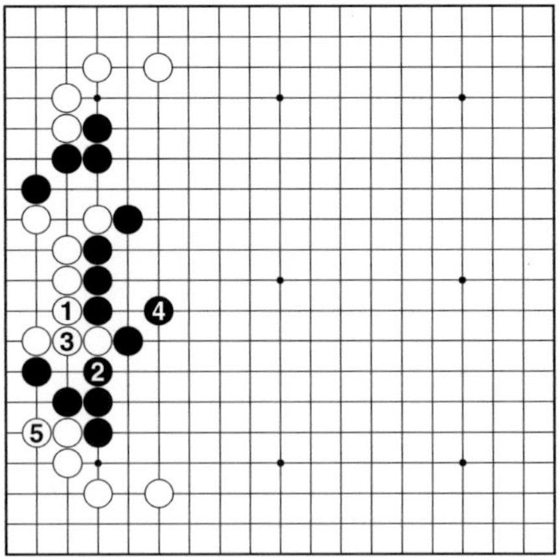

Dia. 21
Kompromiss

Es ist ratsam für Schwarz, auf ❹ zu decken. Weiß kann nun zwar mit ⑤ leben, doch Schwarz ist mit der gewonnenen Stärke überaus zufrieden.

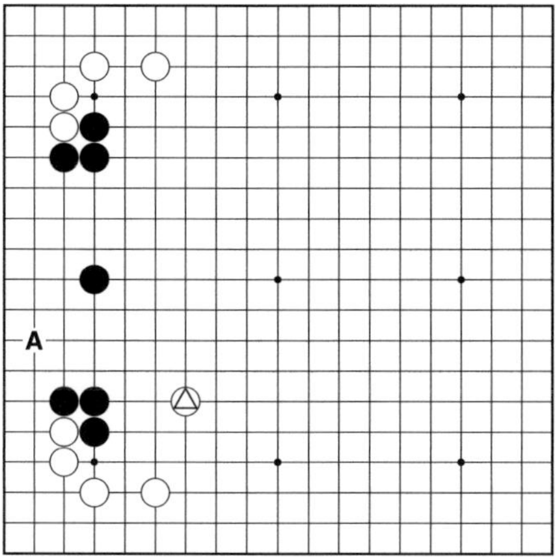

Dia. 22
Schlussfolgerung

Der korrekte Invasionspunkt ist A, jedoch gibt dies Stärke für Schwarz. Daher muss Weiß den richtigen Zeitpunkt (zum Beispiel nachdem der markierte Stein gespielt wurde) abwarten.

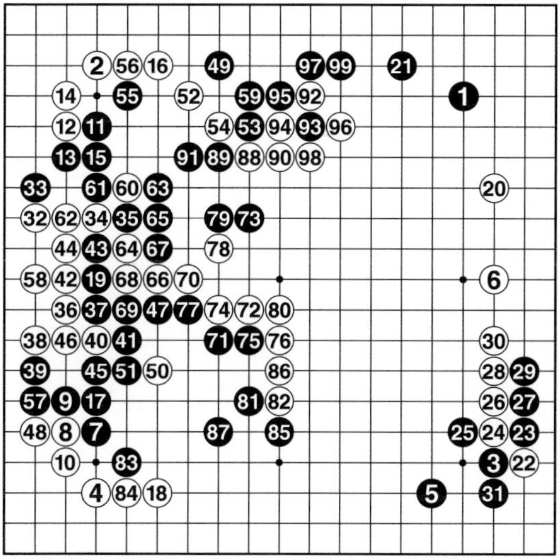

Profipartie 1

Weiß gewinnt mit 0,5 Punkten

● Lee Chang-ho
○ Chang Hao

Stellung 7

Verlockender Anleger

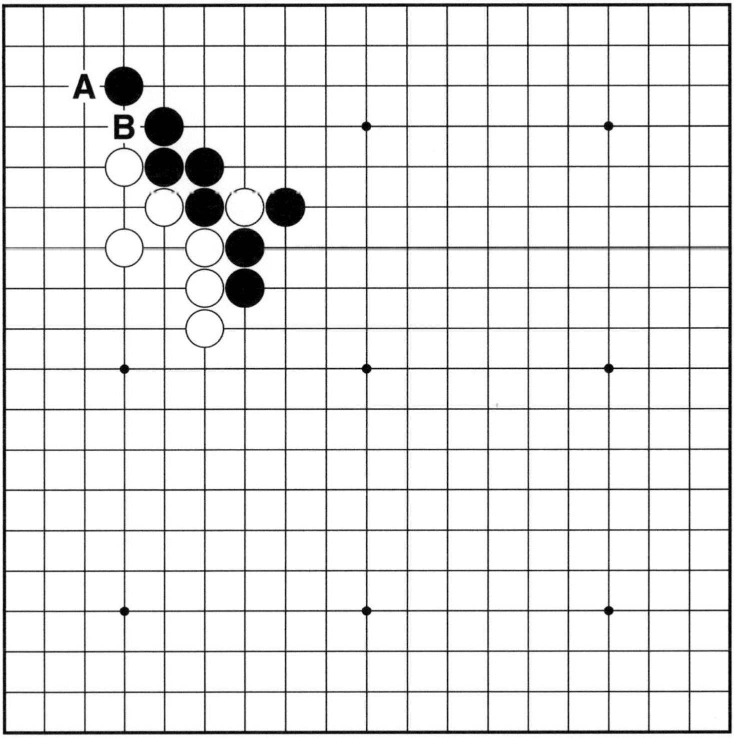

Im Go ist es schwer zu entscheiden, wo man spielen soll, wenn man die richtigen Sequenzen und Fortsetzungen nicht kennt. Nach diesem Joseki die Ecke einzunehmen, ist für beide Spieler sehr groß. Weiß würde gern auf A anlegen, doch er hat Angst vor der möglichen schwarzen Antwort auf B.

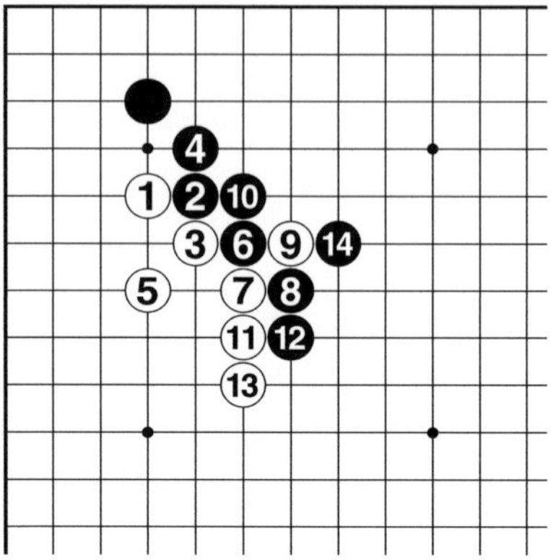

Dia. 1
Das Joseki

① bis ⓮ zeigen das Standard-Joseki.

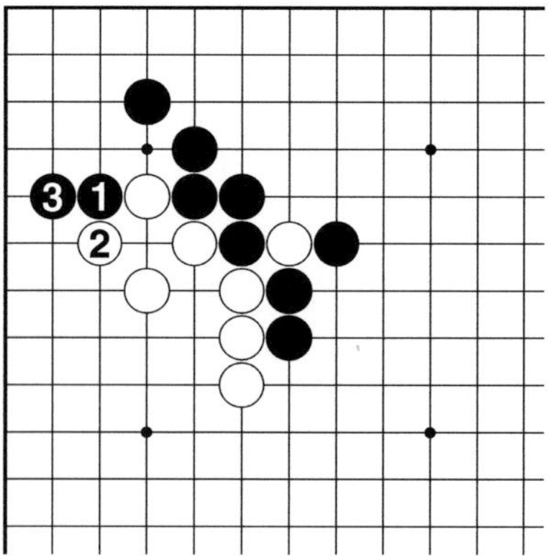

Dia. 2
Gebiet

Sollte Schwarz zu den Zügen ❶ und ❸ kommen, so sichert er sich ein sehr großes Gebiet in der Ecke.

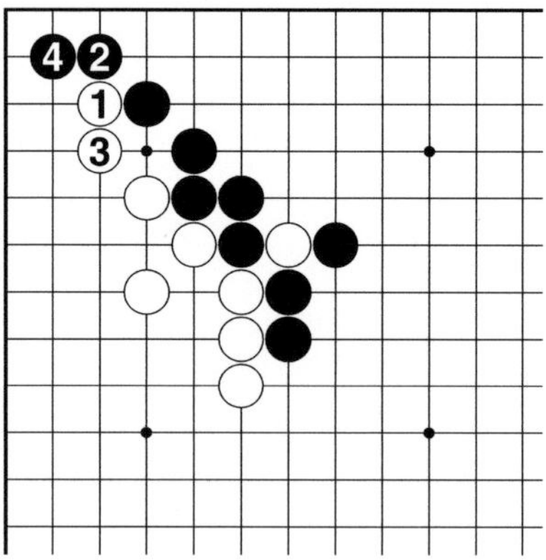

Dia. 3
Weiß ist zufrieden

Wenn Weiß verhindern möchte, dass Schwarz die Ecke wie in Diagramm 2 einnimmt, so kann er ① spielen. Antwortet Schwarz mit ❷ oder bleibt fern, war ① erfolgreich und Weiß ist zufrieden.

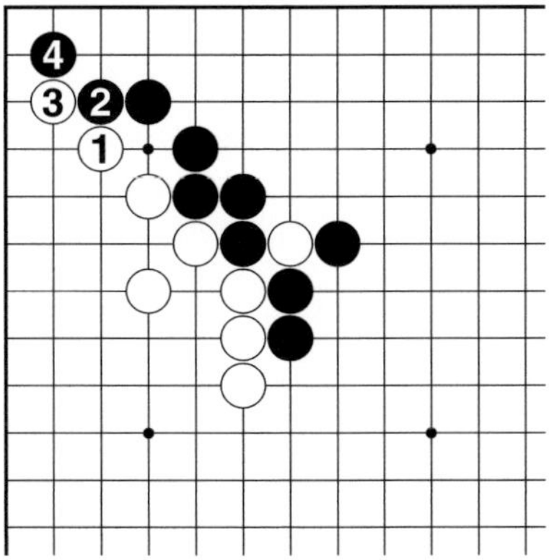

Dia. 4
Vorhand

Weiß kann auch ① und ③ spielen, um Vorhand zu behalten.

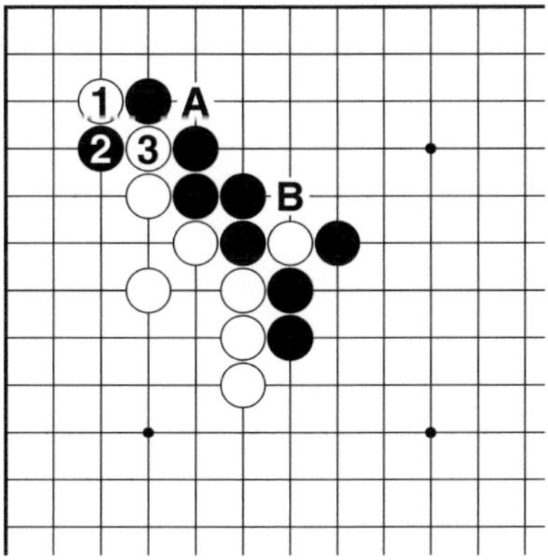

Dia. 5
Überzogen von Schwarz

Direkt mit ❷ zu schneiden ist nicht gut, da Schwarz nach ③ aufgrund der Schwächen bei A und B in Schwierigkeiten ist.

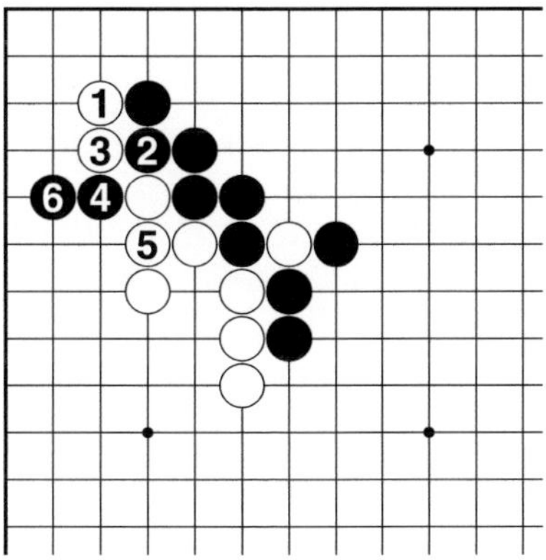

Dia. 6
Gegenmaßnahme

Schwarz sollte ① mit ❷ und ❹ bestrafen. ⑤ und ❻ sind erzwungen.

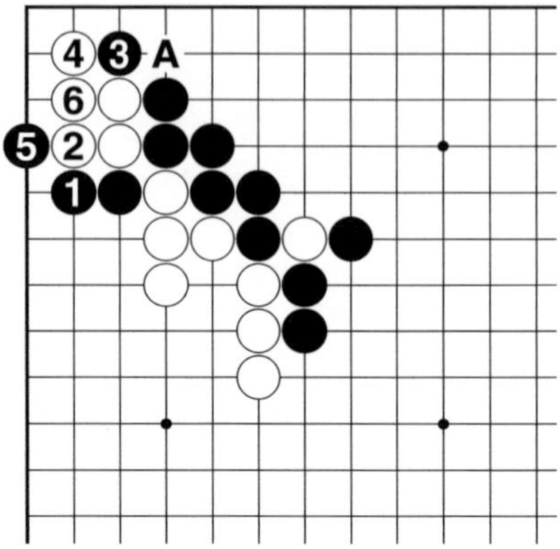

Dia. 7
Schlechter Zug

Weiß muss mit ② antworten. ❸ ist jedoch schlecht, da Schwarz keine Zeit hat, um auf A zu verteidigen. Weiß lebt daher ohne Probleme.

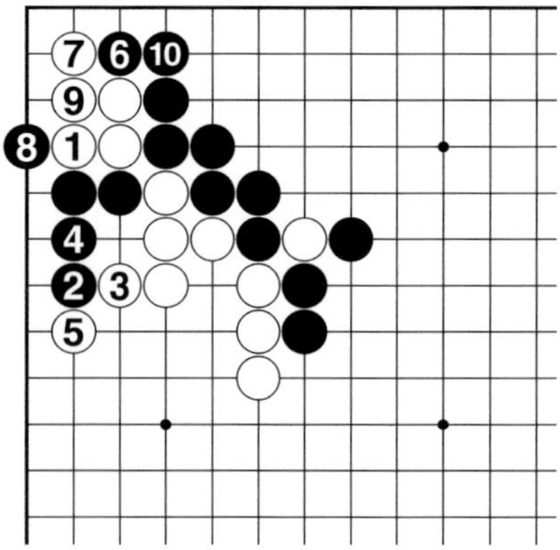

Dia. 8
Übertrieben von Weiß

Schwarz sollte zuerst mit ❷ springen, um Freiheiten zu gewinnen. ⑤ ist übertrieben, denn das bis ❿ entstehende Semeai ist nicht gut für Weiß.

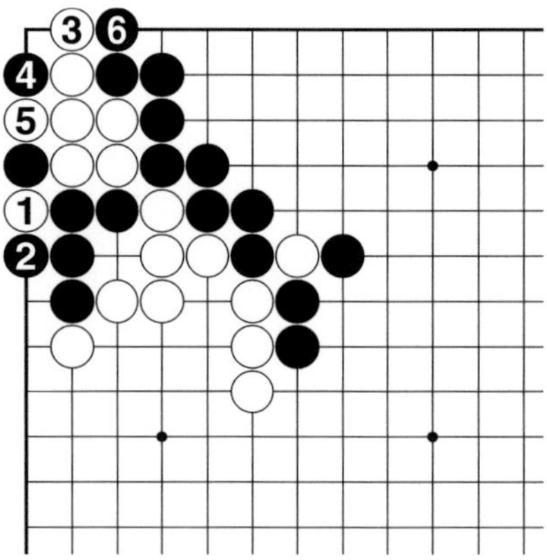

Dia. 9
Annäherungs-Ko

① und ③ sind die besten Züge für Weiß, doch ❹ ist ebenfalls ein sehr guter Zug. Bis zu ❻ entsteht ein Annäherungs-Ko für Weiß.

⑦ auf ①

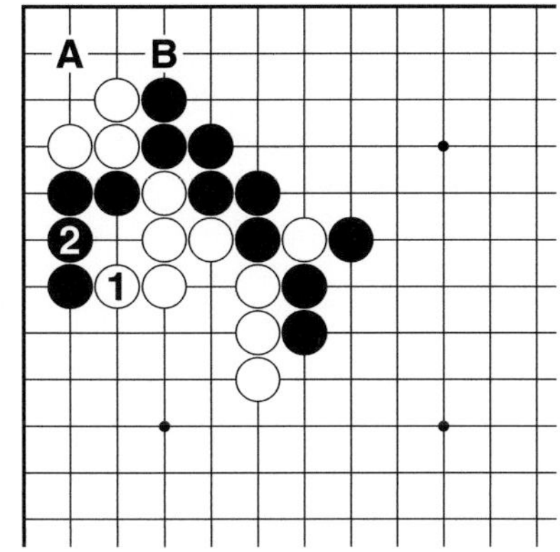

Dia. 10
Weiß hat die Wahl

Weiß kann nach ❷ mit A leben oder mit B ein Semeai beginnen.

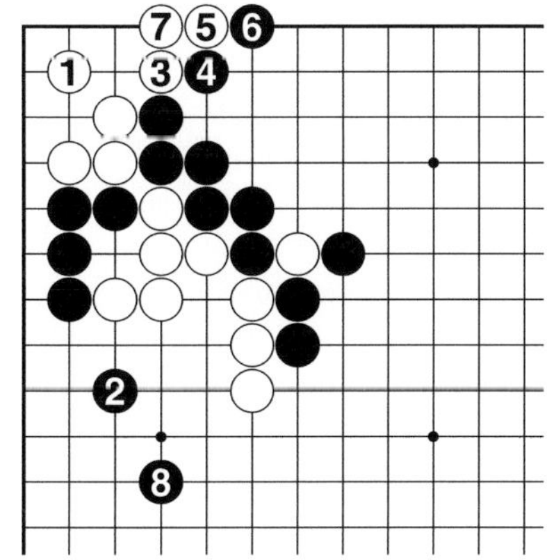

Dia. 11
Besser für Schwarz

Weiß kann leben, doch nach ❽ ist die andere weiße Gruppe deutlich geschwächt.

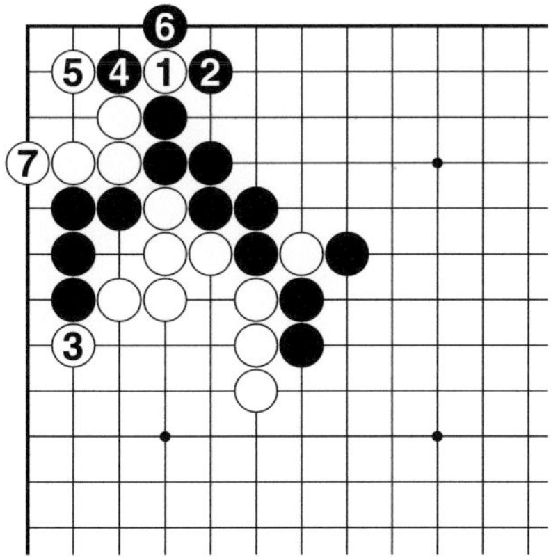

Dia. 12
Nachhand

Nach dem Abtausch ① für ❷ kann Weiß die vier schwarzen Steine in Nachhand fangen.

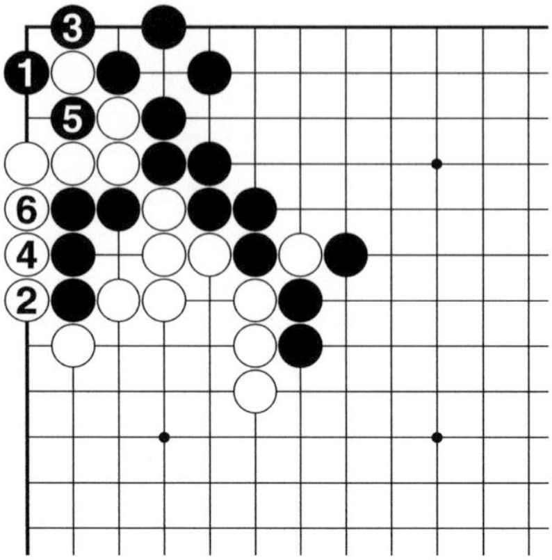

Dia. 13
Endspiel

❶ ist ein Endspiel-Tesuji. Schwarz nimmt bis ❺ die Ecke ein, während Weiß die schwarzen Steine in Nachhand fangen muss.

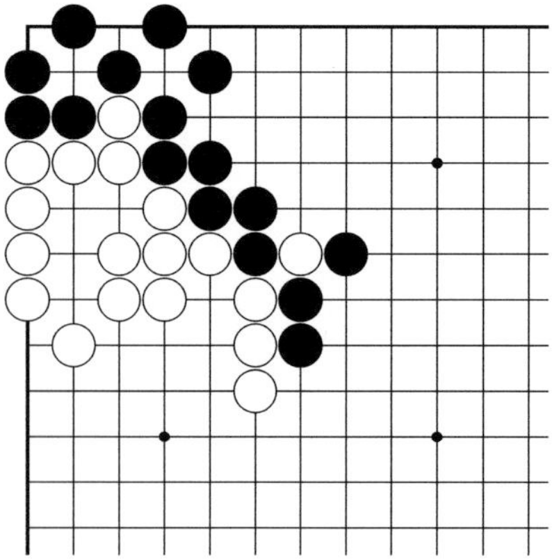

Dia. 14
Vergleich

Verglichen mit Diagramm 3 hat Weiß dieselbe Anzahl an Punkten, während Schwarz hier die Ecke in Vorhand bekommen hat.

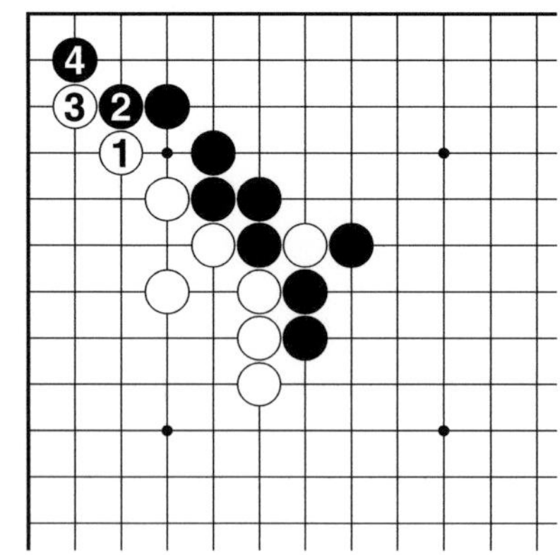

Dia. 15
Zusammenfassung

① und ③ sind die üblichen Züge. Auf diesem Wege behält Weiß die Vorhand.

Stellung 8

Häufig übersehenes Potenzial

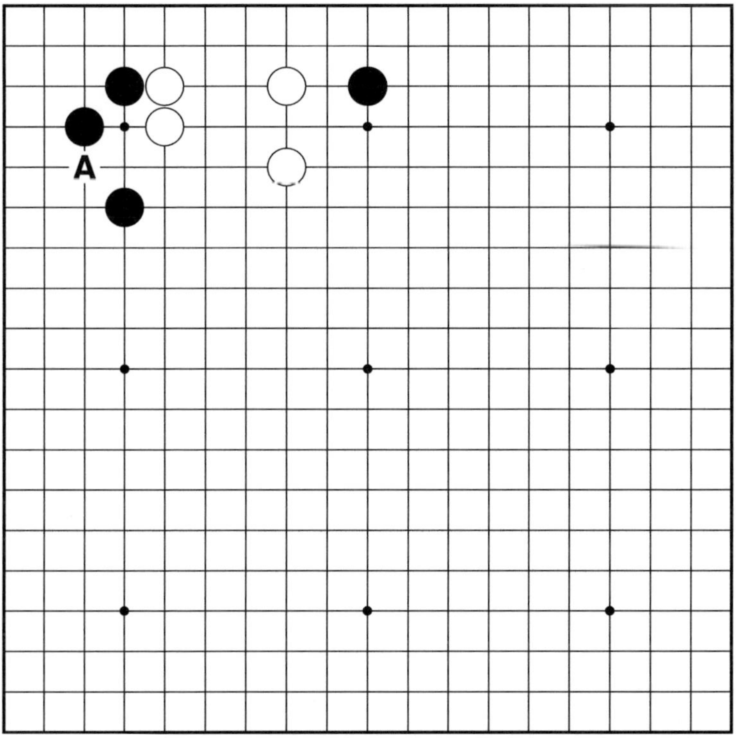

Amateure übersehen in ihren Partien oftmals Weiß A und bleiben weg, bis es zu spät ist. Doch wer Weiß A einmal richtig studiert hat, wird sich diese Chance nicht wieder entgehen lassen.

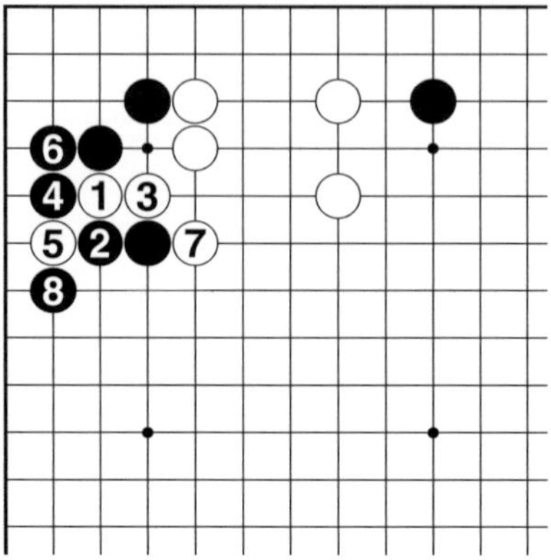

Dia. 1
Stärke

Wenn Schwarz ① passiv mit ❷ erwidert, kann Weiß mit der Sequenz bis ⑦ an Stärke gewinnen.

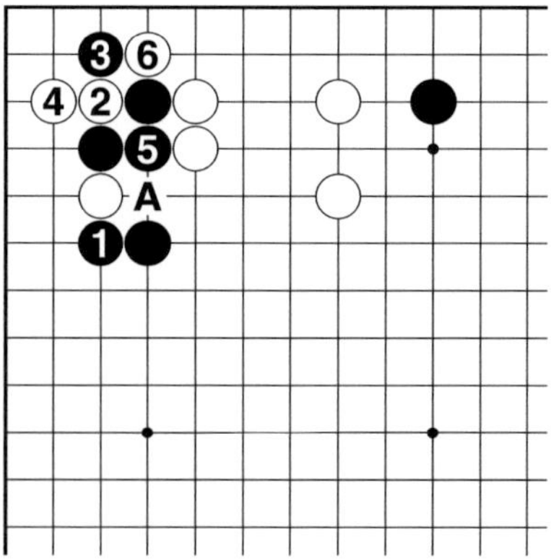

Dia. 2
Vitaler Punkt

② ist der vitale Punkt zum Angreifen. Versucht Schwarz nun mit ❸ und ❺ zu schneiden, ist ⑥ aufgrund der Schwäche bei A ein sehr guter Zug.

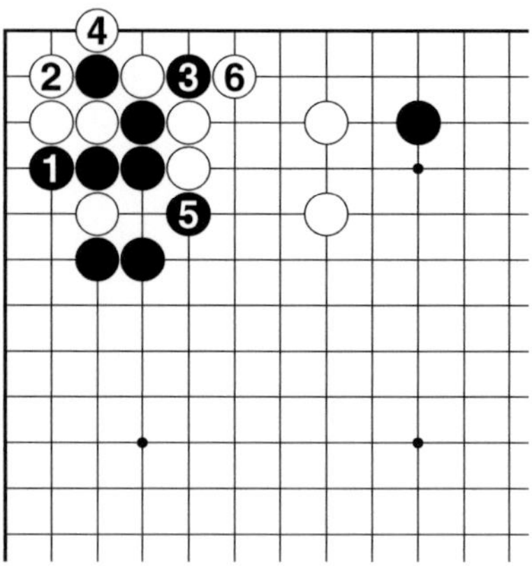

Dia. 3
Gebiet

Entscheidet sich Schwarz dafür, mit ❶ fortzusetzen, nimmt Weiß mit der Sequenz bis ⑥ die Ecke.

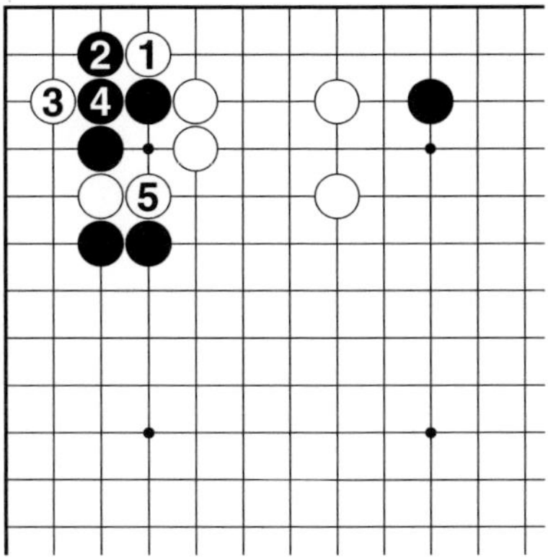

Dia. 4
Schwarz in Schwierigkeiten

① und ③ sind etwas ungewöhnlich, doch antwortet Schwarz mit ❹, hat er nach ⑤ große Probleme.

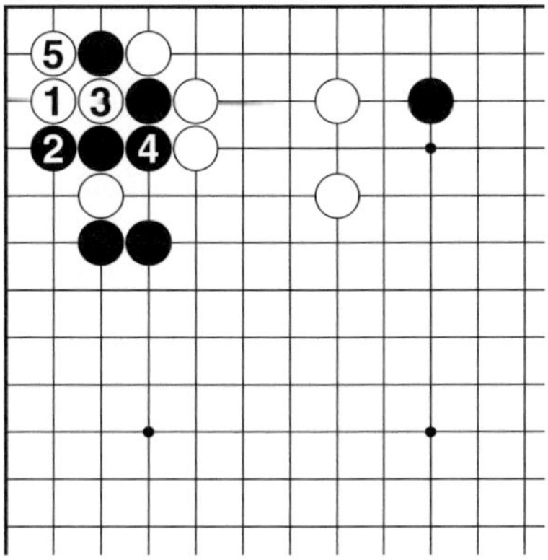

Dia. 5
Richtige Sequenz

Die korrekte Antwort für Schwarz ist ❷. Die Sequenz bis ⑤ führt zur gleichen Situation, wie wir sie bereits aus Diagramm 3 kennen.

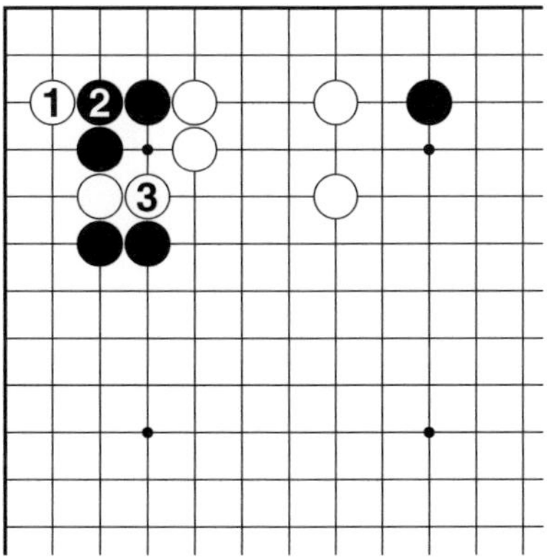

Dia. 6
Weitere Möglichkeit

Spielt Weiß zuerst auf ①, ist ❷ eine sehr schlechte Wahl, denn Weiß kann nun schneiden.

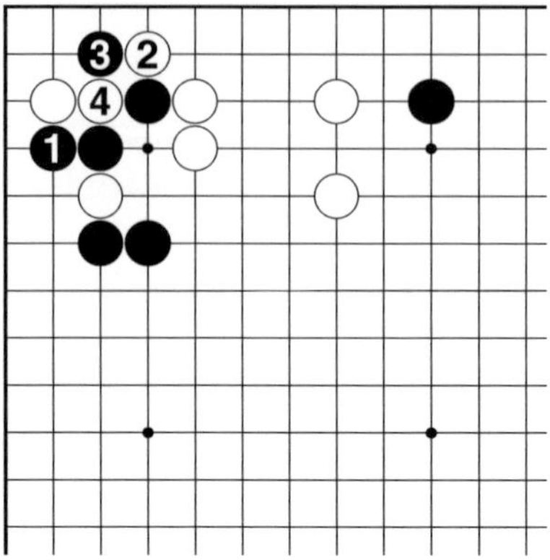

Dia. 7
Gleiche Stellung

Antwortet Schwarz mit ❶ und ❸, entsteht die gleiche Form, wie wir sie bereits in Diagramm 3 und 5 betrachtet haben.

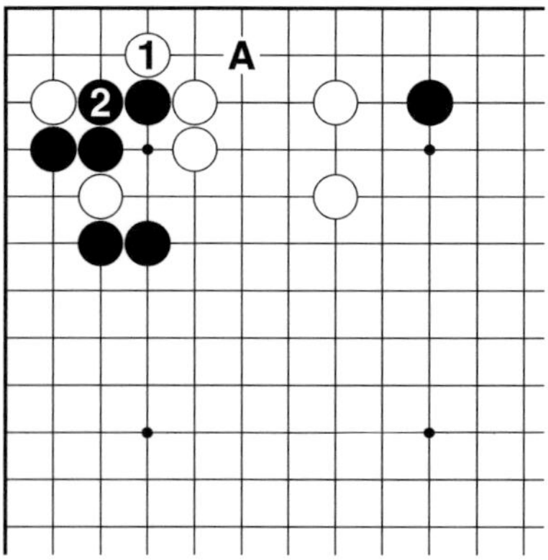

Dia. 8
Möglichkeit für Schwarz

Möchte Schwarz die Situation im vorherigen Diagramm vermeiden, kann er auch ❷ spielen. In diesem Falle verbleibt Aji bei A, wie wir später noch sehen werden.

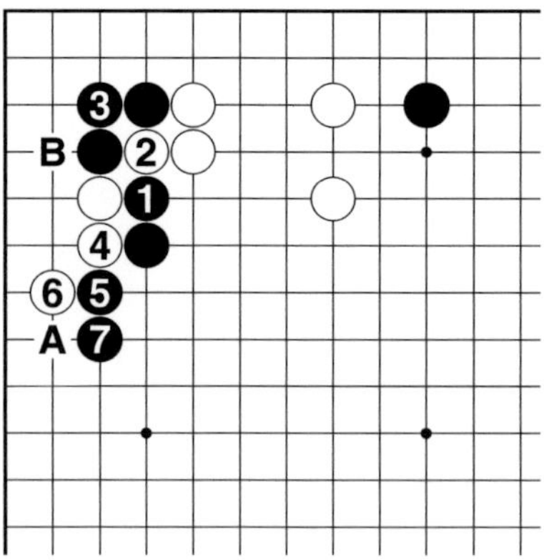

Dia. 9
Kampf

❶ ist ein kämpferischer Zug und die darauffolgende Sequenz bis ❼ ist unvermeidbar. Weiß A ist als Fortsetzung nicht gut, da Schwarz B Weiß in schlechte Form zwingt.

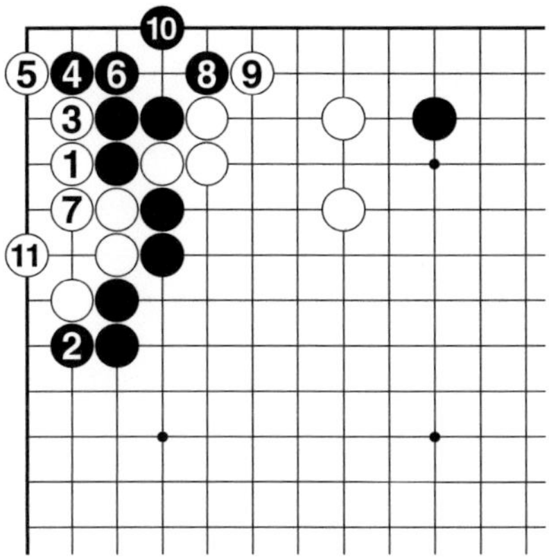

Dia. 10
Schwarz ist unzufrieden

Weiß muss mit ① fortsetzen, doch ❷ ist eine schlechte Wahl. Bis ⑪ lebt Weiß und Schwarz verbleibt in einer unglücklichen Stellung.

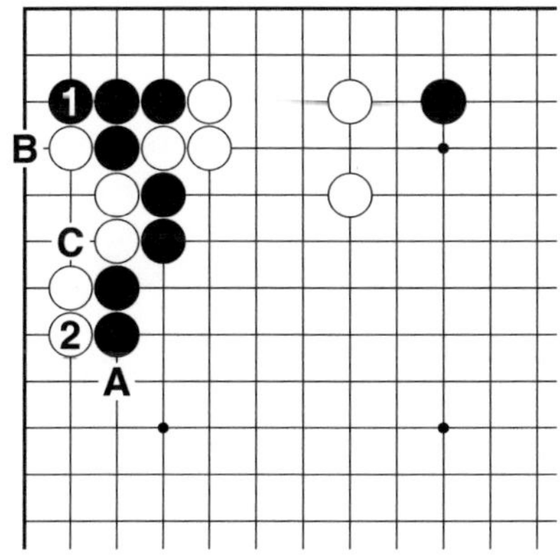

Dia. 11
Der richtige Zug für Schwarz

Schwarz sollte daher anstelle von ❷ im letzten Diagramm auf ❶ spielen. Nach ② muss er sich zwischen A, B und C entscheiden.

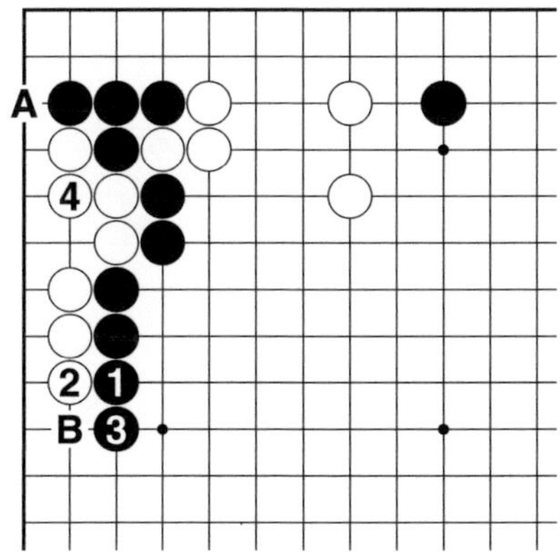

Dia. 12
Weiß lebt

❶ ist nicht gut. Weiß schiebt einfach einmal auf der zweiten Reihe und lebt, während sich Schwarz noch Sorgen um seine Ecke machen muss. Schwarz A kann nicht als Vorhand angesehen werden, da eine weiße Antwort auf B ihrerseits nahezu Vorhand wäre.

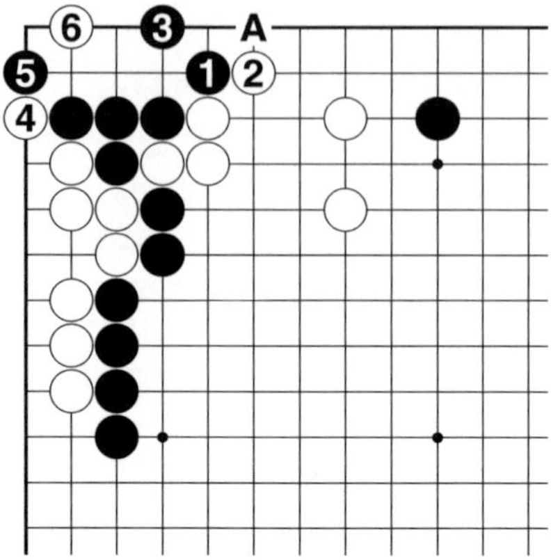

Dia. 13
Erstes Ko

Die Sequenz bis ⑥ führt normalerweise zu einer toten Innenform, doch da A Vorhand für Schwarz ist, kann er zumindest noch ein Ko erreichen. Trotz allem ist dieses Ergebnis nicht gut für Schwarz.

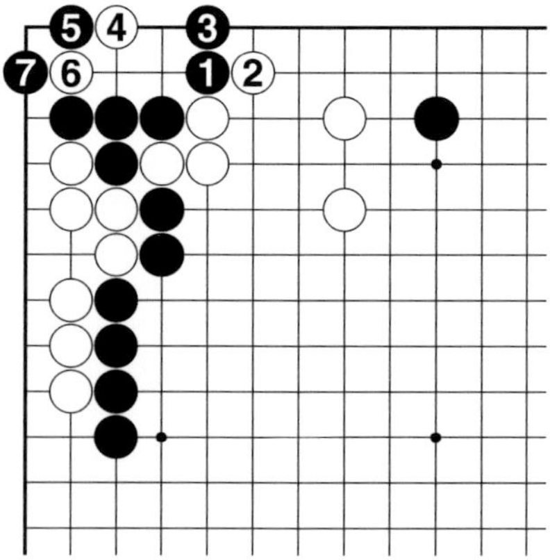

Dia. 14
Zweites Ko

Schwarz ❸ ist hier besser als im vorherigen Diagramm, doch da auch diese Sequenz wieder zu einem Ko führt, ist das Ergebnis ebenfalls nicht zufriedenstellend für Schwarz.

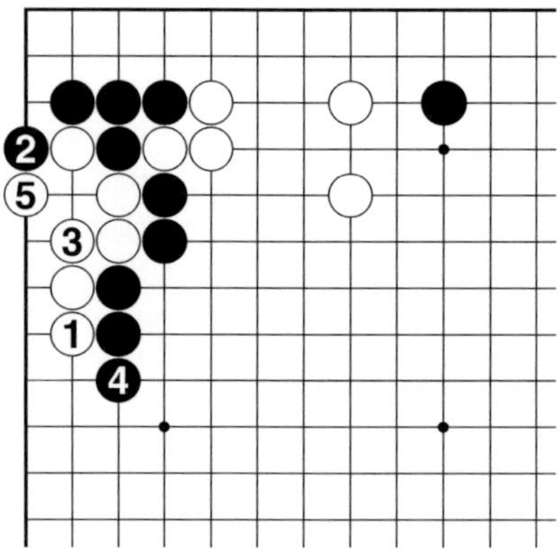

Dia. 15
Drittes Ko

❷ ist ein Versuch, die weiße Gruppe zu töten. Nach ❹ ist es richtig von Weiß, mit ⑤ ein Ko zu beginnen.

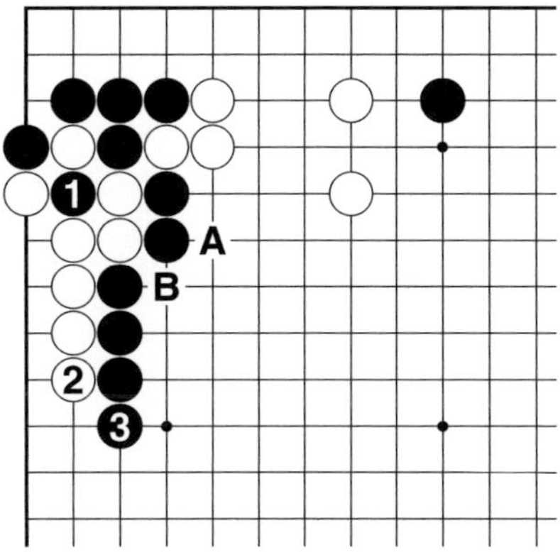

Dia. 16
Ko-Drohungen

Schlägt Schwarz das Ko, ist ② eine wirksame Ko-Drohung. Da Weiß mehrere lokale Drohungen hat (zum Beispiel Schneiden auf B und danach Atari auf A), ist es schwer für Schwarz, dieses Ko zu gewinnen.

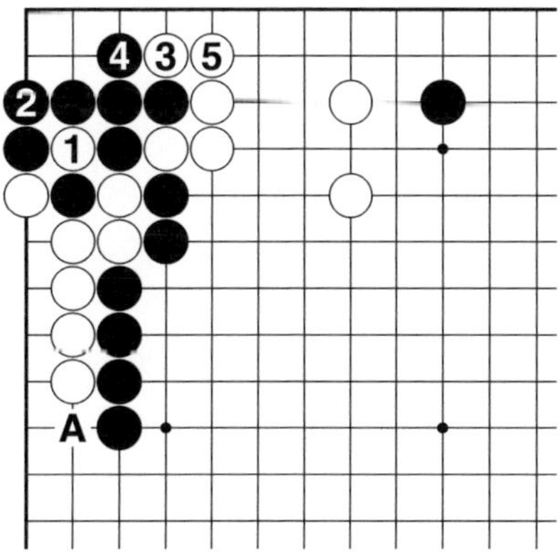

Dia. 17
Schwarz ist frustriert

Verbindet Schwarz einfach nur auf ❷, dann sind ③ und ⑤ sehr schmerzhafte Züge für ihn. Das Semaei, das nach Schwarz A und dem weißen Decken unterhalb von ① beginnt, verliert Schwarz.

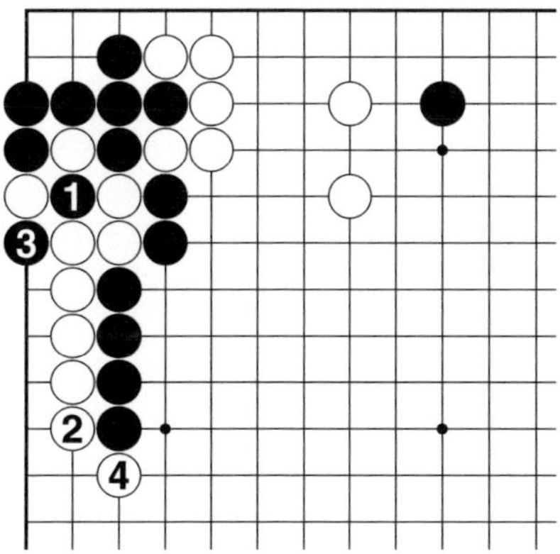

Dia. 18
Gut für Weiß

Schwarz kann mit ❶ und ❸ leben, doch nach ② und ④ ist die andere schwarze Gruppe in ernsten Schwierigkeiten.

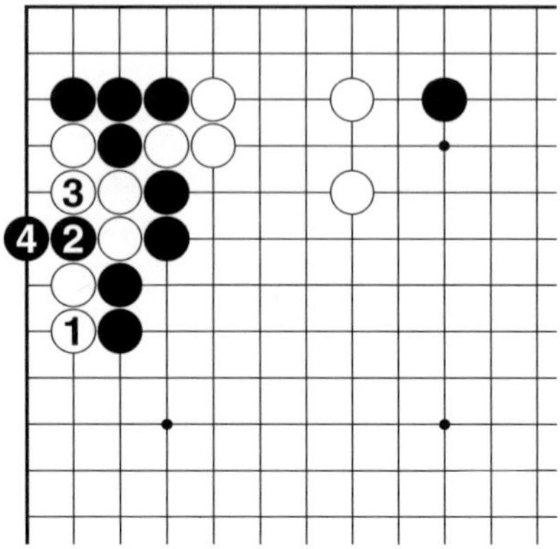

Dia. 19
Variante

Die Kombination von ❷ und ❹ ist eine Technik, die häufig in Semeais verwendet wird, doch in diesem Falle ist sie nicht effektiv genug.

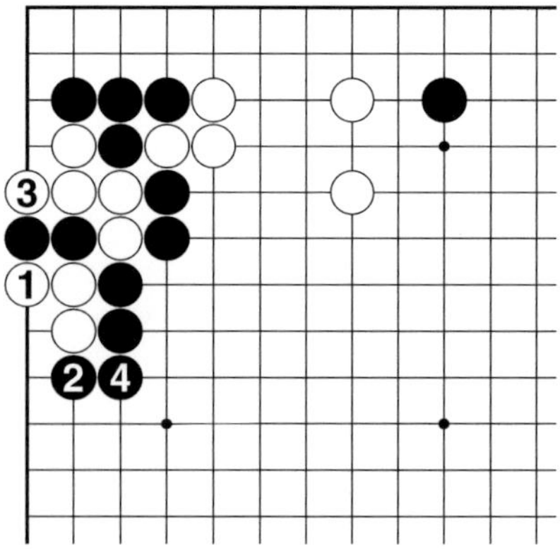

Dia. 20
Fortsetzung

① ist der einzig richtige Zug und bis ❹ entsteht ein Semeai.

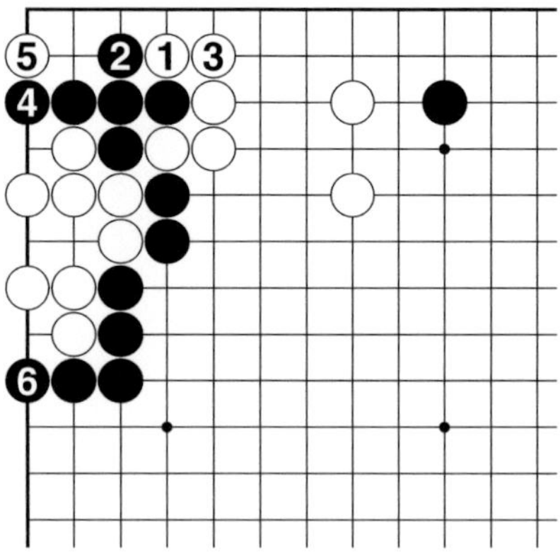

Dia. 21
Seki

Spielt Weiß ①, führt die Sequenz bis ❻ zu einem Seki. Dieses Ergebnis ist gut für Weiß, da er die Vorhand behält.

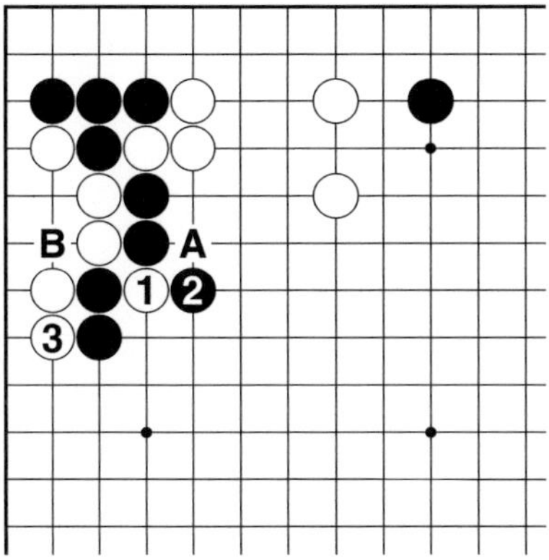

Dia. 22
Erwiderung von Weiß

Um die aus Diagramm 19 resultierenden Stellungen zu vermeiden, kann Weiß zuerst mit ① schneiden. Schwarz kann mit ❷ fortsetzen, wenn die Treppe für ihn läuft. Andernfalls bleibt ihm nur A zu spielen. In beiden Fällen hat Schwarz keine Zeit für das Abspiel auf B.

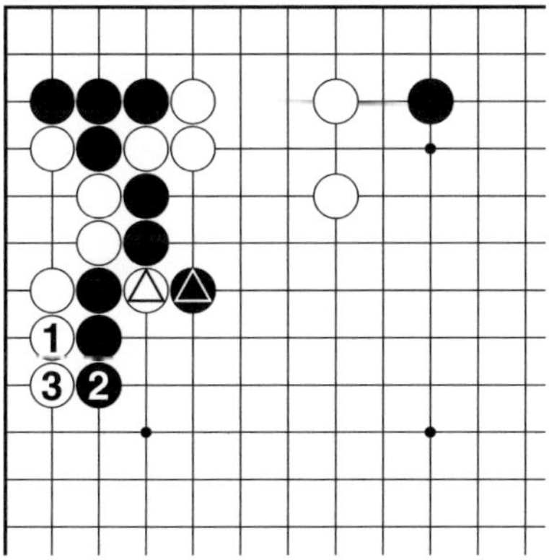

Dia. 23
Gleiches Ergebnis

Schwarz muss nach dem markierten Abspiel mit ❷ strecken, das heißt er kann nicht auf ③ umbiegen. Die Stellung ist zum vorhergehenden Diagramm kaum verändert.

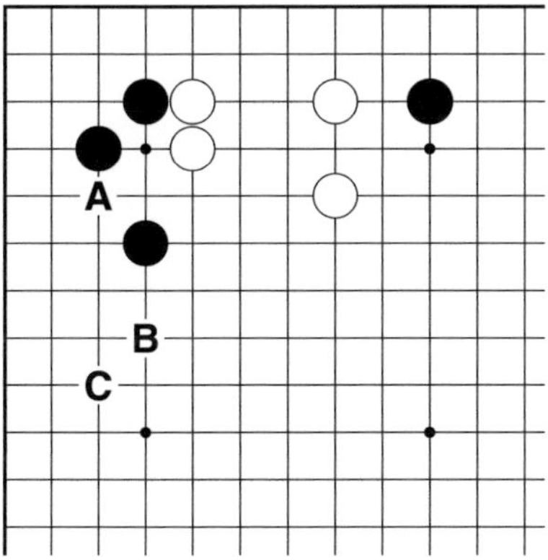

Dia. 24
Zusammenfassung

Aufgrund der Stärke der weißen Stellung ist es möglich, die Schwäche von Schwarz auszunutzen und auf A anzugreifen. Daher ist es notwendig für Schwarz, rechtzeitig auf B oder C zu verteidigen.

Stellung 9

Aufspüren des vitalen Punkts

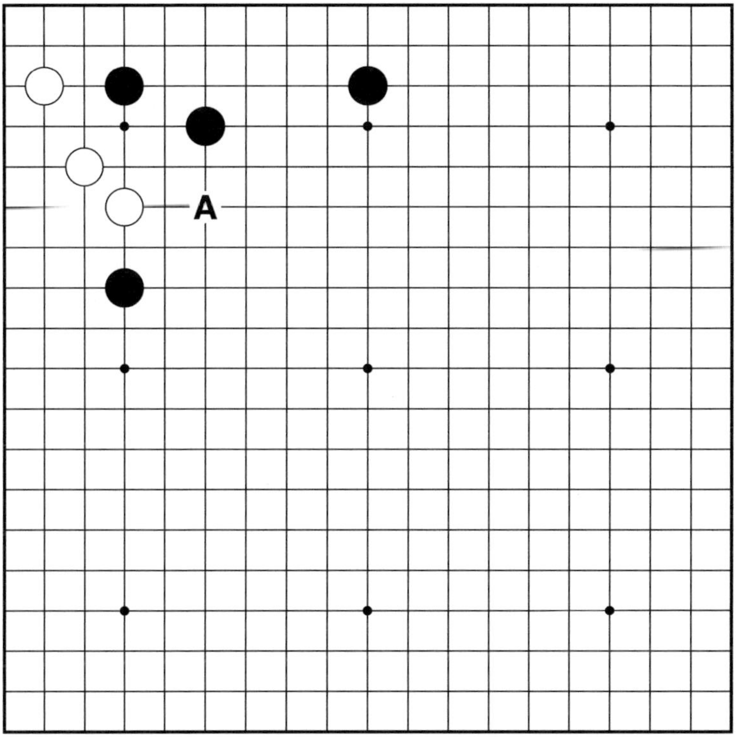

Obwohl dieses Joseki sehr einfach ist, gibt es danach noch viele interessante Abfolgen, die im Folgenden vorgestellt werden.
A ist hierbei ein strategisch wichtiger Punkt für beide Seiten.

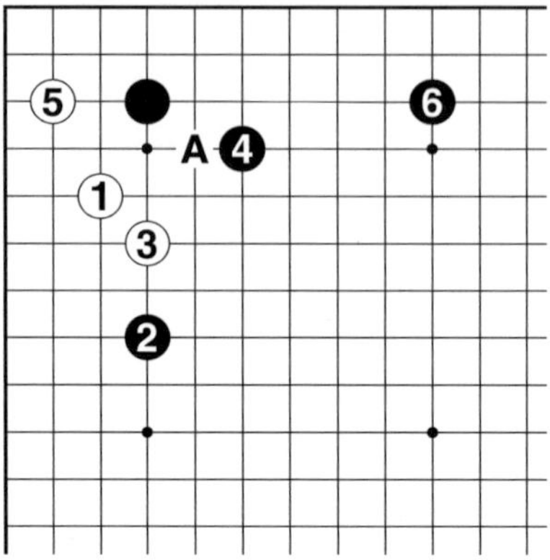

Dia. 1
Das Joseki

① bis ❻ ist ein Joseki, wobei A anstelle von ③ derzeit eine sehr beliebte Variante ist.

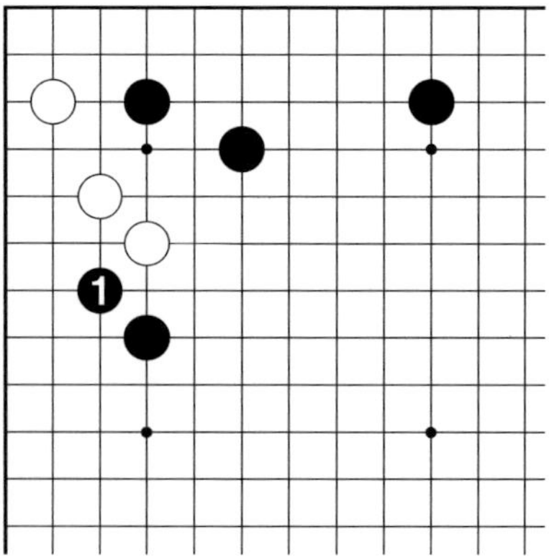

Dia. 2
Vitaler Punkt

❶ besetzt den vitalen Punkt der weißen Stellung. Warum Weiß antworten sollte, wird in den folgenden Diagrammen näher betrachtet.

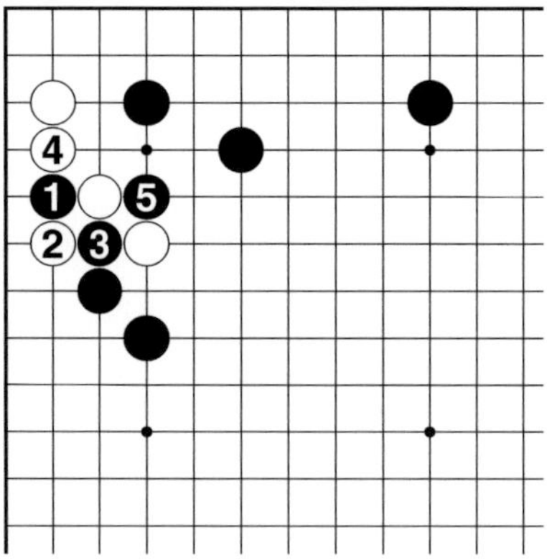

Dia. 3
Stärke

Schwarz ❶ springt sofort ins Auge. Antwortet Weiß mit dem Hane auf ②, ist Schwarz mit der gewonnen Stärke nach ❺ zufrieden.

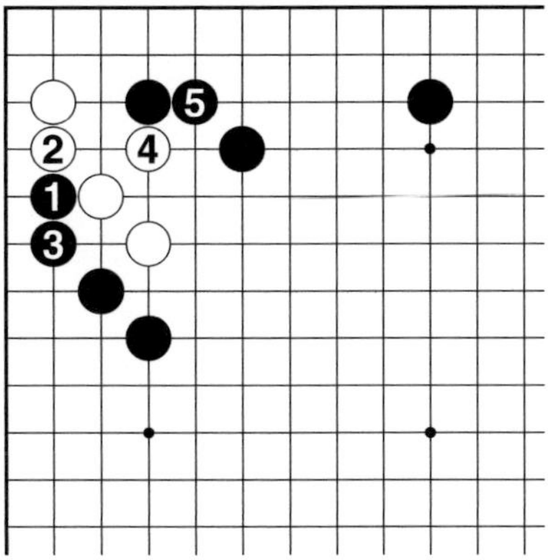

Dia. 4
Nicht ausreichend

② und ④ sind nicht gut genug, da Weiß nach ❺ noch keine Augen hat.

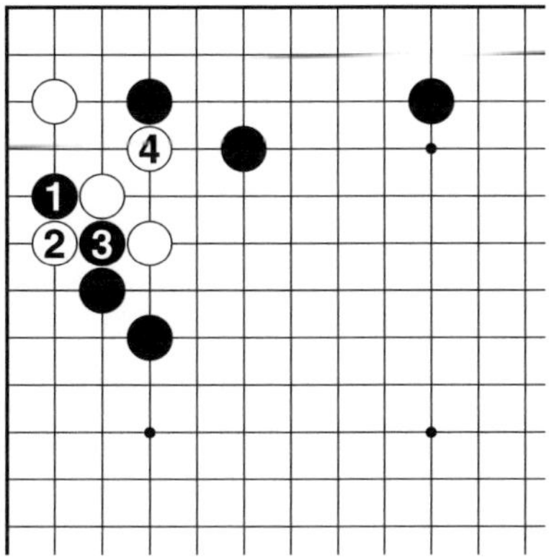

Dia. 5
Erwiderung von Weiß

Die Kombination von ② und ④ ist sehr gut, da ④ den Schlüsselpunkt der Stellung besetzt.

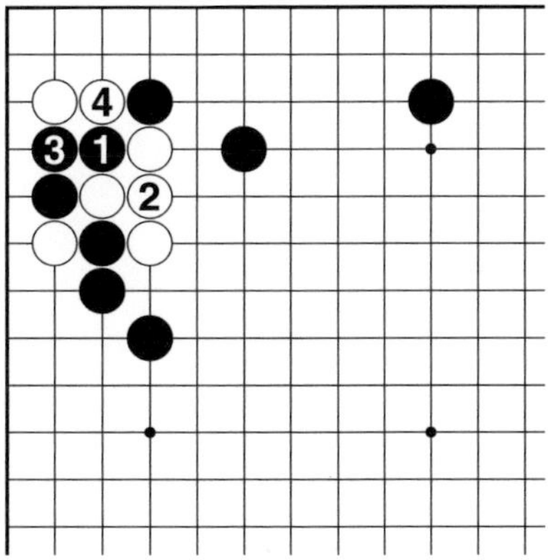

Dia. 6
Schwarz übertreibt

Der Versuch, mit ❶ und ❸ zu schneiden, ist übertrieben. Schwarz ist nach ④ in Schwierigkeiten.

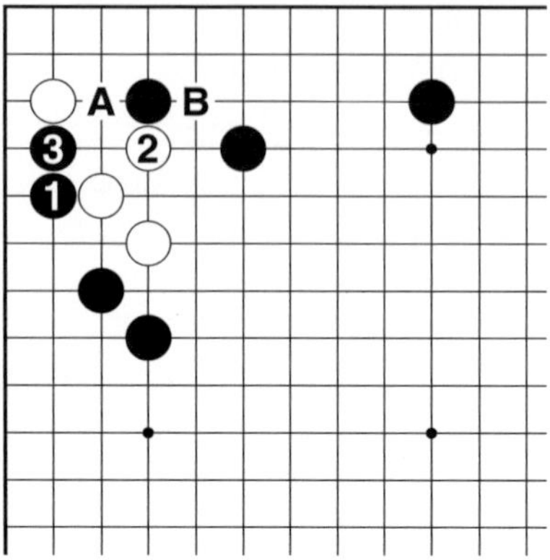

Dia. 7
Falsche Reihenfolge

Direkt ② zu spielen ist ein Fehler, da A und B nach ❸ Miai sind.

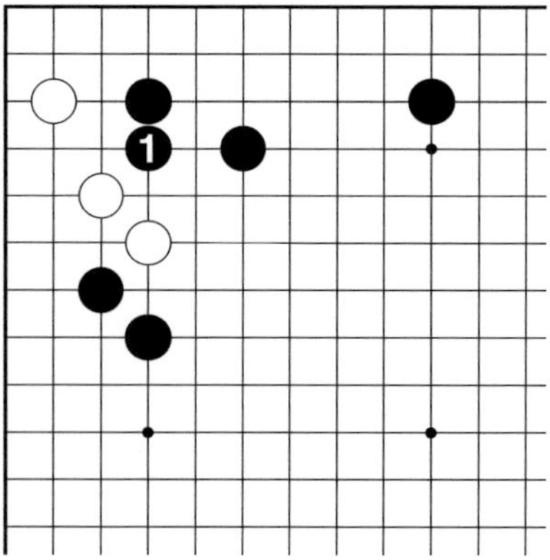

Dia. 8
Vitaler Punkt

Ein Sprichwort besagt: „Der vitale Punkt deines Gegners ist auch dein eigener." Deswegen spielt Schwarz statt des Anlegers aus Diagramm 3 selbst ❶.

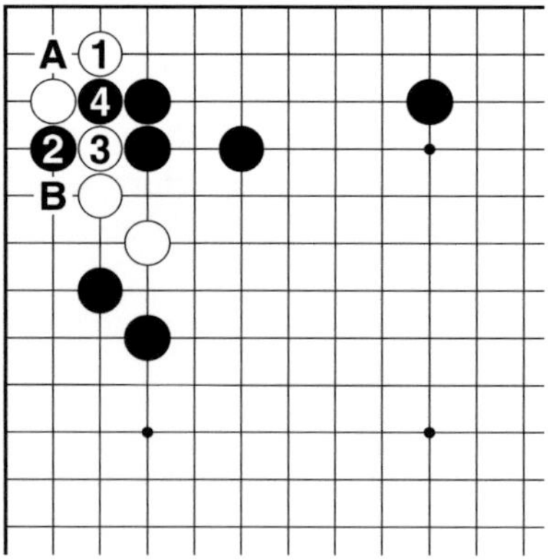

Dia. 9
Weiß ist getrennt

Schwarz kann ① mit ❷ und ❹ beantworten. Nun sind A und B Miai.

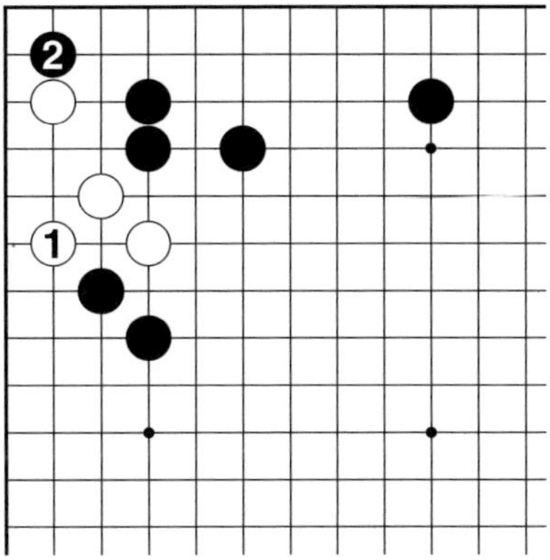

Dia. 10
Schlecht für Weiß

Der Versuch, mit ① Augenraum zu gewinnen, ist nicht wirklich erfolgreich, da Weiß nach ❷ nur ein Nachhand-Auge hat.

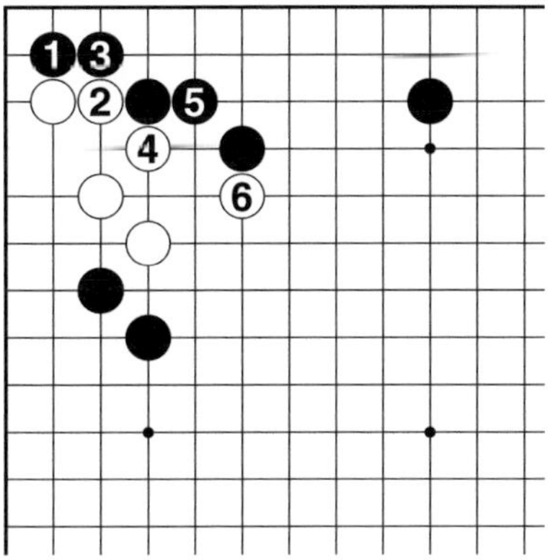

Dia. 11
Angriff fehlgeschlagen

Schwarz überlegt vielleicht ❶ sofort zu spielen. Nach ⑥ hat Weiß allerdings gute Form und ist nur schwer angreifbar.

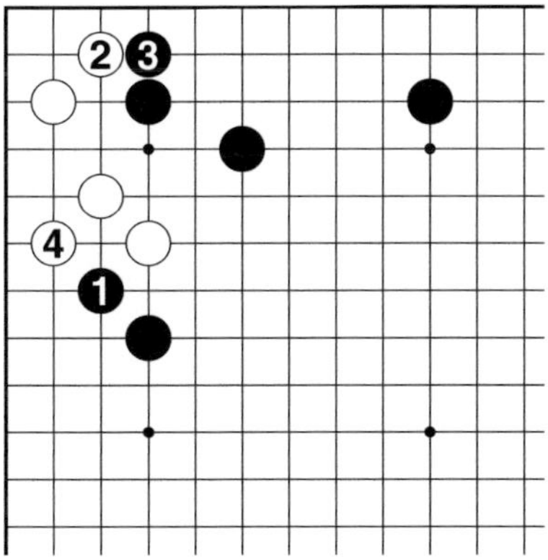

Dia. 12
Richtige Antwort

Weiß darf nach ❶ nicht fernbleiben, sondern muss mit ② und ④ antworten.

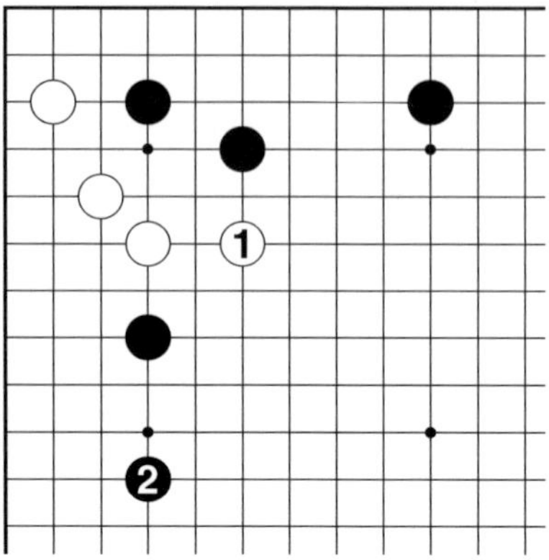

Dia. 13
Wichtiger strategischer Punkt

Sobald sich in der späten Eröffnungsphase die Möglichkeit bietet, sollte Weiß den strategisch wichtigen Punkt mit ① besetzen.

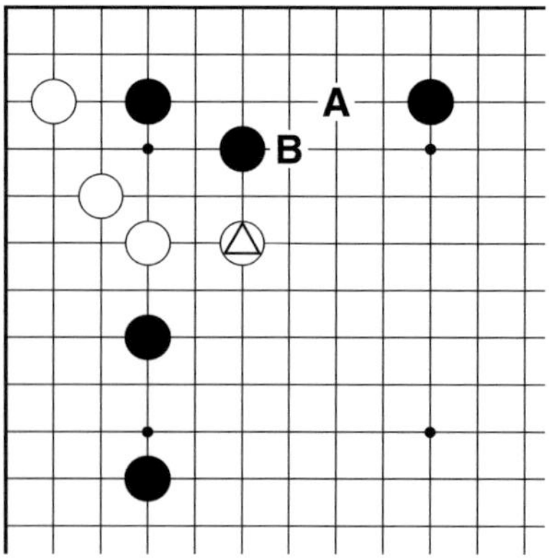

Dia. 14
Auswahl für Weiß

Nachdem Weiß mit dem markierten Stein ins Zentrum gesprungen ist, kann er über eine Invasion auf A nachdenken oder auch mit B anlegen.

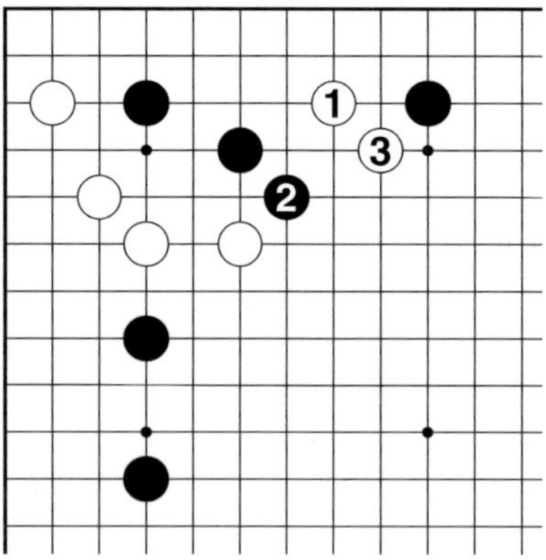

Dia. 15
Kampf

Nachdem Weiß invadiert hat, kann Schwarz sich überlegen mit ❷ zu kämpfen, doch büßt er dabei viel Gebiet ein.

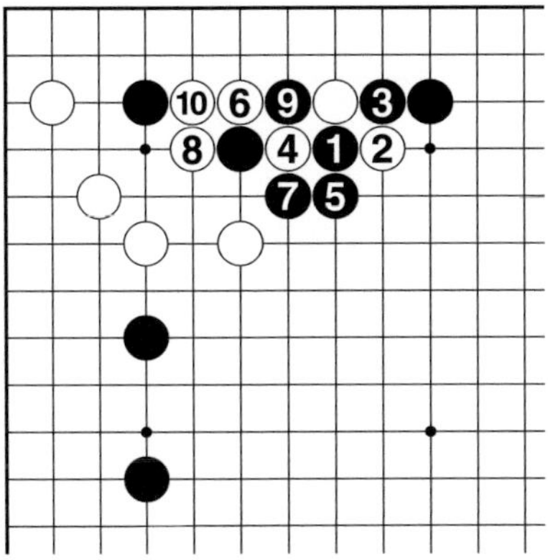

Dia. 16
Stärke

Mit ❶ anzulegen ist die übliche Antwort für Schwarz. Nach ② und ④ ist die Sequenz bis ⑩ zu erwarten. Weiß bekommt die Ecke, während Schwarz nach außen stark wird.

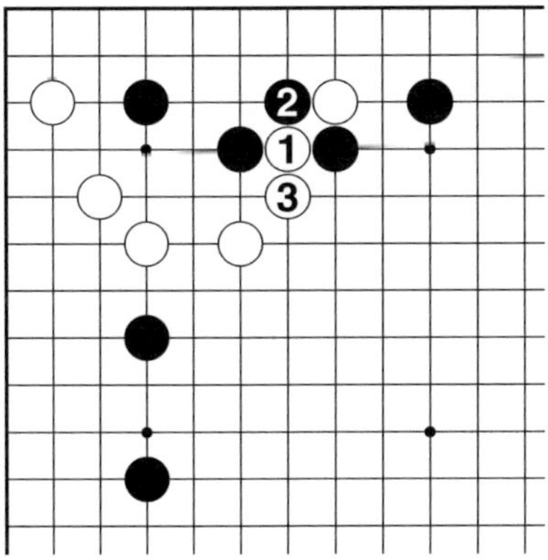

Dia. 17
Gleiche Stellung

Wenn Weiß mit ① zwischen die schwarzen Steine spielt, antwortet Schwarz mit ❷ und Weiß streckt auf ③. Dies ist eine häufig auftretende Stellung, sie wird ab Diagramm 21 näher erläutert.

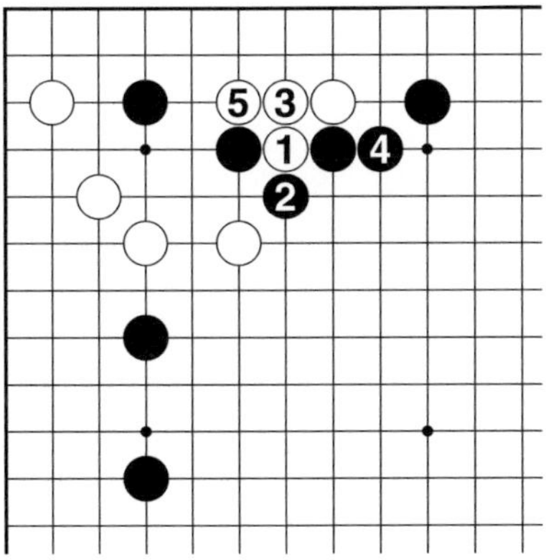

Dia. 18
Unangemessen

Weiß mit ❷ und ❹ einschließen zu wollen ist fragwürdig. Nach ⑤ kann Schwarz kein gutes Ergebnis erwarten.

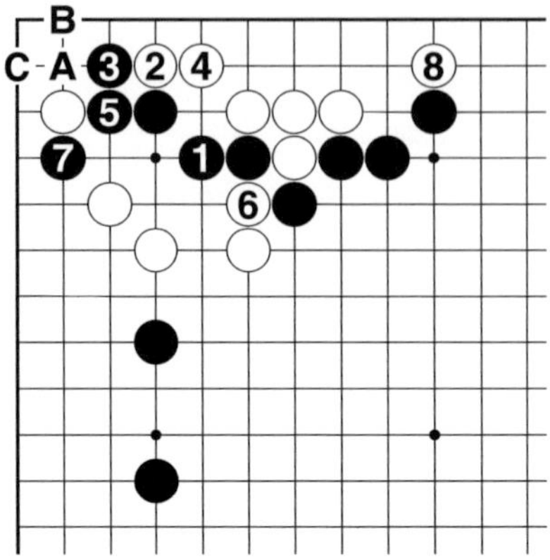

Dia. 19
Schwarz in Not

Entschließt sich Schwarz mit ❶ fortzusetzen, so ist die Sequenz bis ⑧ zu erwarten. Schwarz muss nun nochmals spielen, da seine Gruppe sonst durch das Abspiel Weiß A, Schwarz B, Weiß C tot wäre. Zudem bereitet ihm seine schwache Gruppe am oberen Rand noch Sorgen.

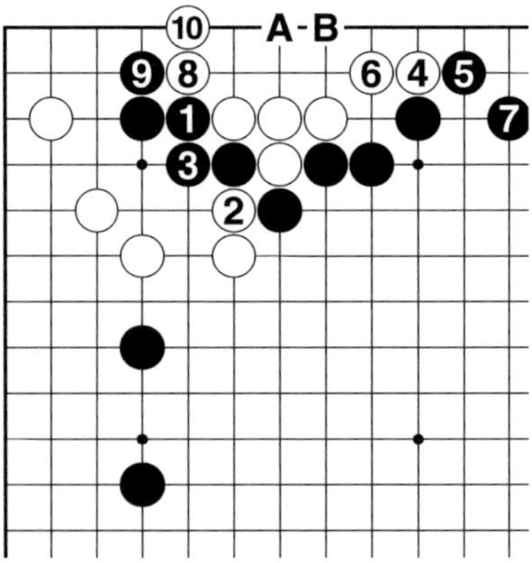

Dia. 20
Schwarz ist gefangen

Nach ❶ ist die Sequenz bis ⑩ zu erwarten. Spielt Schwarz nun A, lebt Weiß mit B, und beginnt Schwarz auf B, dann gewinnt Weiß mit A ausreichend Freiheiten, um die schwarze Gruppe zu fangen.

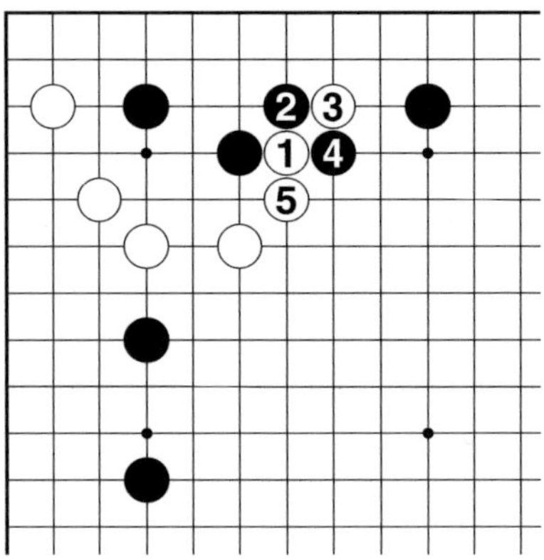

Dia. 21
Einfache Züge

① und ③ sind der einfache Weg für Weiß. Es resultiert wieder die Stellung aus Diagramm 17.

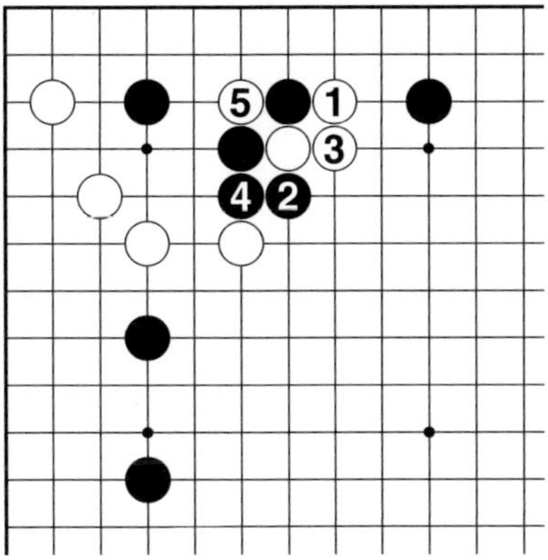

Dia. 22
Überzogen von Schwarz

Wenn Schwarz ① mit ❷ und ❹ beantwortet, so ist er nach ⑤ in Schwierigkeiten.

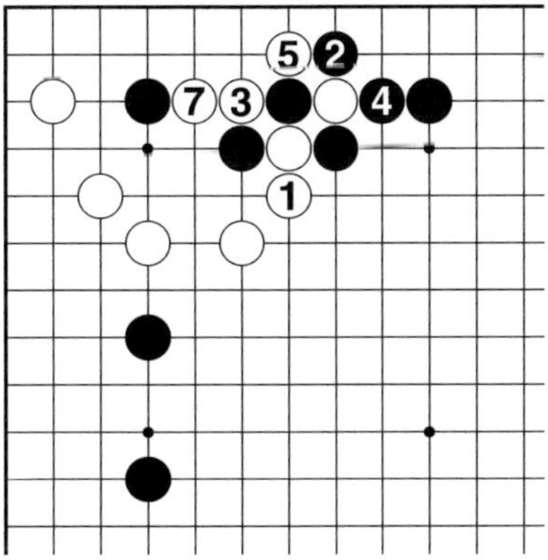

Dia. 23
Besser für Weiß

Schwarz sollte den weißen Stein mit ❷ fangen. Ihn mit ❹ herauszunehmen ist allerdings nicht gut, denn der Gewinn für Weiß ist nach ⑦ zu groß.

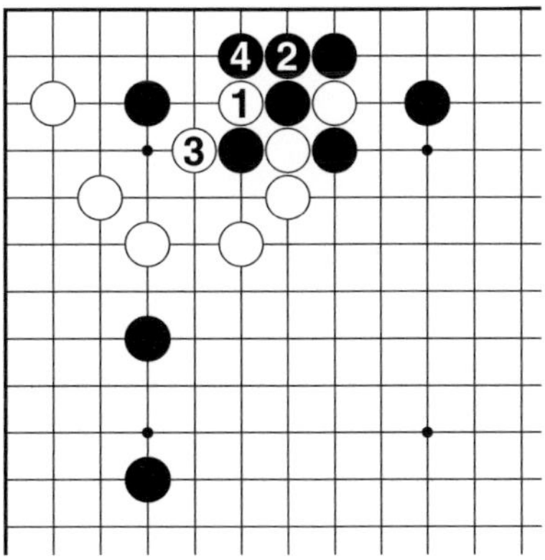

Dia. 24
Weiß ist stark

Es ist üblich, mit ❷ zu verbinden und nach ❹ kann Weiß fernbleiben, da er bereits stark ist.

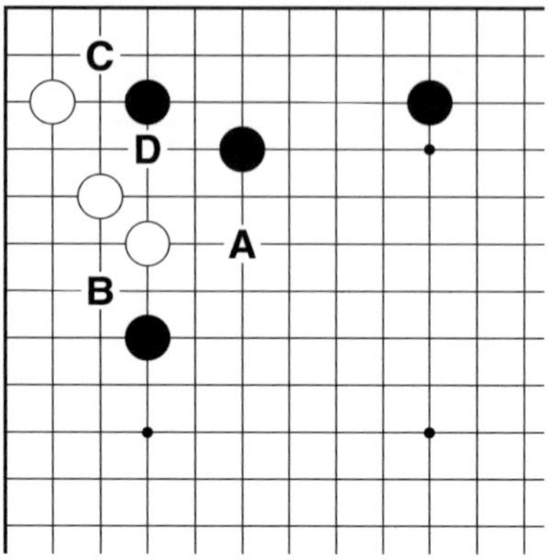

Dia. 25
Zusammenfassung 1

Nach dem Joseki ist A ein wichtiger strategischer Punkt. Wenn Schwarz den vitalen Punkt auf B besetzt, sollte Weiß mit C verteidigen, da sonst Schwarz mit D einen guten Angriffspunkt hat.

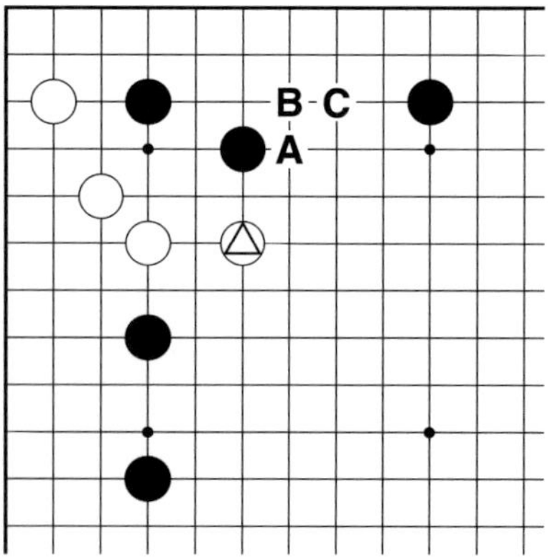

Dia. 26
Zusammenfassung 2

Hat Weiß den markierten Stein gespielt, kann er mit A anlegen, und nach Schwarz B und Weiß C ist zu erwarten, dass Weiß an Stärke gewinnt. Direkt auf C zu invadieren ist ebenfalls möglich.

Stellung 10

5-4-Punkt-Joseki

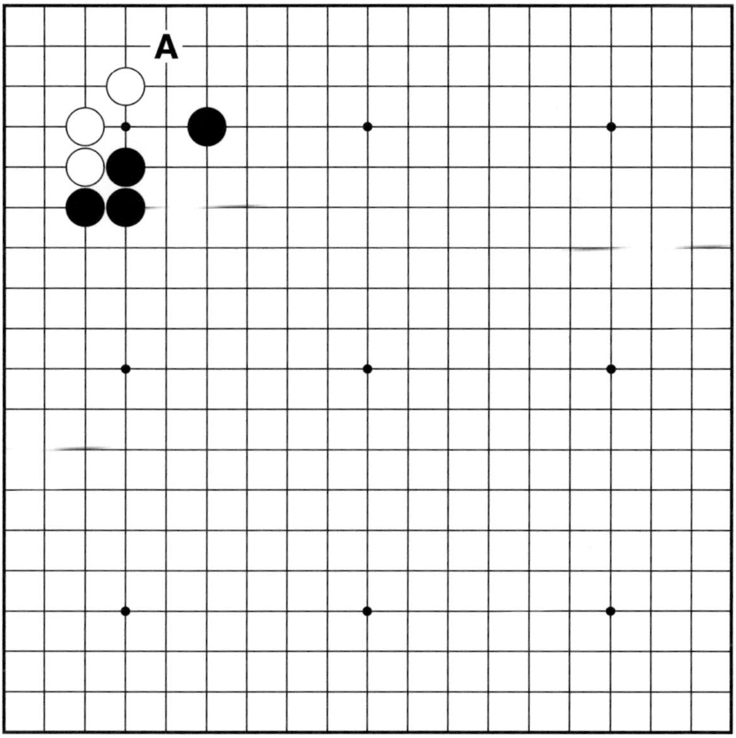

Obwohl dieses 5-4-Joseki auf den ersten Blick besser für Schwarz zu sein scheint, so hat er doch einen Zug mehr investiert als Weiß – das Ergebnis ist somit ausgeglichen.
Schwarz A ist ein häufig gespieltes Kikashi und nachdem Weiß antwortet, bleibt Schwarz normalerweise fern. Je nach Situation gibt es allerdings noch weitere Möglichkeiten, die nun untersucht werden.

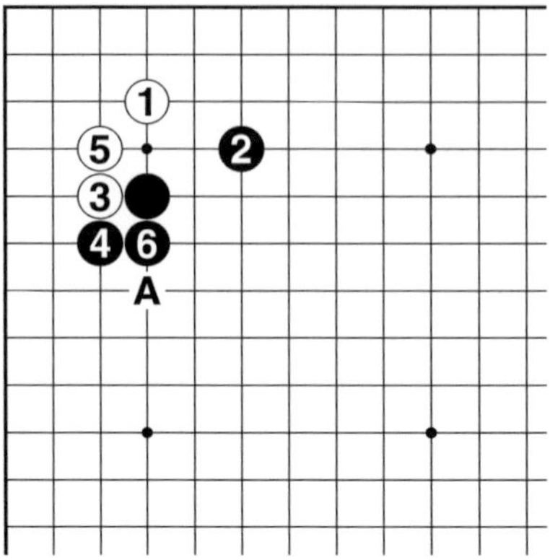

Dia. 1
Das Joseki

Dies ist ein häufig gespieltes 5-4-Punkt-Joseki. ❻ kann auch auf A gespielt werden.

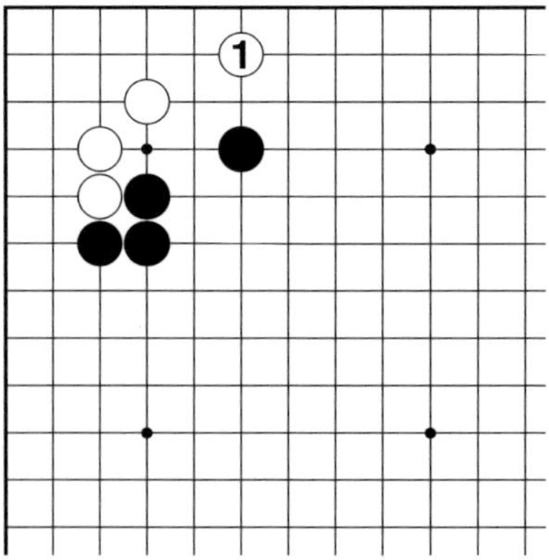

Dia. 2
Tief

Ein Zug auf ① wäre zu tief in der Eröffnungsphase, weshalb er erst später gespielt werden sollte.

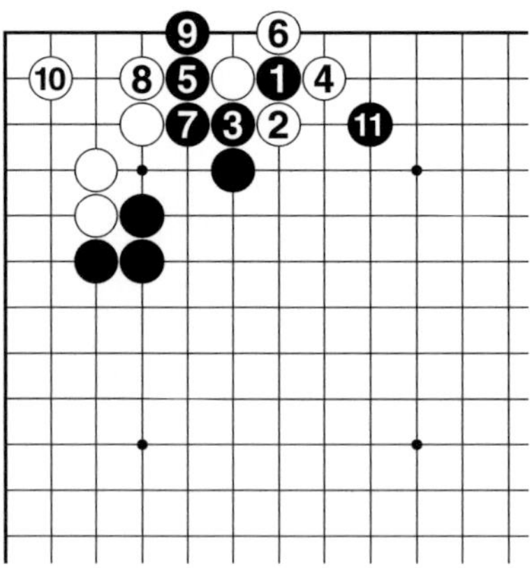

Dia. 3
Schwäche

Zudem kann Schwarz die weiße Stellung wie folgt schwächen: Auf ❶ hin sollte Weiß mit ② Widerstand leisten. Jedoch sind die weißen Steine nach ⓫ angreifbar und somit ist das Ergebnis nicht gut für Weiß.

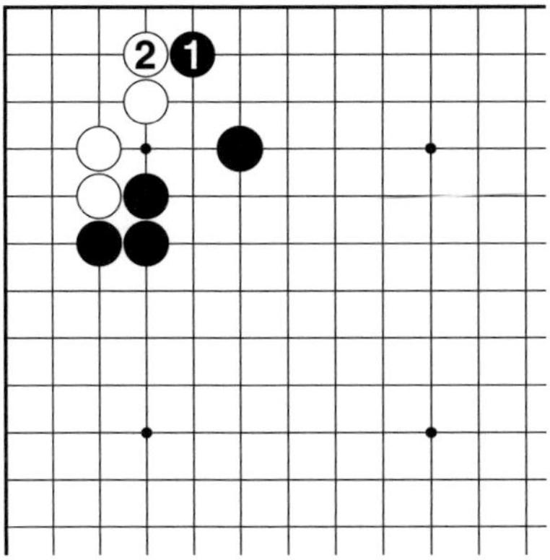

Dia. 4
Üblich

❶ ist Vorhand und nach ② kann Schwarz fernbleiben.

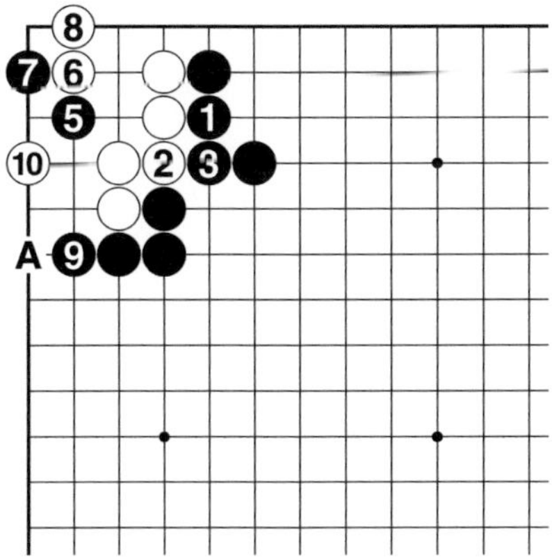

Dia. 5
Fortsetzung für Schwarz

❶ und ❸ sind große Züge, die Schwarz zudem Stärke geben. Indem Schwarz ❺ und ❼ als Opfersteine nutzt, schafft er Aji und bekommt ❾ und A in Vorhand.

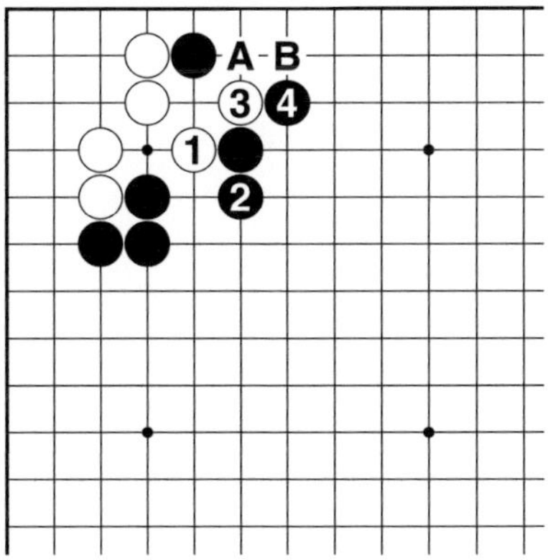

Dia. 6
Fortsetzung für Weiß

① und ③ sind ebenfalls groß und stärken die weiße Gruppe. Nach ❹ kann Weiß den Stein mit A fangen oder mit B Schwächen in der schwarzen Stellung schaffen.

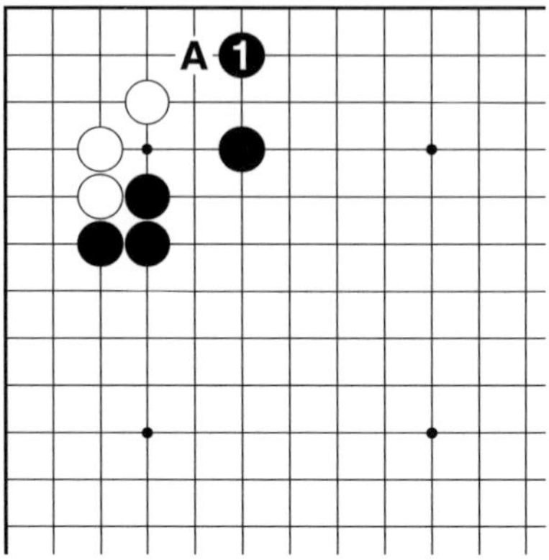

Dia. 7
Drohung

❶ ist ein interessanter Zug, der droht, die Ecke zu invadieren. Daher sollte Weiß normalerweise darauf antworten. Verteidigt Weiß mit A, so ist das Ergebnis besser für Schwarz, als in den Varianten, in denen Schwarz selbst auf A setzt.

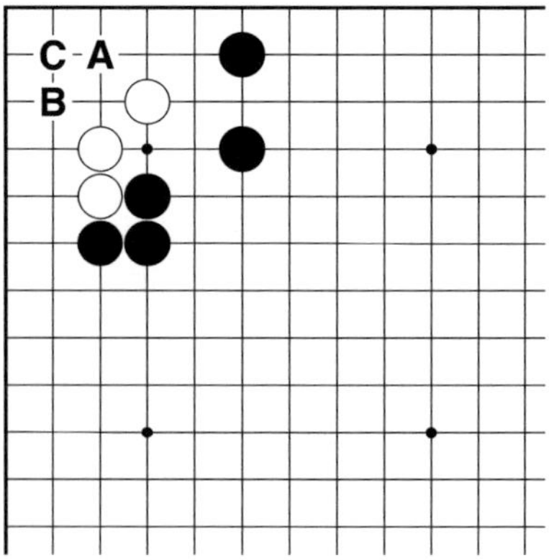

Dia. 8
Leben-und-Tod-Problem

Sollte Weiß nicht antworten, dann kann Schwarz über einen Angriff auf A, B oder C nachdenken.

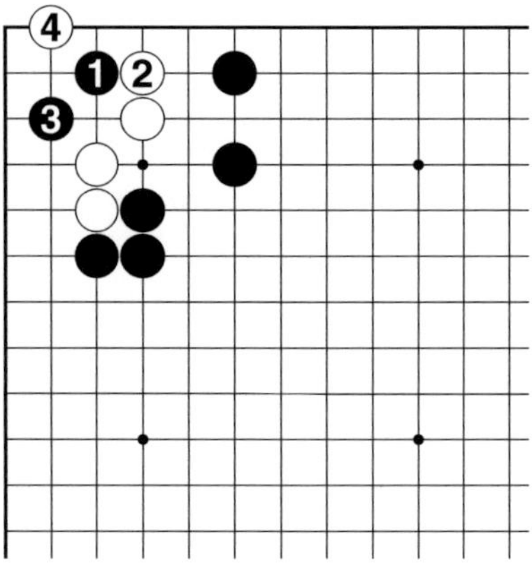

Dia. 9
Übertrieben von Schwarz

❶ und ❸ sind unangemessen, da Weiß durch das Besetzen des vitalen Punkts mit ④ lebt.

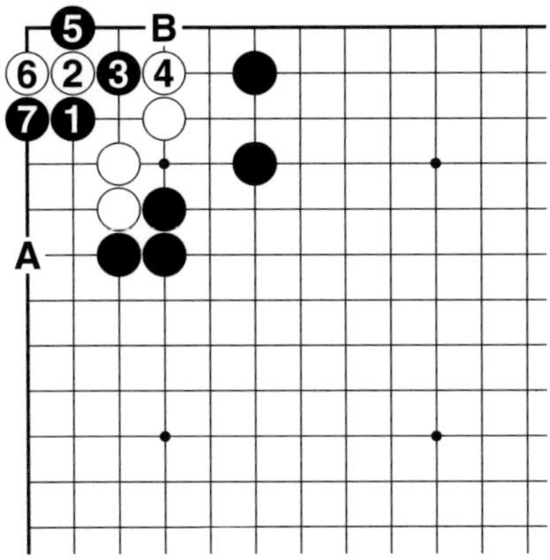

Dia. 10
Ko

Invadiert Schwarz mit ❶, dann sieht ② wie der vitale Punkt aus. Da Weiß nach ❼ aber verhindern muss, dass Schwarz seine Steine mit A anbindet, kann dieser mit B ein Ko initiieren.

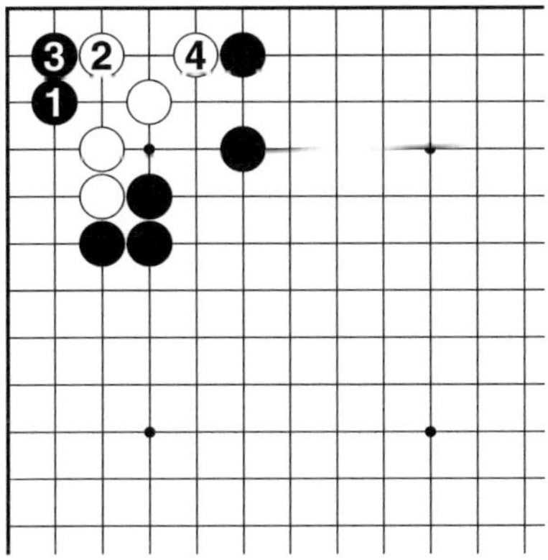

Dia. 11
Einzige Möglichkeit

Weiß kann einfach mit ② und ④ leben. Spielt Schwarz zuerst ❸ und dann ❶, ändert dies nichts am Ergebnis.

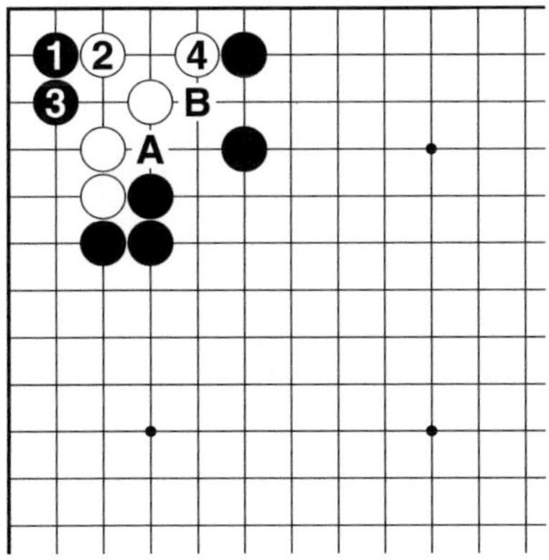

Dia. 12
Übliche Spielweise

❶ und ❸ sind in dieser Stellung die übliche Spielweise. Weiß muss mit ② und ④ antworten. Schwarz kann nun auf A oder B fortsetzen, wobei beide nicht einfach zu beantworten sind.

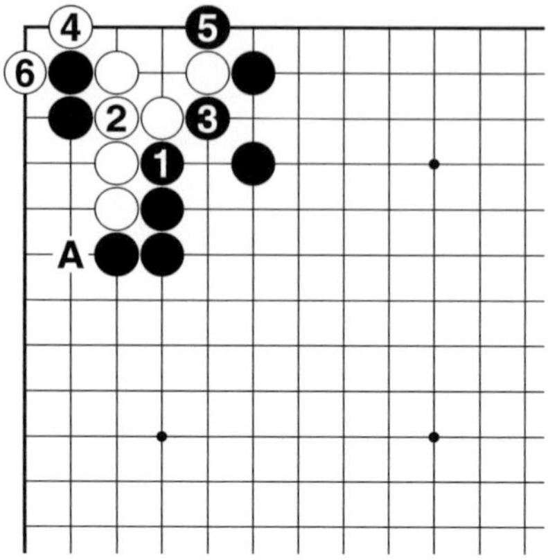

Dia. 13
Beste Antwort

④ und ⑥ sind die beste Antwort auf ❶ und ❸. Die schwarze Form ist sehr stark und A ist nun Vorhand, doch man darf nicht vergessen, dass Schwarz hier auch zwei Züge mehr investiert hat als Weiß.

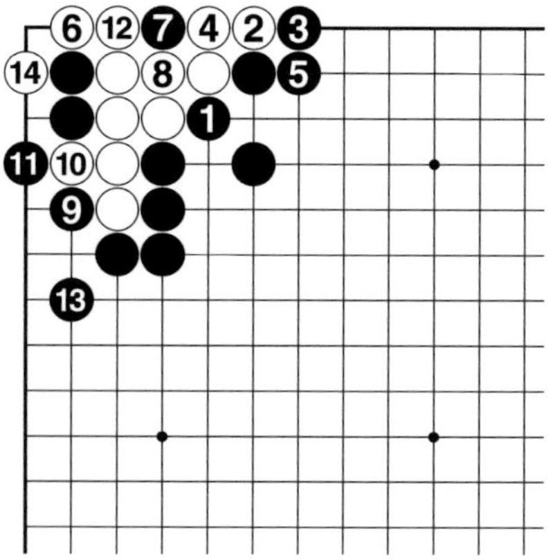

Dia. 14
Eiserner Wall

② und ④ sehen flüchtig betrachtet besser aus als Weiß ④ und ⑥ im letzten Diagramm, doch nach der Sequenz bis ⓭ ist die schwarze Stärke überwältigend.

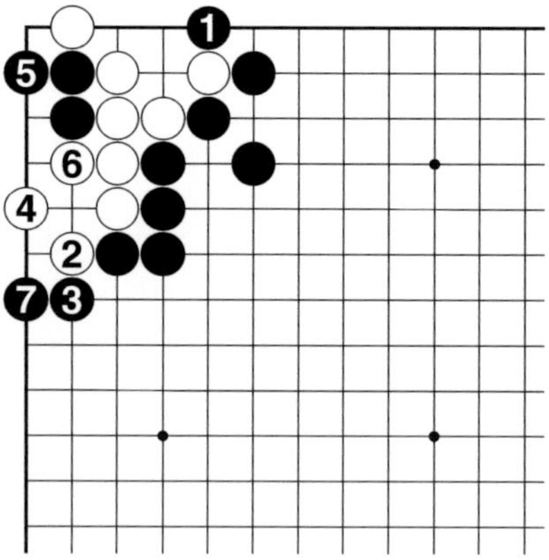

Dia. 15
Ko

Sollte Weiß ❶ mit ② und ④ beantworten, so entsteht bis ❼ ein Ko.

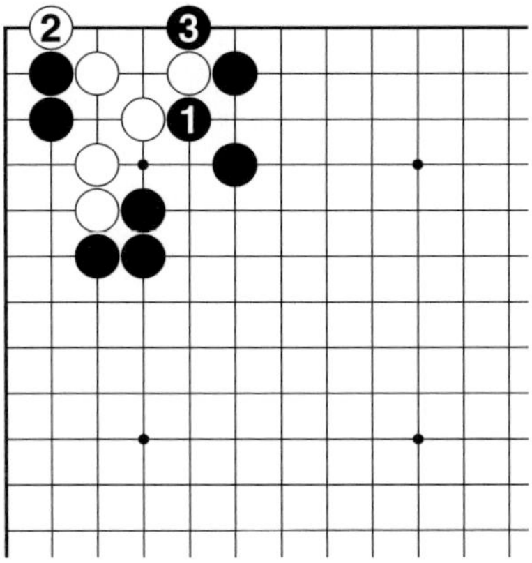

Dia. 16
Der andere Zug

❶ ist schwer zu beantworten. Spielt Weiß voreilig ②, ist er nach ❸ in Schwierigkeiten.

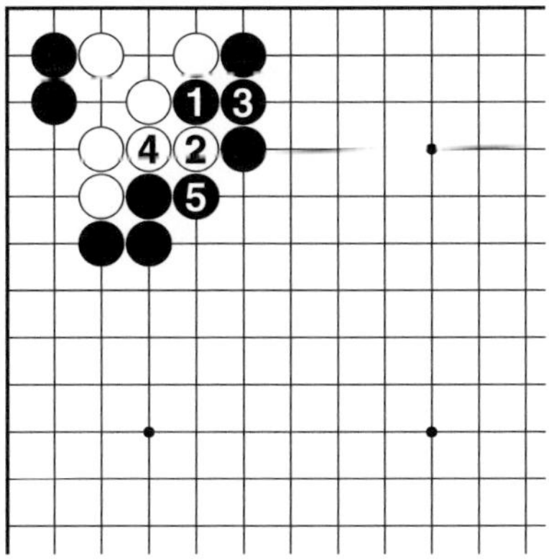

Dia. 17
Einzige Antwort

Weiß sollte ② und ④ spielen, während Schwarz mit ❺ eine Außenfreiheit besetzt.

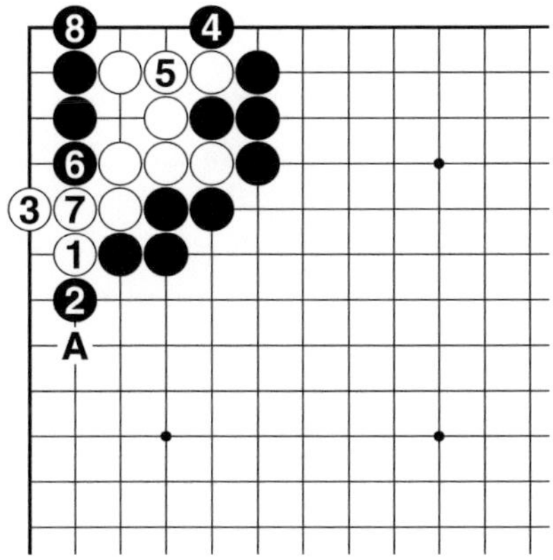

Dia. 18
Ein Auge versus kein Auge

① und ③ führen bis ❽ zu einem Semeai von „einem Auge gegen kein Auge“. Weiß kann zwar mit A herauslaufen, doch das Ergebnis ist nicht gut für ihn.

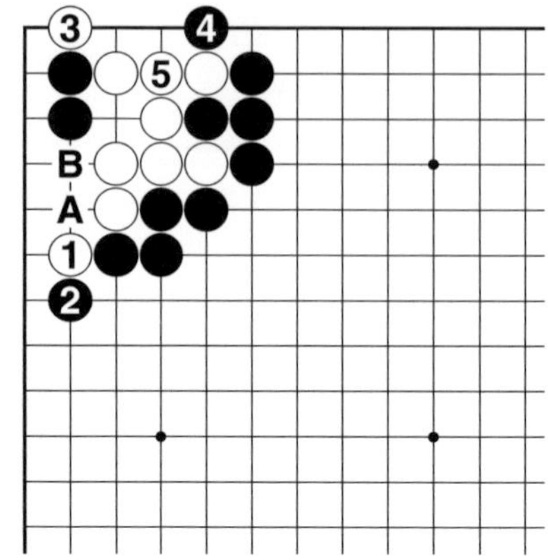

Dia. 19
Weiß lebt

① und ③ sind eine gute Abfolge. Wenn Schwarz nach ⑤ mit A einen Stein fängt, dann lebt Weiß mit B.

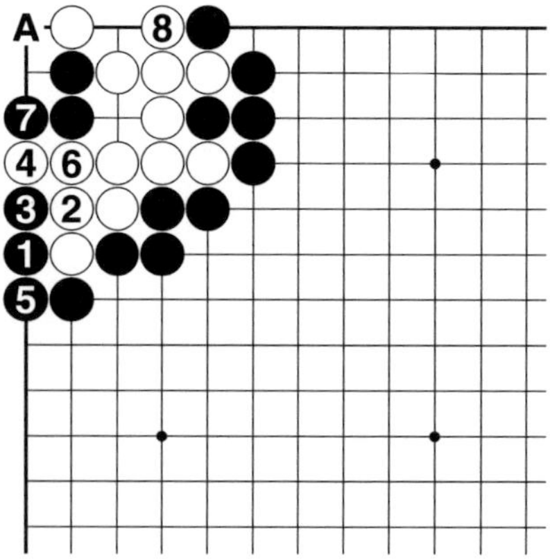

Dia. 20
Unvorteilhaftes Ko

Schwarz kann nach der Sequenz bis ❽ mit A ein Ko in der Ecke erzeugen, doch es ist nur schwer für ihn zu gewinnen.

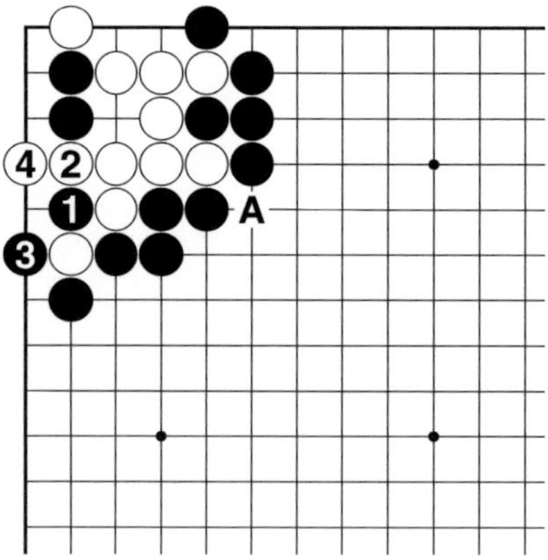

Dia. 21
Schwarz ist unzufrieden

Schwarz kann mit ❶ und ❸ einen Stein in Vorhand fangen, doch durch die Schwäche auf A, ist dieses Ergebnis schlechter für ihn als in Diagramm 13.

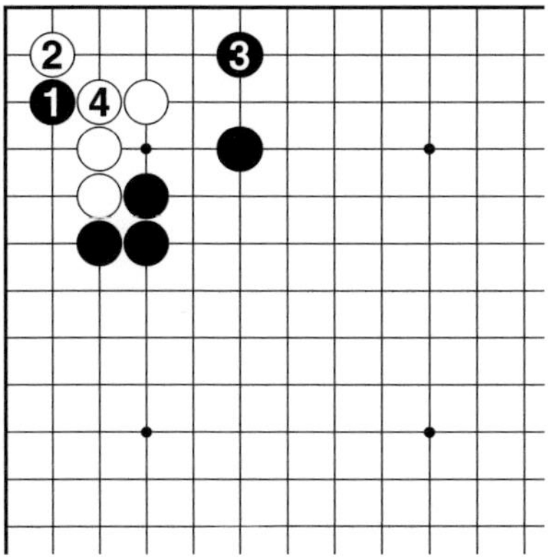

Dia. 22
Zuerst innen

Schwarz kann auch zuerst innen spielen, um Aji zu schaffen. ② ist ein Tesuji, doch jetzt ist ❸ Vorhand und Weiß sollte mit ④ antworten. Der Abtausch ❸ für ④ ist gut für Schwarz, da er ❸ im Gegensatz zu Diagramm 7 in Vorhand bekommen hat.

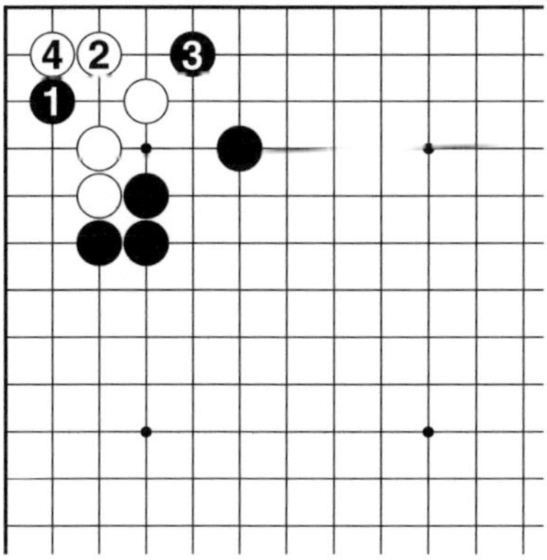

Dia. 23
Gewinn für Schwarz

Beantwortet Weiß ❶ mit ②, dann sollte er als Antwort auf ❸ mit ④ fortsetzen. Dieses Resultat ist jedoch besser für Schwarz als in Diagramm 4 und somit hat er schon etwas gewonnen.

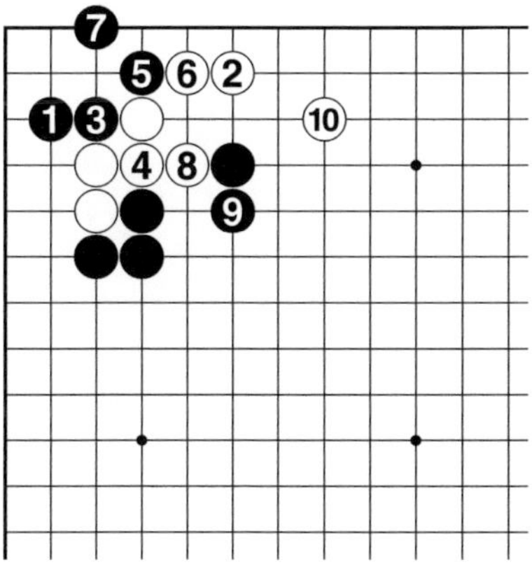

Dia. 24
Erwiderung

② ist die beste Antwort für Weiß. Zwar kann Schwarz mit der Sequenz bis ❼ leben, doch Weiß entkommt mit ⑩.

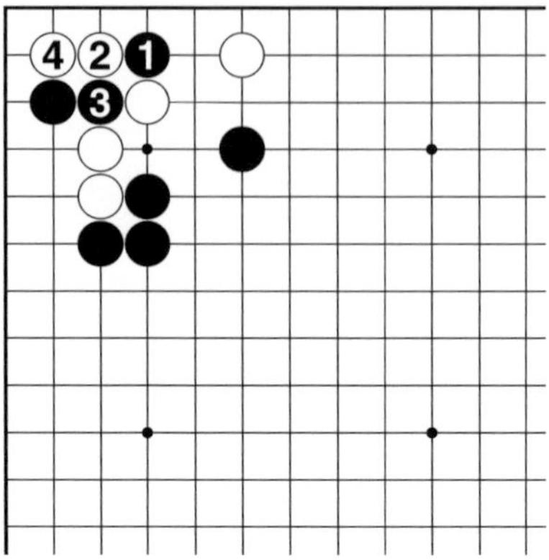

Dia. 25
Nicht gut für Schwarz

Auch ❶ führt zu keinem guten Ergebnis für Schwarz, wenn man berücksichtigt, dass er bereits einen Zug mehr investiert hat.

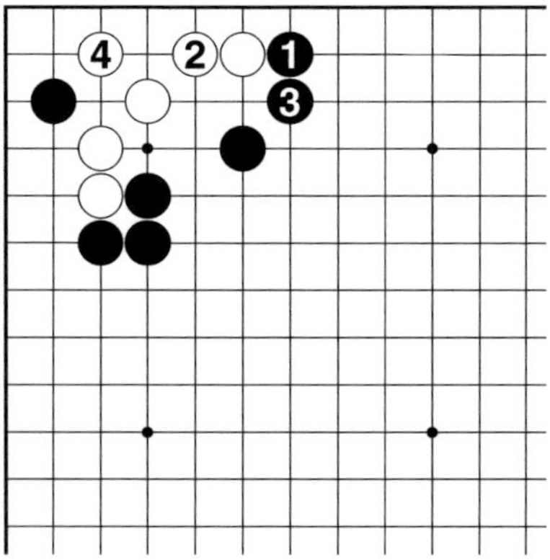

Dia. 26
Weiß ist zufrieden

Wenn Schwarz versucht Weiß mit ❶ einzuschließen, dann ist Weiß nach ④ mit dem großen Gebiet in der Ecke zufrieden.

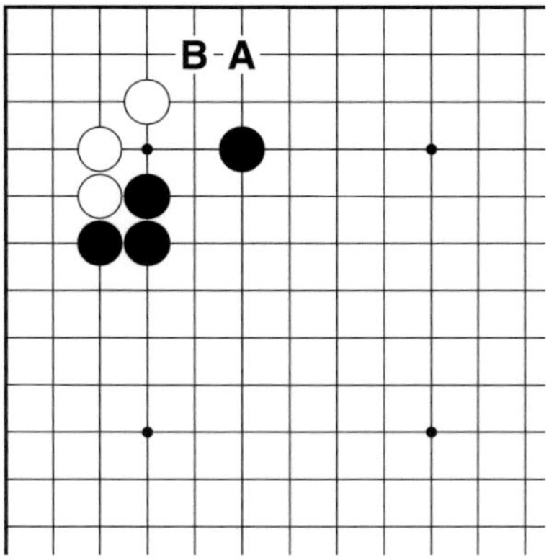

Dia. 27
Zusammenfassung

Schwarz A ist keine Todesdrohung, doch bleibt Weiß fern, so gewinnt Schwarz durch die Fortsetzung enorme Stärke. Schwarz B ist ein übliches Kikashi, bei dem Schwarz nach der Antwort von Weiß normalerweise fernbleibt.

Stellung 11

Vorgabe-Joseki

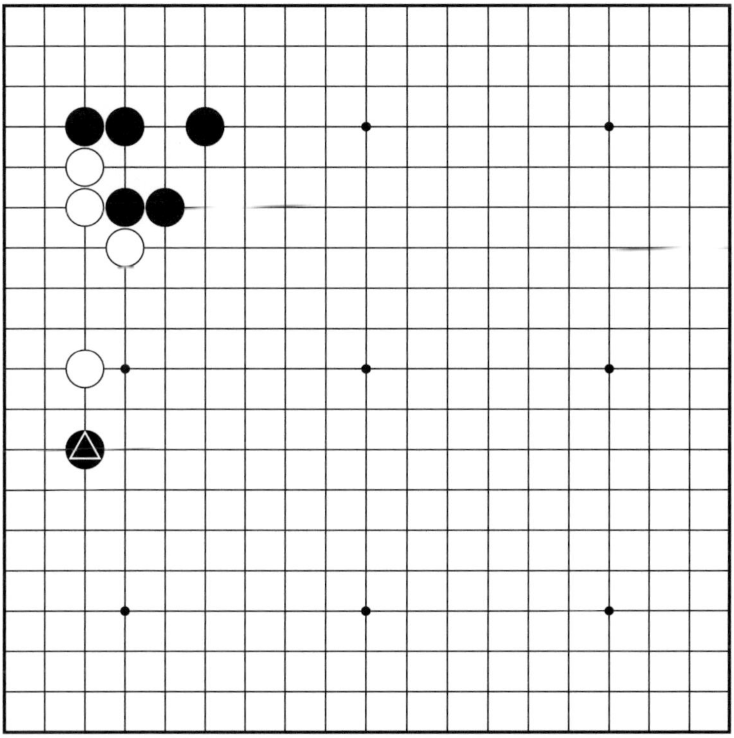

Dieses Joseki wird häufig in Vorgabepartien gespielt. Hier sollen nun die besten Angriffsmöglichkeiten für Schwarz und die korrekte Verteidigung für Weiß untersucht werden, nachdem Schwarz sich der weißen Stellung mit dem markierten Stein angenähert hat.

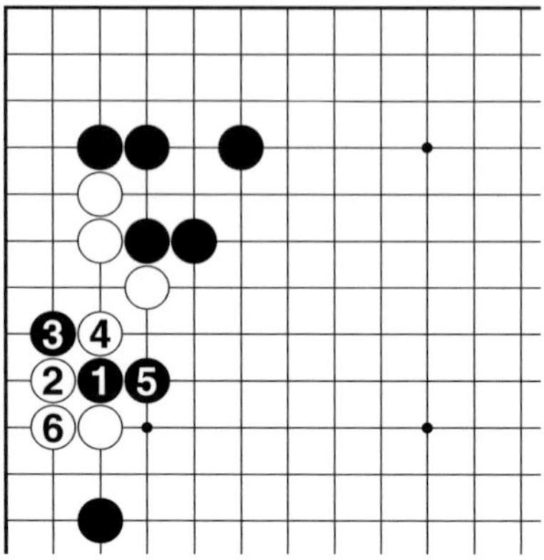

Dia. 1
Falscher Invasionspunkt

❶ ist kein guter Angriffspunkt, da Weiß nach ⑥ sicher verbunden ist und Schwarz nun die Probleme hat.

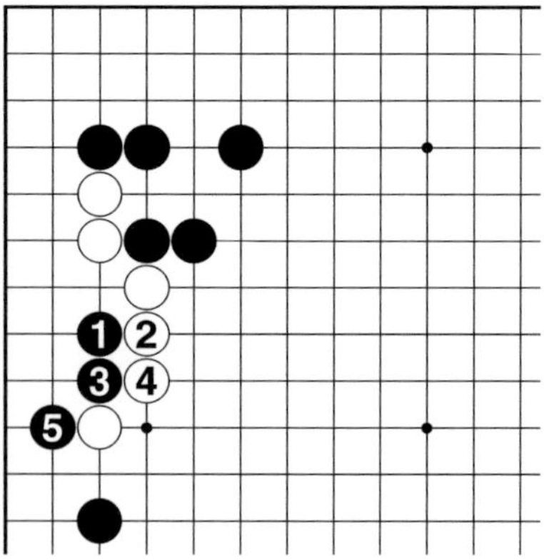

Dia. 2
Gebiet für Schwarz

❶ ist der vitale Punkt dieser Stellung. Wenn Weiß mit ② und ④ antwortet, dann bindet Schwarz seine Steine an und ist mit dem gewonnenen Gebiet zufrieden.

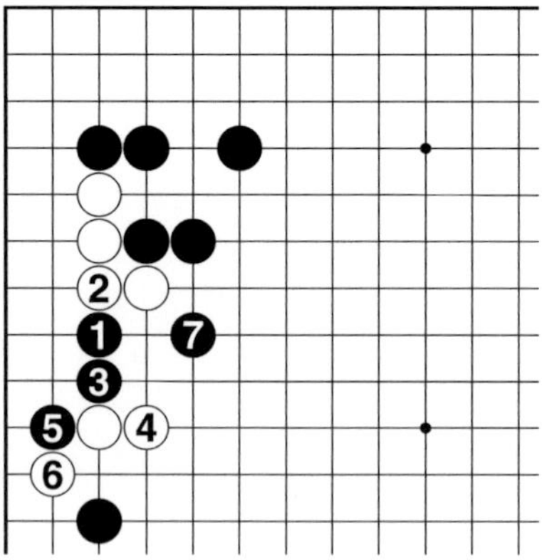

Dia. 3
Weiß in Schwierigkeiten

Verbindet Weiß schlicht mit ②, dann trennt Schwarz ihn mit der Sequenz bis ❼.

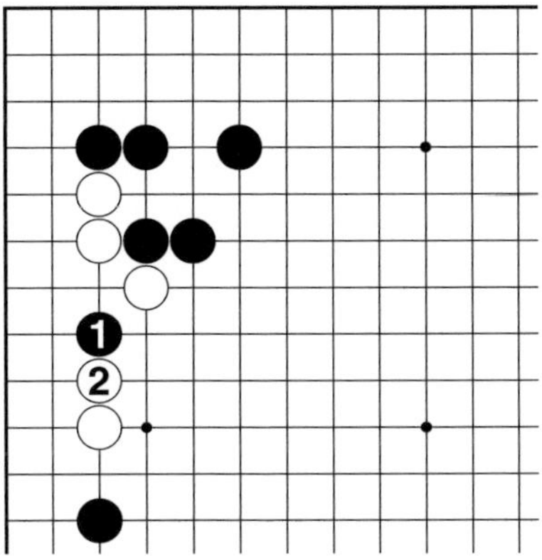

Dia. 4
Gegenwehr von Weiß

② ist ein guter Zug.

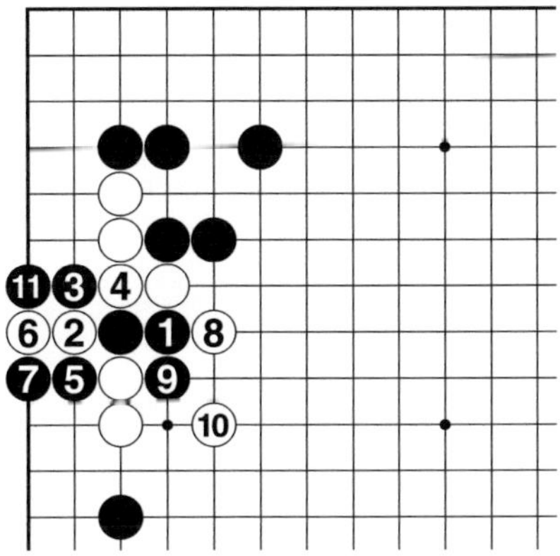

Dia. 5
Einziger Weg

Beantwortet Weiß den schwarzen Strecker mit ②, ist die Sequenz bis ⓫ unvermeidlich.

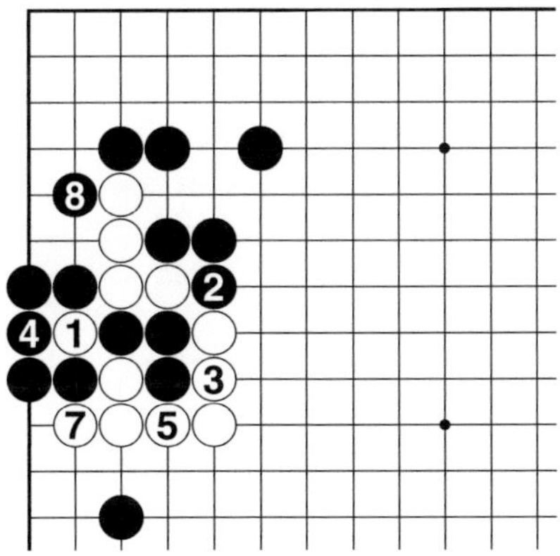

Dia. 6
Für beide Seiten spielbar

Die Fortsetzung bis ❽ ist spielbar für beide Seiten.

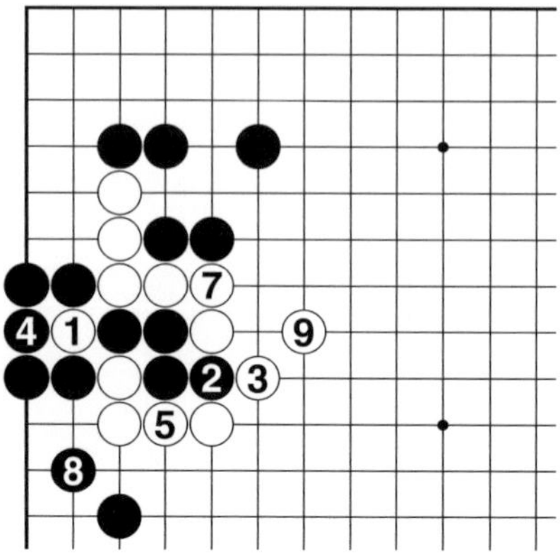

Dia. 7
Variante 1

Streckt Schwarz stelle von ❷ im letzten Diagramm auf ❷, dann hat er im Vergleich zu Diagramm 6 nichts gewonnen.

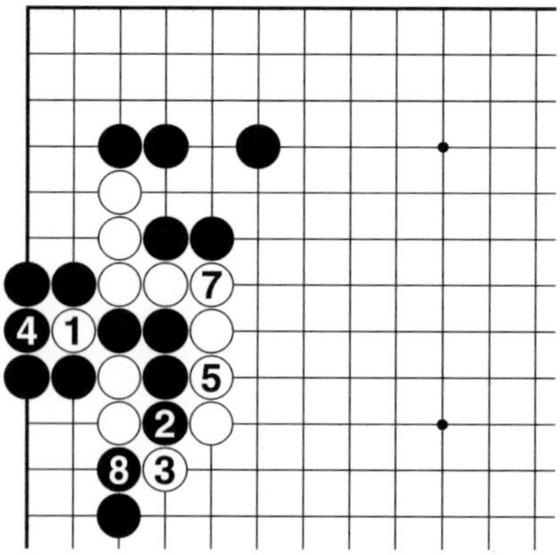

Dia. 8
Variante 2

Mit ❷ zu strecken ist möglich. Die Sequenz bis ❽ führt zu einem ausgeglichenen Ergebnis.

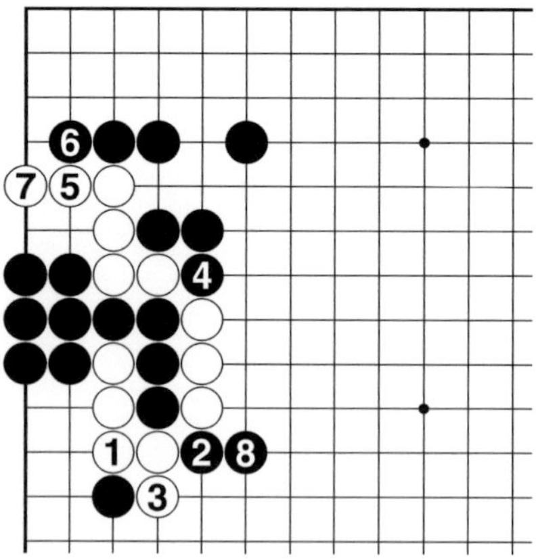

Dia. 9
Übertrieben von Weiß

Wenn Weiß, statt auf ❹ zu verbinden, ① spielt, dann entsteht bis ⑦ ein Seki. Mit ❽ kann Schwarz jedoch einen für Weiß riskanten Kampf beginnen.

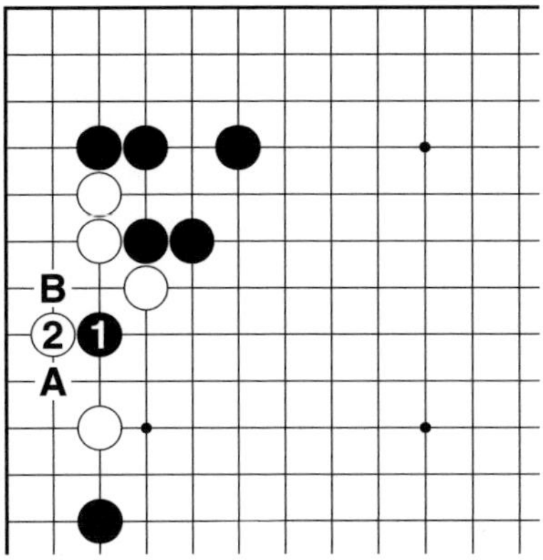

Dia. 10
Anleger auf der zweiten Linie

Weiß kann auch auf der zweiten Linie anlegen, was zu einem ähnlichen Ergebnis wie zuvor führt. Schwarz kann nun über A und B nachdenken.

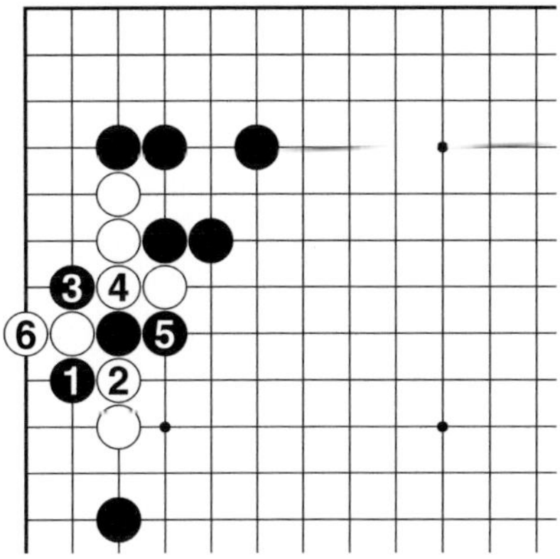

Dia. 11
Zugumstellung

Wenn Schwarz das Hane auf ❶ spielt, dann entsteht nach ② und ④ die gleiche Form wie in Diagramm 5.

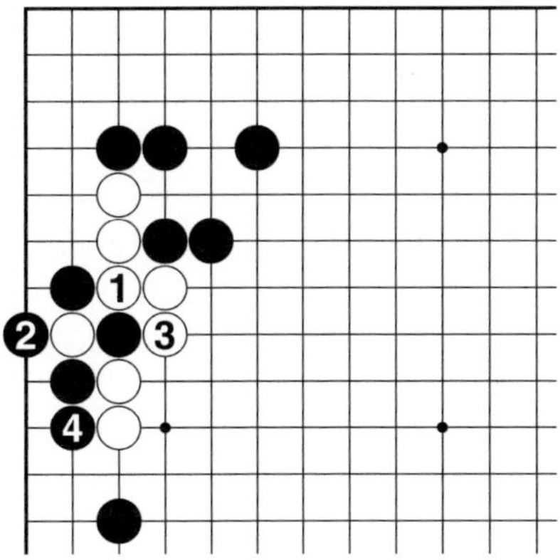

Dia. 12
Schwarz ist unzufrieden

Den weißen Stein mit ❷ zu fangen ist verglichen mit den Ergebnissen in Diagramm 6 und 8 nicht gut.

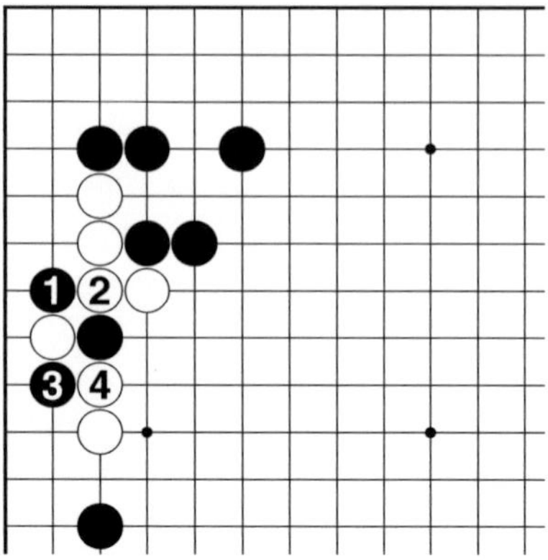

Dia. 13
Wieder die gleiche Form

Das Hane ❶ endet ebenfalls in der Form von Diagramm 5.

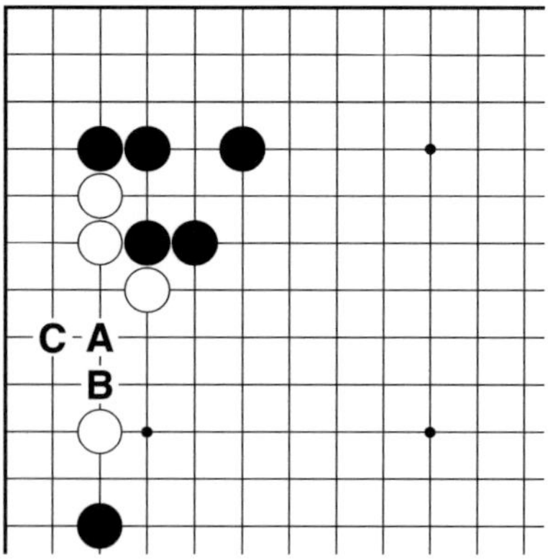

Dia. 14
Zusammenfassung

A ist der übliche Invasionspunkt in der weißen Stellung. Weiß kann mit B oder C antworten, wobei Schwarz jeweils Gebiet nimmt.

Stellung 12

Das Leben-und-Tod-Problem ausnutzen

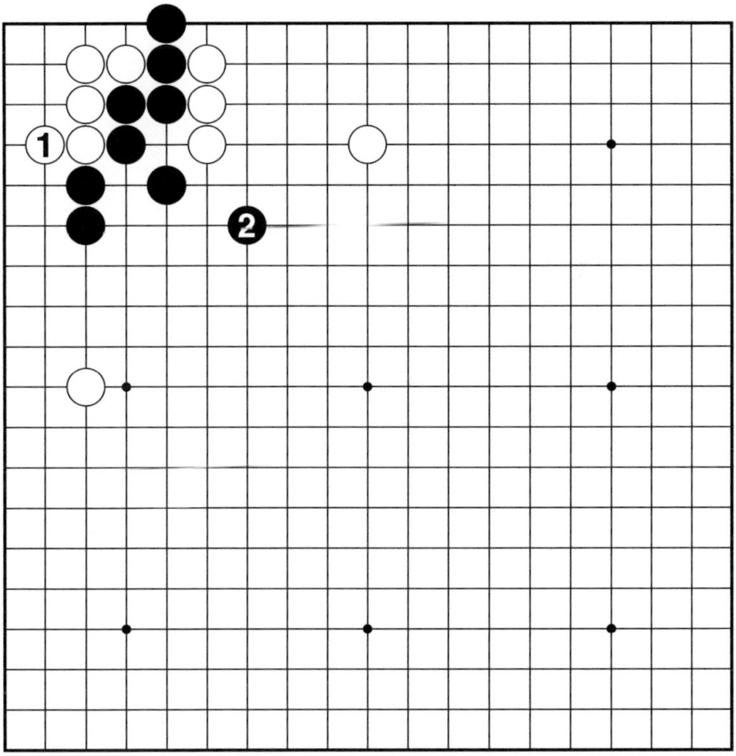

① und ❷ sind die abschließenden Züge einer 3-3-Invasion. Schwarz kann die weiße Invasionsgruppe nicht fangen, doch er kann sich das Wissen, um die Varianten in dieser Standardform, zu Nutze machen.

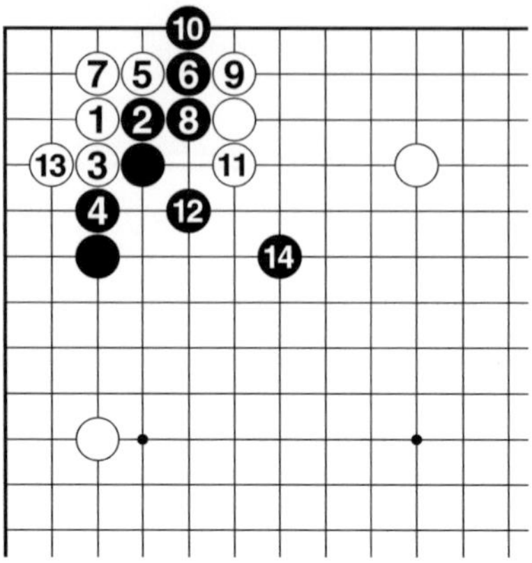

Dia. 1
Das Joseki

Die Abfolge bis 14 ist eine übliche 3-3-Invasionssequenz.

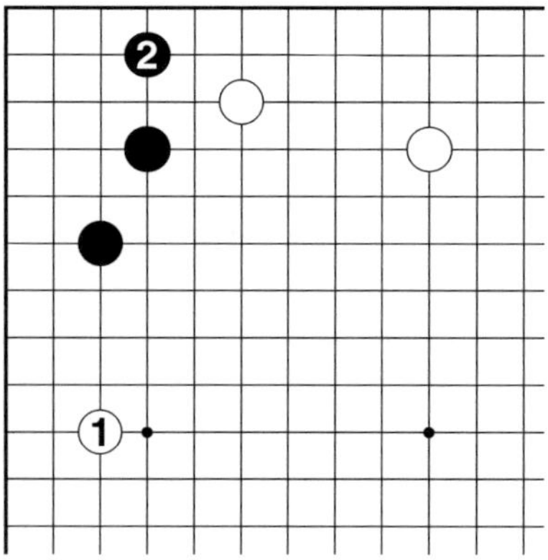

Dia. 2
Wichtiger Punkt

Wenn Weiß sich mit 1 annähert, dann ist 2 ein großer Punkt, der Problemen in der Ecke vorbeugt.

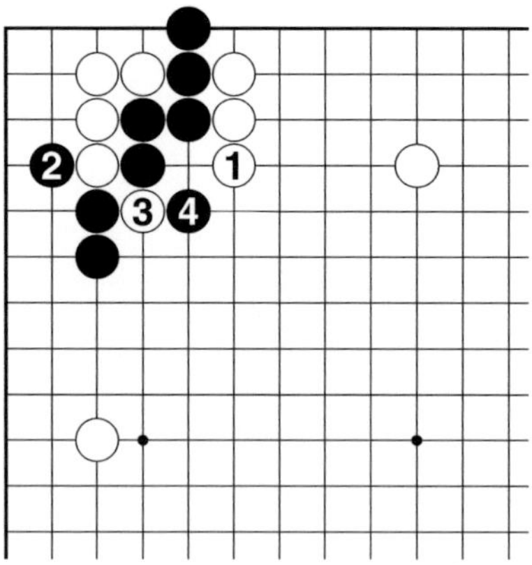

Dia. 3
Treppe

Läuft die Treppe für Weiß, kann er mit 3 schneiden. Andernfalls ist er nach 2 und 4 in ernsthaften Schwierigkeiten.

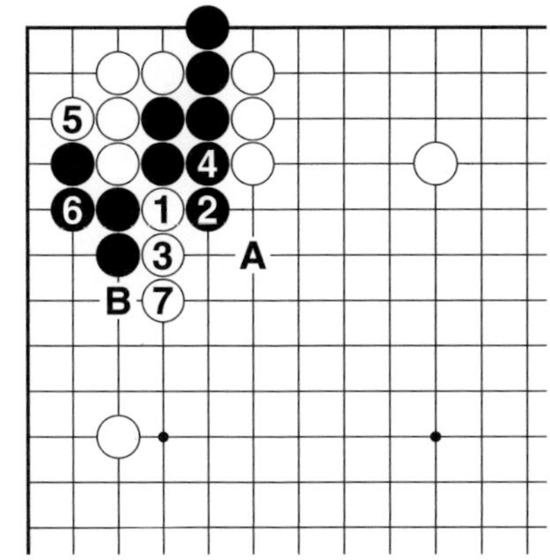

Dia. 4
Schwarz in Schwierigkeiten

Wenn Schwarz ① nicht in einer Treppe fangen kann, muss er mit ❷ und ❹ antworten. Nach ⑦ sind A und B Miai. Schwarz kann zwar die Ecke fangen, doch Weiß erhält mit A eine sehr starke Form.

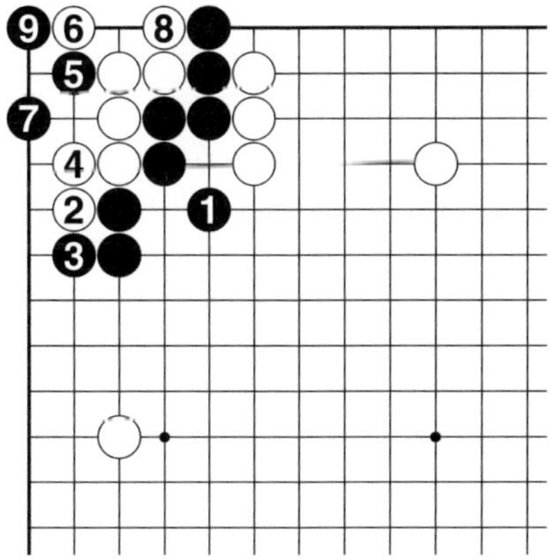

Dia. 5
Ko

Wenn Weiß versucht mit ② und ④ zu leben, dann entsteht nach der Sequenz bis ❾ ein Ko.

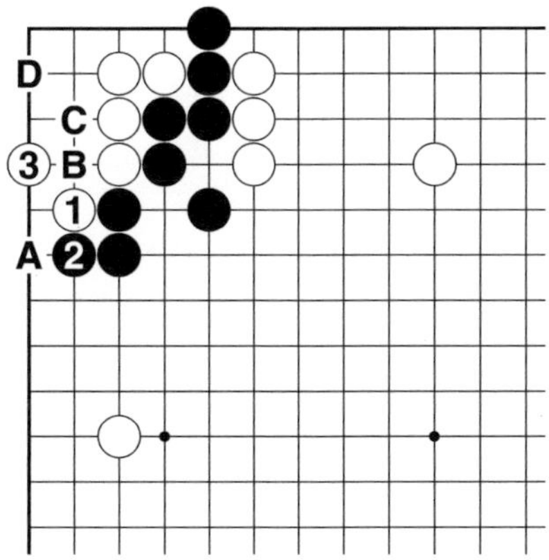

Dia. 6
Vorhand

Weiß kann mit ① und ③ leben, doch Schwarz A ist Vorhand. Bleibt Weiß fern, tötet Schwarz mit B, Weiß C und Schwarz D.

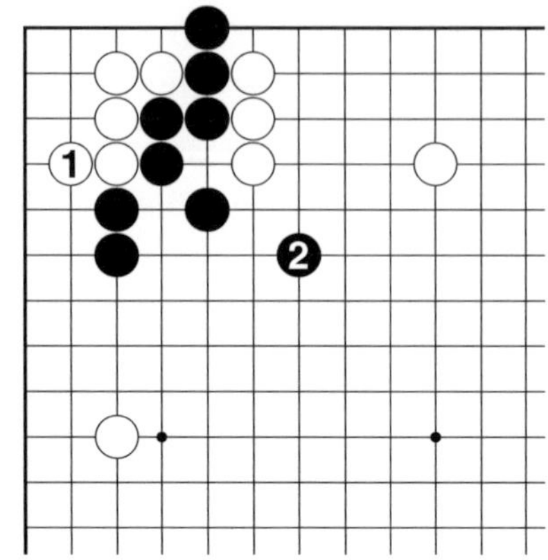

Dia. 7
Leben-und-Tod-Problem

Weiß kann Diagramm 5 und 6 vermeiden, indem er ① spielt. Nun können einige interessante Varianten auftreten.

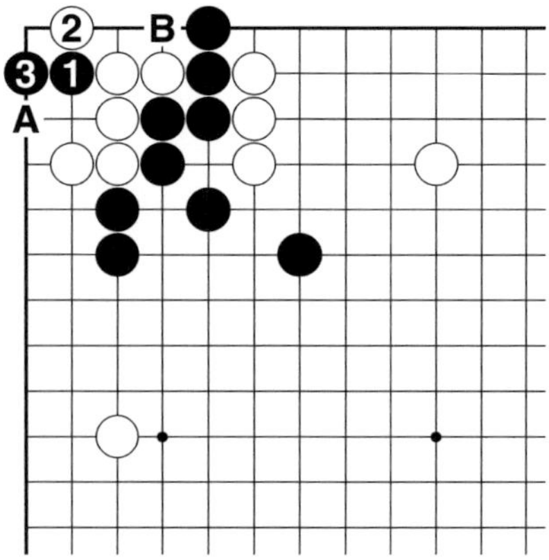

Dia. 8
Auswahl für Weiß

Zu einem geeigneten Zeitpunkt kann Schwarz die Fragezüge ❶ und ❸ spielen. Weiß kann danach zwischen A und B wählen.

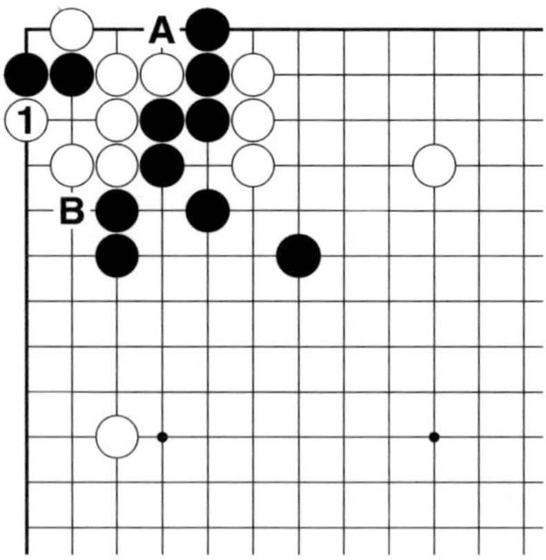

Dia. 9
Wahl für Schwarz

Nach ① kann sich Schwarz für A oder B entscheiden.

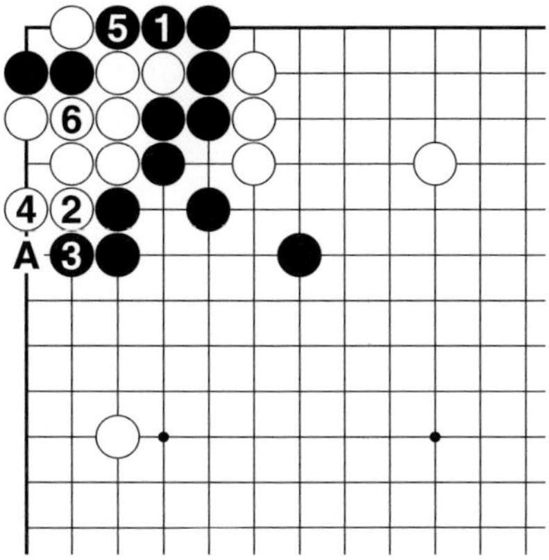

Dia. 10
Vorhand 1

Weiß sollte auf ❶ die Sequenz bis ⑥ spielen, um zu leben. A ist nun Vorhand für Schwarz.

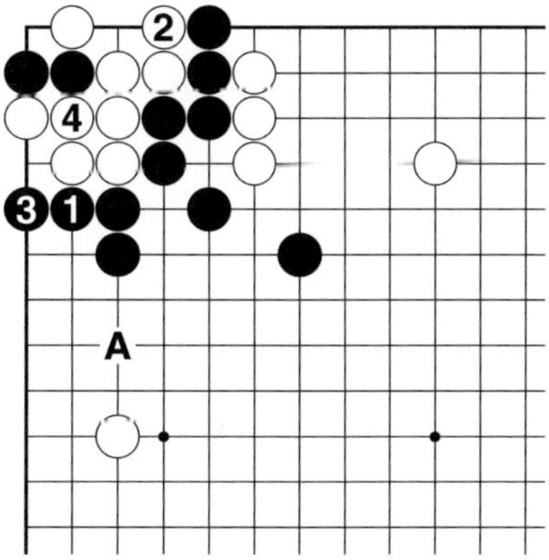

Dia. 11
Vorhand 2

Wenn Schwarz bereits einen Stein auf A hat, sind die Vorhandzüge ❶ und ❸ üblich.

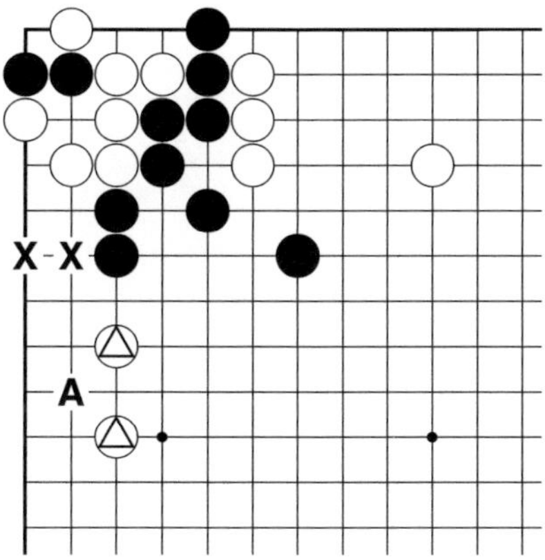

Dia. 12
Angriff

Möchte Schwarz hingegen die beiden markierten weißen Steine mit A angreifen, sollte er die Variante aus Diagramm 10 wählen, um seine Steine auf den markierten Punkten zu positionieren.

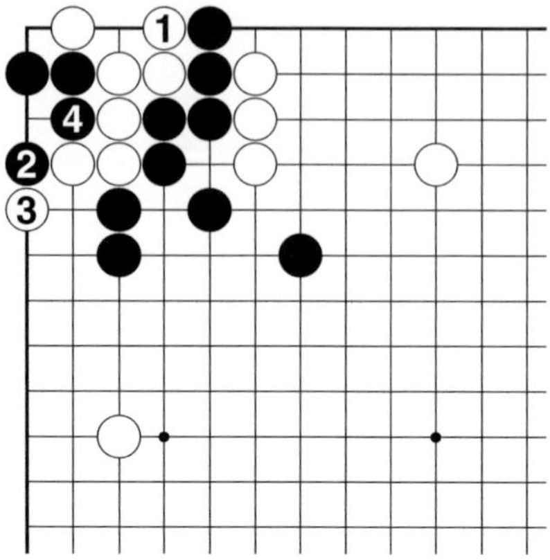

Dia. 13
Ko

Weiß ① führt zu einem Ko.

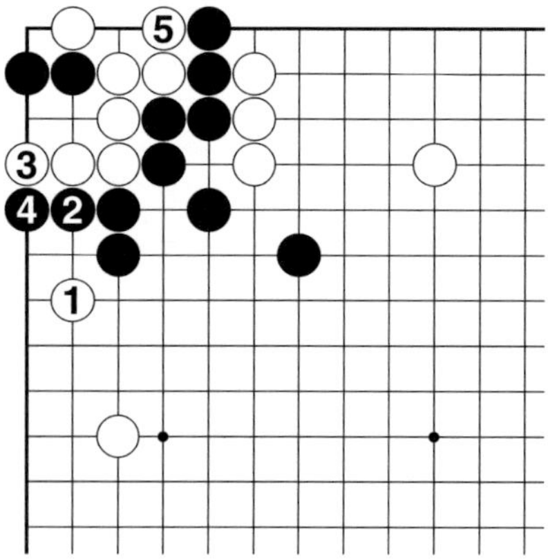

Dia. 14
Starker Zug

Wenn Weiß mit ① angreift, hat Schwarz nach ⑤ kein Auge. Schwarz kann zwar die weiße Ecke durch ein Tausend-Jahr-Ko in Gefahr bringen, wenn Weiß keinen weiteren Zug zur Verteidigung investiert, doch auch die schwarze Gruppe lebt noch nicht.

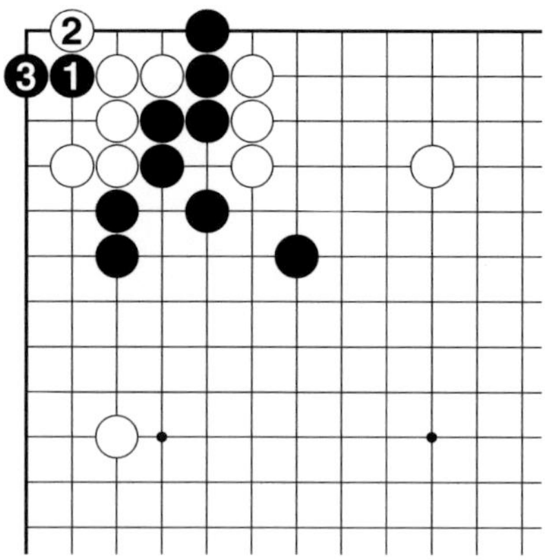

Dia. 15
Zusammenfassung

Für Schwarz ist es wichtig, auf den richtigen Zeitpunkt für ❶ und ❸ zu warten. Weiß sollte dann für seine Antwort die Umgebungssituation mit in Betracht ziehen.

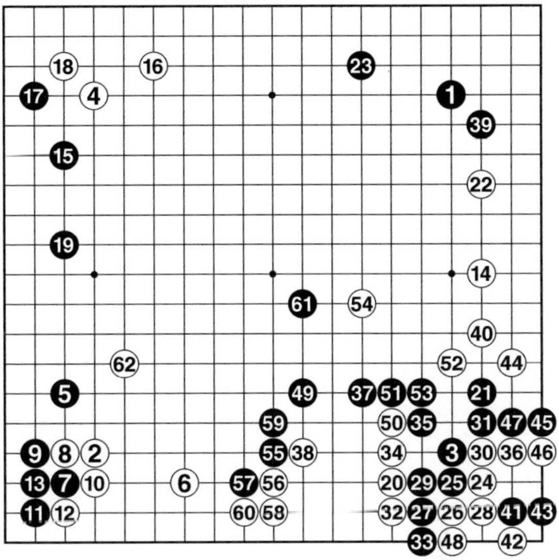

Profipartie 1

Weiß gewinnt mit 2,5 Punkten

● Yoda Norimoto

○ Yoo Chang-hyuk

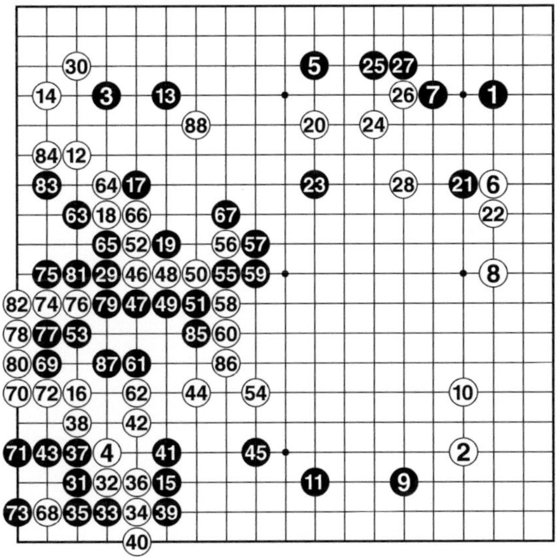

Profipartie 2

Schwarz gewinnt mit 2,5 Punkten

● Lee Se-dol

○ Yu Bin

Glossar

Aji	Wörtlich: „Geschmack". Möglichkeiten, die in einer Stellung vorhanden sind. Bei der Ausnutzung dieser Möglichkeiten kommt es meist auf den richtigen Zeitpunkt an.
Atari	Ein Stein oder eine Gruppe von Steinen mit nur noch einer Freiheit. Mit dem nächsten Zug ist es möglich, zu schlagen.
Damezumari	Mangel an Freiheiten.
Fuseki	Eröffnung.
Hane	Diagonalzug eines eigenen Steins, der um einen gegnerischen Stein umbiegt.
Joseki	Ein formelhaftes Abspiel. Josekis treten meist in den Ecken auf; es gibt sie aber auch für Situationen am Rand oder in der Mitte. Das Resultat ist normalerweise lokal ausgeglichen.
Kakari	Angriffs- bzw. Annäherungszug an einen gegnerischen Stein in der Ecke.
Kikashi	Spezieller Vorhandzug, der im Verhältnis zur gegenerischen Antwort einen lokalen Vorteil bringt.
Ko	Stellung, in der wiederholendes Schlagen eines einzelnen Steines möglich ist. Die Ko-Regel verbietet daher, in einem Ko sofort zurückzuschlagen.
Kosumi	Diagonalzug von eigenen Steinen.
Miai	Zwei gleichwertige Zugmöglichkeiten.
Moyo	Potenzielle Gebietsanlage, die noch invadiert werden kann.
Nozoki	Einen Schnitt androhen.
Ponnuki	Form von vier Steinen einer Farbe um einen Schnittpunkt herum.
Sabaki	Leichte und flexible Spielweise in der gegnerischen Einflusssphäre.
Seki	Position, in der zwei gegnerische Gruppen leben, weil sie sich nicht angreifen können; lokales Patt.
Semeai	Tötungswettlauf zweier Gruppen.
Tesuji	Ein technisch guter Zug, der in einer lokalen Situation das Optimum darstellt. Nur dieser Zug erreicht etwas, das kein anderer Zug erreichen kann.
Tenuki	In einer lokalen Situation nicht mehr weiterspielen. Den letzten Zug des Gegners ignorieren und woanders auf dem Brett fortsetzen.

BRETT UND STEIN
VERLAG

Weitere Bücher im Brett und Stein Verlag

Lehrstunden in den Grundlagen des Go
von Kageyama Toshiro 7-Dan

Viele Go-Bücher versprechen, die Grundlagen des Go zu erklären; hier ist eines, das dieses Versprechen wirklich hält. Kageyamas Themen sind das Verbinden, gute und schlechte Form, wie die Steine „laufen“ sollten, der Unterschied zwischen Gebiet und Einflusssphäre, wie man dicke Positionen und Mauern nutzt, wie man seine Lesefähigkeit trainiert, wie man ein Leben-und- Tod-Problem richtig angeht – eben all jene Dinge, die so grundlegend sind, dass andere Autoren sie komplett weglassen. Kageyama geht auch auf die richtigen Lernmethoden ein, zum Beispiel wie man Josekis studiert.

100 Tipps für Amateure
von Yoon Youngsun 5-Dan

Seit Anfang 2006 lehrt die koreanische Profispielerin Yoon Youngsun Baduk in Deutschland und Europa auf Spielabenden, Turnieren und in Seminaren. Diese Bücher (Band 1 und 2) sind als erstes Ergebnis ihrer Erfahrungen mit den Schwächen europäischer Amateure anzusehen, die sie hiermit beheben möchte.

Lexikon japanischer Fachbegriffe
zusammengestellt von Thomas Hillebrand

Eine Vielfalt japanischer Begriffe und Fachausdrücke prägt die Welt des Go-Spiels. Sorgfältig ausgewählt und zusammengestellt ist dieses Lexikon ein parktisches Nachschlagewerk. Neben der deutschen Übersetzung finden sich auch die jeweiligen japanischen Kanji wiedergeben, sowie wort- und bildreiche Erläuterungen.